金钉

Golden Spike

Travelling through the Time Tunnel of 150 Years and Seeking Memories of the Chinese Americans

带你走进美国华人150年时光隧道
寻找中国人的美国记忆

沈卫红 ◎ 著

SPM
南方出版传媒
广东人民出版社
·广州·

图书在版编目（CIP）数据

金钉：寻找中国人的美国记忆 / 沈卫红著．—广州：广东人民出版社，2017.1
ISBN 978-7-218-11479-8

Ⅰ．①金… Ⅱ．①沈… Ⅲ．①铁路工程—华工—史料—美国—近代 Ⅳ．①D634.371.2

中国版本图书馆CIP数据核字（2016）第299093号

JINDING——XUNZHAO ZHONGGUOREN DE MEIGUO JIYI
金钉——寻找中国人的美国记忆
沈卫红 著

版权所有 翻印必究

出 版 人：肖风华

责任编辑：王俊辉 黄良起 李 响
责任技编：周 杰 易志华
书名题写、篆刻：谭文选
装帧设计：奔流文化

出版发行：广东人民出版社
地　　址：广州市大沙头四马路10号（邮政编码：510102）
电　　话：（020）83798714（总编室）
传　　真：（020）83780199
网　　址：http://www.gdpph.com
印　　刷：广州家联印刷有限公司
开　　本：787毫米×1092毫米　1/16
印　　张：29　字数：560千
版　　次：2017年1月第1版　2017年1月第1次印刷
定　　价：79.00元

如发现印装质量问题，影响阅读，请与出版社（020-83795749）联系调换。
售书热线：（020）83795240

目录 CONTENTS

序　广东人的太平洋 / 1

 **第一部　金山梦**

第一章　淘金热 / 2

　　大帆船贸易 / 4

　　最早的华人 / 6

　　淘金移民潮：以1852年为分水岭 / 9

　　华人渔村 / 17

　　海上"浮动地狱" / 22

第二章　铁路潮 / 28

　　淘金热中的铁路华工 / 30

　　中央太平洋铁路华工 / 32

第一个华人劳务承包商 / 43
一个被忽视的群体：铁路伐木工 / 47
中央太平洋铁路华工人数 / 51

第三章　排华运动 / 57

排华思潮和立法 / 59
排华惨案 / 67
天使岛的眼泪 / 73

第二部　一路向东

第四章　萨克拉门托：华工"二埠" / 84

悠然河边的老沙加缅度 / 87
中国泥沼和唐人街 / 93
美国粮仓里的"广东镇" / 108

第五章　奥本：华工出征 / 114

首批华工急援布鲁默深槽 / 115
奥本唐人街的前世今生 / 122

第六章　合恩角：在断崖上雕刻铁路 / 132

第七章　达奇弗兰特：华工大本营 / 147

华工与达奇弗兰特—唐纳湖马车路 / 152
华工大集结：当铁路敲开驿站之门 / 155
西部山区最大的唐人街 / 160

第八章　唐纳峰上的"中国长城" / 170

有一种气候叫"西艾拉风暴之王" / 172
徒步8号隧道步步惊心 / 176
与守山老人的一个约会 / 183
寻找绝顶隧道"第一锤" / 189
流产的罢工 / 199
中国墙 / 202

第九章　特拉基：在绿色金山上 / 208

一个把铁路视为灵魂的城市 / 210
追寻绿色金山的足印 / 217
鳟鱼河惨案 / 227

第十章　弗吉尼亚城：在银山上 / 231

美国最富裕的淘金城 / 233
遇见淘金年代的唐人街 / 238
银山上的华人世界 / 247

第十一章　温尼马卡：戈壁上的东方牛仔 / 253

  华工空降内华达沙漠 / 257
  十英里峡谷 / 262
  唐人街搬进了博物馆 / 268
  华人"神庙" / 283

第十二章　普罗蒙特雷：金钉回响 / 291

  最后的金钉 / 293
  打下最后道钉的八名华工 / 304
  金钉不再沉默 / 311
  解密最后的华工营：中国人拱门 / 316

第三部　金山之路

第十三章　开路先锋 / 326

  圣何塞铁路南延线 / 329
  蒙特利—萨利纳斯谷窄轨铁路 / 330
  圣塔克鲁斯和菲尔顿窄轨铁路 / 332
  南太平洋海岸窄轨铁路 / 333
  南太平洋铁路建设 / 337
  弗吉尼亚—特拉基铁路 / 339
  俄勒冈铁路 / 342
  北太平洋铁路 / 342

第十四章 以轩佛为例：广东埠是这样炼成的 / 345

先有华人，后有轩佛 / 348

江氏百年餐饮帝国 / 351

三邑公所 / 356

中医 / 360

赌馆 / 362

中华学校 / 364

第十五章 舌尖上的炼金术 / 367

"三把刀"中的金刀 / 368

一碟"杂碎"引发的"Chop Suey"热 / 370

舌尖上的杂碎 / 374

第十六章 一次等待了150年的寻根 / 379

发现熊氏：太平洋铁路上最早的中国人 / 381

找不到北的村庄 / 387

罗素的家族故事 / 390

罗素回乡记 / 396

参考文献 / 405

中英文索引 / 409

后　记 / 427

序　广东人的太平洋

"Canton"这个词，早在一个半世纪前就在西半球的美洲大陆叫响，在西方人眼里，它代表了"广东"。在Canton语境下，粤语、粤剧和粤菜，被西方人等同于中国国语、中国歌剧和中国菜。这种情形直到20世纪80年代开始才发生改变。可以说，西方人在本土首先接触到的中国，就是广东。

在这一个半世纪里，从广东到美洲的跨太平洋移民模式，深刻地影响了跨太平洋世界的经济和文化，改变了中国与世界的关系。

所以，在很多西方的老报纸里，"Canton"和"China"，常常交替出现，因为那时那地的中国移民，几乎都来自广东。

进入黄金时代的美国，尤其如此。

金钉
——寻找中国人的美国记忆

一

1848年1月，美国发生了一个影响世界的大事件——加利福尼亚中部萨克拉门托的下弗雷泽河附近发现了黄金矿！最初的金沙就在地表层，只要用一个普通脸盆就可以从砂砾里淘洗出黄金。那时淘金一天，平均每人日薪20美元，相当于美国东部工人日薪的20倍，在富矿区，人均日薪竟高达2000美元。

加利福尼亚的黄金燃烧了整个世界！

虽然通讯很不发达，但这个好消息仍然通过报纸传播出去，很快引爆了全球范围内的淘金狂潮，数十万淘金客从世界各地涌入加利福尼亚，梦想着一夜暴富。其结果是在荒蛮的西部特别是加利福尼亚，人口出现持续狂飙式增长。加利福尼亚州，也因此有了另一个金光闪闪的名字——"黄金之州"。

"黄金流"顺着太平洋的潮水，流到了东方的中国广东。

太平洋东岸的中国，和太平洋西岸的美国，由此开始了中国近代历史上的第一次国际移民潮，迁出地是广东，迁入地是加利福尼亚。广东人踏着这股黄金流，前赴后继地奔赴梦想中的"金山"。到19世纪70年代，在美国的中国移民人口超过6万人，主要是来自广东珠江三角洲的四邑（今台山、开平、新会、恩平）、三邑（今南海、番禺、顺德）和香山（今中山、珠海）的农民。

中国人的金山之路，始于广东。

马克思这样描述这个淘金时代：正是在19世纪中后期，从美国的加利福尼亚到中美洲的巴拿马，迅速从以前的荒无人烟变成一个富足的文明区域。"这里稠密地居住着一切种族的人：从美国佬到华人，从黑人到印第安人和马来人，从克利奥洛和美司代佐到欧洲人。加利福尼亚的黄金流遍美洲，流遍亚洲的太平洋沿岸地区，甚至把最倔强的野蛮民族也拖进了世界贸易——拖进了文明。"

在淘金热的催生下,加利福尼亚州的黄金产值由1848年的500万美元暴增至1853年的6500万美元,增长了12倍。1851—1855年,美国的黄金产量几乎占全世界的45%。根据美国财政部的统计,1848—1883年,占当时全美黄金总产量2/3、价值12亿美元的黄金产自加利福尼亚。

黄金改变了加利福尼亚,改变了美国。同样,也改变了广东。

金山,是广东人对美国最直接形象的称谓,而且影响至今。当后来澳大利亚墨尔本也发现了金矿,为区别两个地方,广东人把圣弗朗西斯科叫做"旧金山",把墨尔本叫做"新金山"。"旧金山"这个名字,就是这么来的。

当然,广东人也给那些致富的乡人起了个金灿灿的名字——金山伯。当那些远赴重洋的金山客筚路蓝缕,历经磨难,终于在水深火热中炼成金山伯之后,对吸引后来者继续奔赴金山形成了强大的示范效应。人们愿意为黄金梦去冒险,哪怕已经看到很多人梦碎金山,客死异乡。

所以,当美国铁路时代来临时,在广东珠江三角洲特别是四邑地区,又刮起了一股铁路移民潮。铁路华工,由此成为美国铁路建设史上的一支"梦之队"。

在位于犹他州普罗蒙特雷金钉国家历史遗址公园内的金钉博物馆,我看到墙上挂着一幅画,画中有两个铁路工人——一个中国劳工和一个爱尔兰劳工,墙上的文字写着:"We built the railroad that built America!"——我们建造了铁路,铁路铸就了美国!

1869年5月10日,犹他州普罗蒙特雷时间下午12时47分,当加利福尼亚州州长斯坦福敲下一颗金色道钉时,北美大陆第一条跨州铁路宣告建成,美国大陆真正统一,美国人实现了梦寐以求的美国梦。

跨州铁路统一了美国大陆，美国成为连接太平洋和大西洋的世界大国。（摄于加利福尼亚州铁路博物馆）

近2万名来自遥远东方的广东农民，用1200多个活生生的生命为代价，铸就了辉煌的美国梦！他们用自己的筋骨，在坚硬的花岗岩山体中钻出了一条条隧道，以主力劳工身份参与修建了美国的钢铁脊梁——第一条跨州铁路，美国自此成为连接世界上最大的两个海洋——太平洋和大西洋的世界大国。

这条连接两洋的跨州铁路，又名太平洋铁路，被誉为工业世界的七大奇迹之一。

1869年5月10日，在萨克拉门托庆祝跨州铁路完工的庆典上，中央太平洋铁路"四巨头"之一查尔斯·克劳克的弟弟、中央太平洋铁路主管布莱特·克劳克在演讲中说道："我愿意提醒各位注意，我们建造的这条铁路能及时完成，在很大程度上要归功于贫穷的受鄙视的被称为中国人的劳动阶级，归功于他们表现出来的忠诚和勤劳。"这句话被誉为美国移民历史上著名的"一句话历史"。

如果我们来做道数学题，就会惊奇地发现：在跨州铁路西段——中央太平洋铁路1104公里的铁路线上，有95%的工程是在华工加入筑路大军后的4年多时间里完成的，其代价是平均每2英里的枕木下埋葬了3名华工，1200多名华工被夺去了生命，20000磅尸骨被船运回中国。当1863年1月中央太平洋铁路动工时，他们计划将用至少14年时间来完成第一条跨州铁路，出乎所有人想象的是，中国人只用了6年时间，就完成了美国人做了40年的梦想。

儒勒·凡尔纳在其小说《80天环游地球》里这样描述跨州铁路：正是有了这条铁路，80天环游世界的梦想才得以实现，过去即便是在最顺利的情况下，从纽约到旧金山也要走6个月，而现在只需要7天。

跨州铁路实现了中国到美国东部大陆的货运运输（来源：1969年5月4日《萨克拉门托蜜蜂报》）

有人说，跨州铁路宣告了美国西部边界的终结。事实也是如此。

在很多人看来，跨州铁路之所以是个伟大工程，是因为它让美国实现了真正意义上的统一，成为连接两洋的世界大国。然而，还有一个因素恰恰被忽略了。

建设跨州铁路的一个主要预期利益之一就是发展与远东的贸易，所以，这条铁路最早就叫太平洋铁路。1845年1月，一位在中国做生意的商人阿萨·惠特尼向美国国会提交了一个带有慈善性质的太平洋铁路建设方案，虽然未受重视，但修建一条连接太平洋和大西洋的跨州铁路以发展与东方的贸易，成为美国人的一个梦想。1862年7月1日，美国国会通过了第一个《太平洋铁路法

竖立在普罗蒙特雷金钉国家历史遗址公园门口的跨州铁路纪念碑

案》，太平洋铁路建设变成现实。

铁路改变了美国与中国的贸易格局，在1869年5月10日跨州铁路通车当天，来自中国的茶叶便从西部坐上火车运往东部。美国内政部在普罗蒙特雷金钉国家历史遗址公园内竖立了一个纪念碑，用如下文字铭记了这一"历史性改变"：

就在这里——犹他州普罗蒙特雷，1869年5月10日下午12:47时钉下了一颗金色道钉，第一条跨州铁路完成了。自东而来的联合太平洋铁路和自西而来的中央太平洋铁路之间戏剧性的竞赛在此达到高潮。这标志着我们达到了长期追求的目标——一条直接通往太平洋和中国贸易的运输通道。同时，它也成就了一个伟大的政治目标，即用钢铁脊梁统一美国大陆，实现从海洋到海洋的真正连接。

作为一个伟大事件，跨州铁路被称为从大西洋到太平洋的大开放。（来源：1869年5月4日《萨克拉门托蜜蜂报》）

铁路也改变了人们的生活方式，用"火车时刻表"将西部与东部各州连接起来。在铁路到来之前，人们是没有时间概念的，火车将"时间"这一新生事物引入到人们的日常生活中，将西部——这个广袤的长期被边缘化的地方，带入到国家生活中。

经历了第一条跨州铁路建设的华工已经成为熟练技工，他们又被征召去修建北太平洋铁路、南太平洋铁路以及其他铁路工程。到1890年，美国全国铁路的总里程达到269062.148公里，远超英国而居世界首位。四

![time card](central pacific railroad time card)

1864年6月6日中央太平洋铁路第一张火车时刻表（来源：*Donner Pass: Southern Pacific's Sierra Crossing*，by John R.Signor）

通八达的铁路网奠定了美国现代化的基础，推动了西部的狂飙式发展。

曾被马克思誉为"实业之冠"的铁路，是国家经济起飞的发射台。马克思说，这"不仅是因为它终于（同远洋轮船和电报一起）成了和现代生产资料相适应的交通联络工具，而且也因为它是巨大的股份公司的基础……它给资本的积聚以一种从未预料到的推动力"。

在美国的黄金时代，广东人用瘦弱的臂膀，写下了一个大写的"人"！

二

翻开美国早期华人这本生动的教科书，我惊异地发现：从矿山到铁路，从沼泽到农田，从森林到沙漠，从山村到渔村，从棚屋到唐人街，从西部到东部，这些来自遥远东方的广东农民，用老祖宗传下来的"炼金术"——勤劳、刻苦、忍耐、勇敢、智慧、诚信，把一切不可能变成

金钉
——寻找中国人的美国记忆

了可能,把画在纸上的梦想变成了行走脚下的现实,一点一滴默默地蚁筑着金山梦和美国梦。

除了建造西部铁路,广东人将水利灌溉技术引入矿区,将运河挖进城镇,用"黄金之水"把西部变成了一座座金山银山;他们筑堤造田,把泥沼地改造成万顷良田,把西部变成了一个个粮仓果园;他们把海洋渔业引入西部,在湾区和西海岸建立了数十个"中国渔村",创造了西部海洋渔业的勃兴;他们加入到制造业、雪茄业和其他公共事业基础设施建设的队伍中,为西部的经济发展作出了卓越贡献;他们把一片片人迹罕至的荒芜的城市边缘地带建设成繁荣兴旺的城市商业中心,为西部城市发展注入鲜活的动力。我们无法估计广东人对美国西部大开发的贡献总量,但仅仅在铁路建设和土地开垦上的贡献就足以用"伟大"来形容。以土地开垦为例,开垦前的土地价格每英亩仅为1—3美元,改造为良田后,土地价格每英亩增长到20—100美元。在19世纪70年代中期,加利福尼亚州的一位前总勘测员做过一个估算,由华工建设铁路和开垦土地所带来的加利福尼亚州房地产的增值达289700000美元。

广东人在太平洋彼岸"走西口",他们的足迹所到之处,形成了许多广东人的"埠"。到1870年,加利福尼亚州有286个城市和乡镇留下了广东人的开埠足迹,这些城镇的名字都被翻译成了有粤语特色的名字。富国银行捷运公司的代理人必须学习这些城市的粤语名字,才能将从中国来的信件和包裹送到收件人手里。

对于美国华人而言,加利福尼亚州有几个很有名的地名是从小就听惯叫惯了的,但它们无法用汉语普通话来表达,必须要用粤语才能说得明白,因为这些地方都是广东华侨聚居地。这些地名包括:旧金山叫"大埠",萨克拉门托叫"二埠",这两个埠在美国华人中家喻户晓,很多美国人也知道。生活在斯托克顿、马里斯维尔和奥罗维尔的广东人则把这三个城镇都叫做"三埠",这可能是因为广东人不喜欢"四"音,而"三"

的发音似"生",意味着"好意头",所以都争着当老三。有意思的是,至今没有发现"四埠"的相关史料。位于国王县的汉福德叫"五埠"。

除了以上六个地名,其他一些小城镇,广东话统统叫做"埠仔",所以,我们常会听到老华侨说"某某住在某个埠仔"。广东人的埠仔遍布加利福尼亚州各县。

为什么会有"大埠""二埠""三埠"这样的次序呢?从北美早期华人历史中,我们可以发现一些规律和脉络——那就是:华工随着铁路走,华工随着矿区走。换言之,在铁路城镇或者有金银矿的城镇,一般都会有华埠,即唐人街。

当然,旧金山是个例外。

旧金山是毫无争议的大埠,因为这里是金山梦开始的地方,广东人从旧金山进入美国,然后分流到其他城镇、矿区或铁路工地去为圆梦而劳作打拼。作为自19世纪50年代以来美国华人政治经济文化活动的

"大埠"旧金山唐人街

中心城市,淘金热中建立起来的四邑会馆、三邑会馆、宁阳会馆、阳和会馆、合和会馆、人和会馆这六大华人会馆,其总部均设在旧金山唐人街。随着越来越多的华人抵达美国,留在大埠的华人开始以萨克拉门托街和杜邦街为中心聚集在一起,并且很快向周边街区扩展开去,被称为"小中国"或"小广东"。跟其他埠一样,旧金山唐人街也是从孤立的棚屋区逐渐发展起来的。在最早的棚屋区内,华人建起了简陋的家,他们用砖砌炉子、烟囱和长凳,在窗口或阳台有一个可以抽烟的地方。1856年,有一本叫《东方人》的华人黄页罗列了旧金山的华人商家,包括33家商店、15个药剂师、5家草药店、5家餐馆、5家理发店、5家肉店、3家旅馆、3家木材工场、3个裁缝、2个银匠、2个面包糕点师傅、1名雕工、1名雕刻师、1名翻译和1名美国商人的代理人。所以,广东人把"大埠"也叫做"大城"。

"二埠"萨克拉门托,粤语又叫"沙加缅度"①,是仅次于大埠旧金山的华人经济文化中心。二埠是淘金热的发源地,也是跨州铁路的西线起点,所以,这里是向黄金主矿脉、跨州铁路和萨克拉门托河三角洲农场输送华工的劳动力集散中心,也是为华

"二埠"沙加缅度老城

---

① 沙加缅度的最早中文表述为沙加免度,本书统一用沙加缅度,与现在二埠的唐人街牌坊一致。

工提供物资供应和服务保障的中心。

"三埠"斯多克顿、马里斯维尔和奥罗维尔均位于萨克拉门托河和圣华金三角洲区域内,在淘金热中,这三个埠都是早期加利福尼亚州华人聚居的城镇,所以,生活在这三个埠的粤侨都深信自己的埠是"三埠",而且这三个埠各自又有粤语名字:斯托克顿叫"士得顿",马里斯维尔叫"咩厘云",奥罗维尔叫"奥罗村"。

"五埠"汉福德,粤语叫轩佛,知道的人就更加少了。然而,在19世纪80年代,这里是一个因南太平洋铁路建设而兴起的繁华小镇,地方虽小,但因铁路华工和农场华工聚居,仅有60米长的中国巷远近出名得很,一度成为旧金山和洛杉矶之间中谷地区最大的华人社区。

加利福尼亚的黄金和铁路吸引了大批广东人漂洋过海,有些人很快实现了金山梦,而更多的金山客发现的只是心碎、失败和孤独,这迫使他们必须继续往内陆和沙漠山野寻找金子。当时的报纸有很多这样的报道:有些华人因为发不了财"无颜见江东父老",选择自杀来结束他们的金山梦。大多数华人移民则徘徊在财富的两个极端和孤独之间,遍布西部的唐人街变成了一个个自我封闭的"光棍城",时刻警惕着反华势力的冲击。

自华人从旧金山踏上寻梦之路,本土的反华和排华势力始终像噩梦一样如影随形。无论是矿区或铁路沿线的华工营,还是早期的华人棚屋区或唐人街,都充斥着"大火""烧杀"的血腥历史。媒体妖魔化华人社区,他们鄙夷地把中国人称呼为"中国佬""天朝人""蒙古人""约翰",把华人视为野蛮的异教徒。从西海岸的西雅图,到西艾拉内华达山顶的特拉基,乃至怀俄明州的石泉镇,都发生过许多惨绝人寰的排华血案。正如马克思所说,劳动者被剥夺的历史"是用血和火的文字载入人类编年史的"。

1882年,美国国会通过《排华法案》,这是美国历史上唯一针对单

一族裔的歧视性法案。为建设美国作出了卓越贡献的中国人，遭遇了长达61年的合法的排华运动，直到1943年这一法案被废除。这在世界移民史上也是罕见的。

正如1869年5月10日跨州铁路于犹他州普罗蒙特雷合拢庆典结束后，在向全世界发布的那张著名照片中，唯独不见铺下最后一根枕木的华工面孔。

最不应该被遗忘的金色道钉——华工，被遗忘了。

三

2014年5月，广东省人民政府侨务办公室和《广东华侨史》编修工作领导小组办公室派出一个田野调查组远赴美国，重走当年的中央太平洋铁路，沿途收集铁路华工历史资料，寻找铁路华工后裔。

这是中国第一次有组织地去开展中央太平洋铁路华工的田野调查，任务艰巨，一切都需从零开始。

我有幸参加了这次田野调查。

我们从旧金山出发，沿着中央太平洋铁路的起点萨克拉门托——奥本——合恩角——达奇弗兰特——唐纳关——特拉基——雷诺——拉夫洛克——温尼马卡——盐湖城，最后行至中央太平洋铁路和联合太平洋铁路的合拢地普罗蒙特雷，完成了对几个重要铁路节点的寻访。

出乎我意料的是，虽然一个半世纪过去了，铁路沿线居民对跨州铁路的自豪感丝毫未因岁月的纷扰而褪去，相反，跨州铁路至今仍是他们心中的光荣和梦想。他们会热情地告诉你当年中国人是怎样不可思议地用双手和黑炸药修筑了这个伟大工程，本地民间组织和历史协会也在几个重要铁路遗址上竖立了纪念碑，向帮助他们实现了梦想的中国人致敬。

一路上，我总被一种朴素的温暖感动着。

序　广东人的太平洋

当我们在漆黑的雨夜走进奥本的一家汽车旅馆，可爱的服务员姑娘热情地打开餐厅门，让我们参观挂在墙上的淘金时代的老照片，她说是中国人把铁路修进了奥本。

在拉夫洛克，我们遇见一位七十多岁的"中国迷"拉里先生，这位善良的老人为了一个承诺，多年来悉心守护着当地华人公墓，每年清明节，他独自一人去华人公墓，按中国人的方式拜祭这些无名华工。

在唐纳关，我认识了80岁高龄的守山人那姆先生，他在这山里住了一辈子，每一个与铁路有

世界上最大的小城——雷诺，粤语名"粒络埠"。（摄影：吴薇）

关的故事，他都了如指掌。他亲手拆掉了6号隧道铁轨和防雪棚，他收藏了华工使用过的铁锹，他几乎是一个人在办着一个历史协会，因为没有经费，筹办一个小小的铁路博物馆成了他的梦想。

在温尼马卡的洪堡博物馆，热情的工作人员看到我手忙脚乱地翻拍唐人街照片，贴心地对我说：你这样太辛苦了，这些照片我们都有电子档案，我发到你的邮箱吧。就在我离开洪堡博物馆几小时后，一套珍贵的温尼马卡唐人街照片已经传到了我手里。

巧合的是，就在我们抵达盐湖城的第二天一大早，一个令人振奋的消息在美国华人中迅速传播开来。

当地时间5月9日，美国劳工部举行隆重纪念活动，将铁路华工集体

犹他州将2014年5月10日命名为"铁路华工日"

请入位于首都华盛顿宪法大道200号的劳工部大楼荣誉堂（Hall of Honor）。劳工部的荣誉堂建于1988年，原先叫名人堂（Hall of Fame），目的是为纪念在各个领域作出独特贡献的美国人或集体，迄今已有50位个人或集体获得这一荣誉。铁路华工集体入选劳工部荣誉堂，这是美国政府首次正式表彰铁路华工在建设跨州铁路中的独特贡献，也是对铁路华工在美国西部大开发中作出的卓越贡献予以正式肯定。

这是一个迟来的荣誉，来得太晚，但毕竟还是来了！这是几代美国华人努力奋斗的结果！生活在盐湖城的铁路华工第四代后裔余黄铿娟女士说："铁路华工不仅参与了两条铁路的合拢工程，而且他们打开了一扇门，让他们的后代可以成为这个伟大国家的一部分。"这道出了许许多多美国华人的心声。

就在同一天，犹他州宣布5月10日为"华工日"。我们刚好参加了这个新闻发布会。

历史的车轮总是向前的，虽然在前进过程中充满曲折，布满荆棘。在美国华人历史上，铁路华工这个充满传奇和悲情的集体，为后来的人们留下了许多宝贵遗产。打捞铁路华工历史,擦亮沉默的道钉,就是为了不该忘却的纪念!

四

如果不是吴薇和她的先生蒋炎尧教授,我不可能对西艾拉内华达山上的唐纳峰了解得如此细致,这甚至引爆了我对此次重走中央太平洋铁路的全部灵感。

在现有的有关铁路华工的中文资料里,有不少对西艾拉的险峻地理环境以及华工在修筑这段铁路时惨烈情况的描述。但是,西艾拉内华达

100年前,中央太平洋铁路穿越唐纳峰。(图片:*Donner Pass: Southern Pacific's Sierra Crossing*,by John R.Signor)

唐纳峰上的中央太平洋铁路遗址

金钉
——寻找中国人的美国记忆

到底是一座什么样的山？华工在山上为何如此惨烈？我渴望能从更多的资讯中解开它的神秘面纱。

可是，中文资讯比较有限，我很苦恼。

就在这个时候，奇迹出现了！

一天，我接到一个来自美国的电话，电话的那端传来一个仿佛很久远却很熟悉的声音——吴薇，我儿时的小伙伴，在我们分离二十几年后居然找到了我！更让我一万个不敢相信的是——她就住在西艾拉内华达山下的雷诺——这是一个铁路枢纽城市，而且是中央太平洋铁路铁轨铺出来的城市。我简直不敢相信电话这边的耳朵是我自己的。

我问吴薇是否听说过中央太平洋铁路？她说铁路从山上下来就从她家不远处经过，雷诺有老火车站，山上也有老火车站，还有已经废弃的老隧道，上山徒步是他们一家人的日常运动，她女儿还去过那条著名的6号隧道一带攀岩。

吴薇还传递了一个重要信息："唐纳峰山顶上有一个唐纳峰历史协会，只是一个简陋的棚子，我先生曾去那里喝咖啡，平时有一个老人在那里，他喜欢跟老人聊天，还从一堆旧书里面淘了一本回来，书名叫《唐纳关》。"

吴薇告诉我，雷诺和加利福尼亚州隔了一座西艾拉山，唐纳关虽是加利福尼亚州的，但附近唯一的城市是内华达州的雷诺。唐纳关是从雷诺到萨克拉门托和旧金山的必经之路，开车从雷诺到萨克拉门托大约两小时，她女儿是攀岩运动员，经常要经过这条路去萨克拉门托参加比赛。

吴薇越说越带劲，我越听越梦幻。因为我从来没有想到我和她将会在这样的时间这样的场合重逢。

2014年春节过后，由于重走中央太平洋铁路的计划已确定，我开始以西艾拉内华达山为圆点，对铁路沿线主要城市进行了梳理，将我所需要的资料目录传给吴薇，她尽可能帮我去找这些资料。那段时间，我几

乎进入了走火入魔的状态,如饥似渴地研读英文资料,沉浸在对知识的不断渴望之中,思路越来越开朗。

同时,我还把在唐纳峰上的田野调查做了一个有点异想天开的设定:有一座山叫西艾拉,山上有一个咖啡棚,棚里有一个好老头,老头看护着一个历史协会,他可能知道很多关于铁路华工的故事。而我的脑子里,也着实有些武侠小说的味道了。

在我启程前往美国之前,吴薇专门组织了一次家庭登山活动,根据我的需求,到山上实地考察和踩点,为我即将前往的田野调查做足功课。

当她告诉我蒋教授到时会专门陪我上山完成田野调查时,我已经很清楚地知道:重走铁路这个事儿,已经成功了一半。

五

我满怀着敬畏之心去重走中央太平洋铁路,去寻找久远的广东人的世界。

当我把一些碎片、一丝或一毫的线索拼接起来后,我的眼前豁然开朗——铁路修到哪里,华工就走到哪里;华工走到哪里,哪里就有唐人街——这正是广东人的足迹,是广东人在太平洋彼岸的金山上创造的文化遗产。

于是,我一边沿着铁路去寻找广东人的足印,一边把探索的目光投向了铁路背后的人,因为人是一切社会关系的总和,历史就是由一个个鲜活的人的活动构成的。我希望用自己的眼睛去发现和还原一个真实、立体、可视的历史场景。

寻找铁路和铁路背后的唐人街,成为本书立足并认真探求的主题。

我查阅了很多资料,阅读了很多老西部报纸的报道,这对我去不断

接近历史真容大有裨益,本书中许多关于华工修建铁路的细节和唐人街的生存状态,都是从这些原始"记载"中发掘的,绝大多数史料第一次被翻译成中文。

在本书中,我也参考了赵耀贵、张素芳、胡恒坤、张纯如等几位华裔学者的研究成果,他们对美国早期华人历史考察之细致严谨,令我肃然起敬,他们的治学态度鼓舞着我努力去追寻和讲好广东人的非凡故事。

行走的力量就在于不断地发现和思考。

沿着中央太平洋铁路一路走来,带给我的震惊太多太多,比如"神庙",比如"排华惨案",比如在铁路合拢点铺设铁轨的八名华工究竟

华工用一双双手和一辆辆马车"移动"了西艾拉山。此图为距离萨克拉门托80英里的水手坡建筑工地。(图片:斯坦福大学提供)

是谁，比如现存的最后的铁路华工营遗址，比如华人参与金钉节的由来等等，我都在本书里做了案例和细节还原，希望可以纠正一些因不了解铁路华工这段历史而造成的一些认识误区。

有几个关键问题，我在本书中做了考察和解题。

（一）唐纳关上有什么？中央太平洋铁路史诗般的伟大工程发生在唐纳关一带，华工最悲壮的一页发生在唐纳关一带。为了找到发生在唐纳关上的华工故事和华工遗址，我二度上山，每一次我都会因一个哪怕是细微的发现而激动不已，最后，当我终于找到文献中提到的关键的6号隧道通风井遗址时，兴奋的泪水顿时模糊了双眼。在山上发现的几个重大史实遗址和文物，让我真切地感受到为什么美国人至今都用"不可思议、伟大、奇迹"等词汇来表达对中国人的致敬。我将唐纳关上这一雄伟的"中国创造"，称为"唐纳峰上的中国长城"。这也成为本书最大的亮点之一。

（二）普罗蒙特雷最后的铁轨是华工铺设的吗？从1869年5月10日那天起，中国人是否铺设了中央太平洋铁路和联合太平洋铁路合拢点的铁轨，一直是个谜案，起因是因为在罗素拍摄的那张著名照片"东西方的会合"上没有华工面孔。当美国为跨州铁路的完成而举国狂欢之时，华工去哪儿了？我根据所找到的史料以及对华工后裔的访谈，尽可能从多方位还原了这一纠缠了一个半世纪的迷案，让事实开口说出真相。

（三）铁路完成后华工去哪儿了？跨州铁路全线贯通后，有些华工被铁路公司解雇回到了"大埠"旧金山或"二埠"沙加缅度，转到农业耕作、渔业捕捞、中餐馆或其他行业继续淘金；有些留在了铁路沿线城镇，或继续为铁路公司服务或转到其他行业；有些继续成为铁路工人，参与美国其他铁路建设；也有少数人回到了广东老家。比如南太平洋铁路公司不仅雇佣华人继续担任铁路护养工，而且在铁路公司1927年的时事通讯《公报》里，还印有萨克拉门托附近罗斯维尔火车站专供华工使

用的中文版火车时刻表。由于到目前为止，我还无法找到比较准确的数据来说明中央太平洋铁路华工大军"解散"之后的行业分布，所以，本书没有将此作为一个独立章节来进行梳理，而将其分散在各章节里，如在描述铁路沿线的唐人街时，许多都会涉及铁路华工。

（四）华工吃什么？华工的伙食并非很差，华工营里有厨师，吃的食品单里，有茶水，有干货，也有海鲜，甚至还有从中国进口的一些广东食品。用我们现在的角度看，似乎有些奇怪，因为铁路华工在当时是属于社会最底层的工人阶级。华工的"吃"为什么与我们想象的差距这么大？本书比较创新地将"华工的吃"置于19世纪中后期在加利福尼亚州西海岸出现的几十个"华人渔村"、大埠和二埠唐人街的兴起以及美国西部本土海洋渔业尚未成熟的背景中比较客观地加以分析，力求真实有新意。

（五）华工人数有多少？参与修建中央太平洋铁路的华工人数一直没有权威的统计数据。根据流行说法，华工人数为12000人左右。本书根据1866年美国中华会馆统计的华工人口数据，以及美国华裔学者的研究成果，综合分析推算出参与中央太平洋铁路建设的华工人数在13600至20000人之间。当然，这也是一个估算。

（六）第一个华人劳务承包商是谁？根据中央太平洋铁路工资档案显示，最早的华人劳务承包商是Hung Wah。但是，Hung Wah是谁？本书作者经过对美国华人姓氏的研究，并深入到台山农村查找相关族谱，认为Hung Wah即熊华，祖籍台山三合镇大朗村的可能性最大。这是中央太平洋铁路研究的一个突破，对于解释为何台山开平等四邑华工构成中央太平洋铁路华工主体具有参考价值。

（七）铁路沿线的唐人街为什么这么多？以前，我从未思考过美国西部为什么会有如此之多的唐人街这个问题，直到走完这条铁路，我才恍然大悟：根据《太平洋铁路法案》，中央太平洋铁路沿线周边土地

归铁路公司所有，所以，当铁路把西部荒凉之地变成为一个个新兴城镇时，有部分铁路华工就留在了当地，他们向中央太平洋铁路公司租借土地建起早期唐人街，很快就吸引了后来的华人移民陆续迁移到这些铁路沿线城镇，从而形成了一个个或大或小的华人社区。即使唐人街几度遭遇火灾，或被排华势力赶出城市中心地带，华工仍继续向铁路公司租借土地，在城市边缘又重建新的唐人街。有些城镇的唐人街虽然起源于淘金热，但由于铁路经过这里，从而吸引了大批铁路华工并加速了唐人街的扩展。如奥本、达奇弗兰特、特拉基、雷诺、温尼马卡，均如此。这种现象在其他铁路沿线城镇中也普遍存在，比如"五埠"轩佛的中国巷（又称唐人街），也是先有铁路再有轩佛这个城市，在没有轩佛之前，华工就已经在这一带务农或筑路，并形成了最早的华人区。

（八）除了金山，还有银山吗？与"金山"加利福尼亚紧邻的内华达，因盛产银矿而被华人称作"银山"，在淘金时期，银山与金山同样辉煌，银山上有一条连接中央太平洋铁路的最富有的矿区专线——弗吉尼亚-特拉基铁路。对弗吉尼亚古城的田野调查让我意外地发现了这座"银山"。我们在古城里百转千回而终于找到的唐人街遗址，居然是一个完整的排屋区，洗水槽还在，让人不由得联想起马克·吐温作品里的弗吉尼亚城华人洗衣店。这是我从未见过的淘金时代的真实唐人街，震惊之余，倍感抢救华侨历史的紧迫感。

（九）华工的名字为什么无法用中文表达？为尊重历史的严肃性，同时也为方便阅读，本书中所提及的华工名字，除有准确的中文名以外，基本上采用近似译名，同时保留其英文拼写原名。这样做是由于粤语发音雷同而很难将这些名字准确地翻译成中文。由于早期华工出洋都是亲带亲族帮族，有的整条村都是同一个族姓，所以，如果中文译错姓氏，就会直接搞错"华工从哪里来"的关键细节。而华工原籍地这个细节，对华侨史研究是十分重要的。近年来，在中央太平洋铁路研究中，

金钉
——寻找中国人的美国记忆

以斯坦福大学为代表的许多美国学者,对当年华工原籍地乡村表现出越来越浓厚的兴趣,这也正是目前海外学者在铁路华工研究中最缺乏的。

我在阅读史料时,发现华工名字主要有两种表述:

一种表述是"Ah"后面加一个姓氏,这种称呼是广东人的一种习惯叫法,并非真名,尤其在农村更是如此。如中央太平洋铁路最早华工队伍里的领班"Ah Toy",目前公开见诸的中文翻译是"阿陶",但是,根据粤音,"陶"对应的常用英文名是"Tao",而不是"Toy"。"Toy"的中文姓氏应为"蔡","Ah Toy"即"阿蔡"。

另一种表述是广东话的英文姓名,如中央太平洋铁路第一个华人劳务承包商"Hung Wah",中文版本都翻译成"黄宏"。但是,在美国华人姓氏中,"Hung或Hong",对应的中文姓氏主要是"熊""洪""汤"。"黄"姓对应的英文是"Wong",而不是"Hung"。要将这种带有乡音的英文表达准确翻译成中文真名,很不容易。这让我感触良多,关于铁路华工的历史,还有许多可以深挖的空间。

本书主体架构以历史游记而不是学术专著的形式来展示重走中央太平洋铁路的成果,因为我希望把自己置于一个真实的现实场景中,用自己的眼睛和脚步去丈量和发现更多的细节,用鲜活的细节把枯燥的历史说生动。

这样的互动和穿越感,阅读起来可能更加令人玩味些。

我在场,我思考,我讲述。我愿意用心去讲好每一个故事。

沿着中央太平洋铁路翻山越岭,穿越沙漠戈壁,当我站在普罗蒙特雷金钉国家历史遗址公园的铁轨上,回望这段中国人在美国的艰难而又光辉的岁月,不禁感慨万千。率先走向太平洋的广东人为创造美好生活,艰苦奋斗,更为建设美国作出了卓越贡献,成为实现美国梦的拓荒者之一。广东人创造的伟大历史不只是美国人的骄傲,也是中国人的骄

傲，是中美两国人民共同创造的弥足珍贵的人类文明遗产。

今天，全球化的进程将世界变成了一个地球村，从世界的这一头到那一头，也只是从村东到村西的距离，我们都是地球村的邻居。当"移民和发展"已成全球话题，只有多元文明的平等交往才会让世界变得更加和谐和睦，更加充满活力。以史为鉴，相互尊重，合作共赢，才是人类发展的共同主题。

由于我并非华侨史专业学者，研究水平有一定局限性。本书中还有不少可以继续深入探讨和提升的地方，衷心希望可以得到前辈专家和读者的批评指正。

作　者

2015年12月

第一部 金山梦

第一章 淘金热

喜鹊喜,贺新年,阿爸金山去赚钱。
赚得金银千万两,返来起屋兼买田。

——台山民谣

第一章 淘金热

　　15世纪末至16世纪初，世界历史进入了"地理大发现"时代，又叫"大航海时代"。哥伦布发现美洲"新大陆"，德国地理学家马丁·贝海姆发明地球仪，迪亚士和达伽马开辟了抵达亚洲的海上航线，麦哲伦率船队绕过美洲南端进入太平洋到达菲律宾群岛和中国沿海。环球大航海时代的到来，实现了人类文明从草原到海洋的革命性变革，人类交往的主渠道由陆路转向海路，宣告了东西两半球互相隔绝的人类历史的终结。各个国家各个民族之间的交往从地域交往扩大到世界的普遍交往，民族历史迅速走向世界历史。

　　从此，物产丰饶的古老中国，和刚发现的美洲新大陆，通过太平洋实现了"人类连接"，一条连接亚洲和美洲的"太平洋丝绸之路"诞生了。

　　早期到达美洲的中国人，沿着这条"太平洋丝绸之路"，成为在美洲定居下来的华人先驱者。

大帆船贸易

运载华工横渡太平洋的三桅帆船"黎巴达"号（图片：广东华侨博物馆提供）

早期移民出洋的帆船（图片：广东华侨博物馆提供）

这条连接太平洋两岸的新航线，东起菲律宾的马尼拉，西至墨西哥西海岸的阿卡普尔科，通常叫做"马尼拉大帆船"贸易。

1565年6月，第一艘满载亚洲香料的大帆船"圣·巴布洛号"从菲律宾起航，驶向墨西哥西海岸的阿卡普尔科，之后，大帆船贸易日渐繁荣起来。西班牙以其殖民地菲律宾群岛为基地，用大帆船源源不断地把物美价廉的中国商品运往新西班牙的都城墨西哥。

马尼拉大帆船是一种木制帆船，由西班牙人雇佣中国工匠在马尼拉设计并建造，仿照中国远洋大型平底帆船，载重都在300吨以上，是当时世界上最先进的船只。由于马尼拉大帆船运输的都是中国货，特别是中国丝绸、瓷器风靡全球，而且船上的部分水手也是中国人，因此，墨西哥人习惯把马尼拉大帆船叫做"中国船"。从1565年至1815年的250年间，西班牙每年都派遣1—4艘大帆船来往于阿卡普尔科与马尼拉之间，用美洲的白银换取中国的生丝、丝绸、瓷器、茶叶、珠宝等商品。美国

第一章 淘金热

历史学家苏尔兹在1939年出版的《马尼拉大帆船》中指出:"中国往往是大帆船贸易货物的主要来源,就新西班牙(墨西哥及其附近广大地区)的人民来说,大帆船就是中国船,马尼拉就是中国与墨西哥之间的转运站,作为大帆船贸易的最重要商品的中国丝货,都以它为集散地而横渡太平洋。在墨西哥的西班牙人,当无拘无束地谈论菲律宾的时候,有如谈及中华帝国的一个省那样。就马尼拉方面来说,每年航经中国沿海的商船,就是它的繁荣的基础。"

大帆船上的货都是从中国沿海省份运到马尼拉的。1685年有17艘来自中国沿海的平底帆船到达马尼拉,1686年有27艘,1687年有15艘。这些中国平底帆船运来的中国货,在菲律宾装上大帆船后销往美洲各地。

大帆船开往墨西哥的航线是沿着北太平洋洋流航行的。北太平洋洋流是由沿着日本东部海岸北向的"黑潮"和来自北极南向的"亲潮"会合而成,之后在美国和加拿大交界处分为北向的阿拉斯加洋流和南向的加利福尼亚洋流。"黑潮"的另外一个名字叫日本暖流,自菲律宾开始,穿过台湾东部海域,进入东海,沿着日本往东北向流,在与"亲潮"会合后汇入北太平洋洋流。每年6月,大帆船便乘着西南季风自马尼拉起航北上,至北纬45°-42°海域,顺着"黑潮"漂行,被北太平洋洋流推送着往南航行到加利福尼亚海岸,最后抵达墨西哥的阿卡普尔科,整个航程万余海里,历时6个月。从马尼拉到阿卡普尔科的航道,是一条随时可能赔上性命的危路,因为"黑潮"的明涛暗涌可以轻易地将船员抛出帆船,如果遇到无顺风天气,帆船只能停在海平面上无法前行。在海上漂行的6个月中,船员常常会患上脚气病或坏血病,有的人成了残疾,有的人丧生大海。

当大帆船返程时,通常也是每年的6月,从阿卡普尔科往南走直到赶上洋流,顺着洋流顺风顺水地往菲律宾航行,一般只需约3个月,甚至更短时间。

在这个历经两个半世纪的大帆船贸易过程中,从16世纪70年代起,一些中国商人、工匠、水手、仆役等,开始沿着这条中国—菲律宾—墨西哥之间的太平洋贸易航线,到达墨西哥。由于他们搭乘被墨西哥人叫做"中国船"的马尼拉大帆船抵达美洲,所以,墨西哥人也把这些中国人称作"马尼拉华人"。

到16世纪末,西班牙王室下令允许华人工匠进入美洲,于是,大批中国工匠,包括织工、裁缝、木匠、金银首饰匠和理发师等,陆续从马尼拉搭大帆船去往墨西哥。有的华人在那里定居下来,起了西班牙名字,与当地人通婚。也有的华人转去秘鲁或拉美其他地方。据记载,阿卡普尔科港早在16世纪就有了唐人街。

最早的华人

1815年,大帆船贸易结束。

从1565年至1815年,在这条"太平洋丝绸之路"运营的两个半世纪里,有多少中国人借道大帆船来到美国,很难找到实证了。不过,一些历史学家的研究倒是为我们提供了颇有价值的提示。

1769年,上加利福尼亚是西班牙的殖民地,据说在一些从墨西哥北上的西班牙人中就有华人。斯坦·斯坦纳在《扶桑》一书中提到,最初到洛杉矶印第安村庄的23人中,就有一个是中国

华人来往于加利福尼亚州和广东之间携带的旅行箱,被称作"金山箱"。(图片:广东华侨博物馆提供)

这是陈列在轩佛道观博物馆内的金山箱,箱子上面的行李牌标明这是远东航线,行李费为45美元。(摄影:郭元乐)

人,他的名字叫安东尼奥·罗德里格斯。

在大帆船顺着北太平洋洋流南下经过加利福尼亚海岸驶向墨西哥的过程中,据记载,在1789年至1815年间,有6艘"中国船"在加利福尼亚的蒙特利海湾停泊过。也有历史学家谈到,加利福尼亚历史上记录了很多在海岸发现奇特航船的见证,据说,在18世纪和19世纪,当地人见证至少有60多艘东方船只穿越太平洋来到加利福尼亚。

我们很难考证最早抵达加利福尼亚的华人是从墨西哥北上的"西班牙华人",还是搭乘马尼拉大帆船去往墨西哥途中在加利福尼亚海岸停泊并留下来的华人。但是,在加利福尼亚发现黄金之前的早期移民群体中,华人已经成为其中的一员了,虽然人数寥若晨星。

目前关于华人登陆美国时间的最早记载是在1785年,即在美国建国9年后,3名叫亚成、亚全、亚官的中国船员在美国东部马里兰州巴尔的

1785年,三名中国船员在巴尔的摩港登陆。图为现在的巴尔的摩港。(摄影:吴薇)

金钉
——寻找中国人的美国记忆

摩港登陆。这三人在美国商船"帕勒斯号"上当船员，随船从广东广州港返回巴尔的摩港，停泊期间，三人上岸，引起当地报纸的注意并予以报道，于是留下了记录。这三名船员成为有记载的最早抵达美国的中国人。

在加利福尼亚蒙特利湾，第一个有文件证明的华人居民叫阿蓝（Annam），他来自广东省距离澳门约10公里的一个村庄，是上加利福尼亚总督的厨师，后来，阿蓝以西班牙名字安东尼奥·玛利亚·耶稣皈依天主教。阿蓝于1817年去世，葬于1817年4月20日。阿蓝有可能是索拉于1815年就任上加利福尼亚省总督时从墨西哥带到蒙特利的，也有可能在1815年前从广东出洋到蒙特利，甚至可能是搭着大帆船来的。现在也只能猜测了。

美国移民委员会的档案记载了1820年至1840年间，有11名中国人抵达美国。这个信息使我联想到"金山伯"的故乡——台山的侨志。

据上川岛《甘氏族谱》记载："泽浓公，富于冒险性，以家计相迫，于道光初年（1821年），搭帆船往美洲焉。"1821年，台山上川岛人甘泽浓乘帆船前往美洲，这是台山有记载的第一位美国（洲）华侨。

台山另一个旅美华侨重镇广海镇的《山背乡志》也记载了1841年台山广海镇山背村陈毛齐（号齐宗）于美国旧金山去世："陈齐宗（又名陈毛齐）道光辛丑年（1841年）故于（美国）旧金山。"

上川岛和广海镇，都是台山人出洋的港口，在美国官方档案里列明的1820年至1840年间到达美国的这11人中，很大可能有甘泽浓和陈毛齐。如果再大胆地推论，可能这11人大多来自台山。这个可能性是存在的。正如19世纪50年代早期出现在加利福尼亚沿岸的几个"华人渔村"，拓荒者便是来自广东沿海的渔民。

淘金移民潮：以1852年为分水岭

广东沿海地区特别是台山、开平、新会、恩平所在的四邑地区，素有出洋传统，但是，直到鸦片战争以后，特别是加利福尼亚发现黄金之后，才出现第一次海外移民高潮。

鸦片战争以后，中国的门户被西方的炮火打开，腐败无能的清政府与西方列强签订不平等条约，鸦片的输入使得白银大量外流，各种苛捐杂税使得民不聊

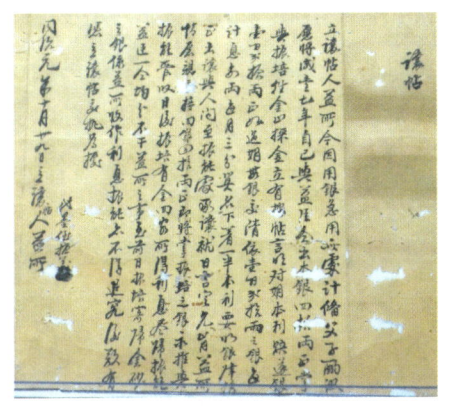

1862年华工去美国淘金筹款的《让贴》
（摄于五邑华侨华人博物馆）

生，社会矛盾日益激化。两广地区（广东和广西）原本山多田少，人多地少，百姓生活维艰，于是，在1850年底，爆发了一场轰轰烈烈的以推翻清王朝为目的的农民起义——太平天国运动。为响应太平天国运动，1854年，四邑地区爆发了有10万农民参加的红巾军起义。兵荒马乱的局势使得素有出洋传统的四邑人不得不逃离家乡，远赴重洋。

引发四邑人大规模出洋的另一个重要事件是1855—1867年四邑地区爆发了长达12年的土客械斗。"土""客"虽然都是从中原南迁到四邑的汉人，但有先后之分，先到的是"土民"，后来的便是"客家"。这场为争夺土地导致的大规模械斗，造成了难以想象的灾难：焚毁数千条村，蔓延六七个县，2.3万人惨死，2万人染瘟疫病死，两三万人被"卖猪仔"运到南美洲的种植园。土客械斗成为引发四邑人远走他乡的一个重要原因。另外，四邑特别是台山自然灾害多，台风、咸潮、干旱、粮

荒频频发生。据《新宁县志》记载，清朝咸丰元年（1851）至光绪末年（1908）的57年内，台山发生大水灾14次、大台风7次、地震5次、旱灾4次、瘟疫4次、饥荒5次，平均每一年多就有1次自然灾害。自然灾难的不可抗力也把老百姓逼上了出洋求生之路。

1848年1月，加利福尼亚发现黄金。这个爆炸性的消息迅速传遍了全世界。"黄金梦"吸引了世界各地的淘金者漂洋过海涌进加利福尼亚，包括远在太平洋东方的中国人。于是，在加利福尼亚出现了马克思所描述的场景："这里稠密地居住着一切种族的人：从美国佬到华人，从黑人到印第安人和马来人，从克利奥洛和美司代佐到欧洲人。加利福尼亚的黄金流遍美洲，流遍亚洲的太平洋沿岸地区，甚至把最倔强的野蛮民族也拖进了世界贸易——拖进了文明。"1848—1883年，加利福尼亚的黄金产量占美国黄金总量的三分之二，约达12亿美元。

在1848年加利福尼亚发现金矿之前，广东已经有大批移民去到南洋和南美洲。广东人"下南洋"属自由移民，远赴南美洲的被"卖猪仔"，成为"猪仔华工"。黄金的发现使得加利福尼亚一夜之间变成了一座充满诱惑

加利福尼亚淘金华工（图片：广东华侨博物馆提供）

华工用扁担挑着炉子等挖矿工具去矿区淘金。据报道，1859年在黄金峡谷大约50名华人淘金工赚了35000多美元。（图片：*The Chinese in Nevada*, by Sue Fawn Chung with the Nevada State Museum）

的可使人瞬间暴富的金山,这对于当时天灾人祸频发的广东四邑乡村农民来说,是一个充满诱惑的选择。

在国内生存环境不断恶化的内力推动下,在淘金热的外力拉动下,加上地处沿海,比邻香港,从1849年到19世纪60年代中期,广东珠江三角洲地区出现了第一次海外移民潮:淘金移民潮。这也是中国人移民美国的第一个高潮。广东四邑(今台山、开平、新会、恩平)、三邑(今南海、顺德、番禺)和香山(今中山和珠海)地区的农民大规模去往美国,成为最早登陆美国的中国拓荒者,其中以四邑人为主体,以"赊单华工"为主要移民形式。

1848年1月24日,位于萨克拉门托附近的萨特的磨坊发现黄金矿,1个月之后,即1848年2月,第一艘从香港驶往旧金山的快速帆船"美国

旧金山,华工挑着货物,他们行走的方向是间典当铺。(图片:洪堡博物馆提供)

内华达州塔斯卡罗拉矿区的华人矿工和白人矿工（图片：*The Chinese in Nevada*, by Sue Fawn Chung with the Nevada State Museum）

鹰号"在旧金山靠岸，三名中国人包括两名男子和一名女子下了船。这两个男子前往旧金山北部萨特的锯木厂干活，那里正是黄金被发现的地方。同年4月，《旧金山星报》报道：两个或三个"天朝人"已经在城市里找到了工作。此时距离加利福尼亚发现金矿还不到1个月，在当时的通信条件下，消息还不可能传到中国。这两名广东男子成了最早到金矿的中国淘金者。

1849年，加利福尼亚发现金矿的消息传到香港，接着传遍紧邻的广东，淘金热及其引发的新兴城市蓬勃发展的巨大商机，吸引了大批广东人特别是四邑人前赴后继加入淘金热潮，冒着生命危险去追逐他们的金山梦。

在这股狂热的淘金潮中，还有一群不靠体力而是靠技术的劳工，也踏着太平洋的潮流来到了美国西部，他们与淘金矿工几乎同时来到美国。

由于淘金热迅速带动了新兴城市的发展，原先的大量帐篷需要拆

除，大批木结构房屋需要建造，木材工业迅速兴盛起来。旧金山通过一项城市法令，明文禁止搭建帐篷，要求建造木结构房屋，木结构房屋的需求量激增。广东木匠一下子成了"热馍馍"。1849年，当"弗洛里克号"轮船将预制构件组装的木屋材料从香港运到旧金山再进行组装时，输入华人木匠的行为可能已经开始了。有一次，"玛丽号"船从香港运载15名华人木匠，每人的船票价格为125美元，这个票价比平时从香港到旧金山的船票价格50美元，远远高出75美元。这些有技能的木匠留在了旧金山，因为这里有着巨大的经济利益和就业市场。

在淘金热开始后的最初两年，中国人移民美国仍然保持相对较低的数字。据估计，1849年，有325名中国人合法抵达加利福尼亚；1850年，有450名中国人抵达加利福尼亚，其中90%以上的人很快去乡村矿工营淘金；到1852年，在加利福尼亚州的华人人口急剧增加到2万多人。作为加利福尼亚州的大都会旧金山，1851年已有超过2716名中国人，到1852年，在旧金山的中国人总数跃升到20000多人。此时距离加利福尼亚发现黄金仅仅5年。19世纪50年代早期，加利福尼亚州华人人口中约85%的华人从事采矿业。

从以上数据中我们可以发现，中国人到美国的大规模移民潮开始于1852年，且呈井喷式增长。历史学家左秋永在《华人移民美国》一书中写道：记录表明1852年1月，共有19艘美国船停泊香港，它们的吨位从238吨至841吨不等。罗伯特·L.艾瑞克在《清政府关于苦力贸易的政策，1847—1878年》中也谈及，1852年，有多至"五十至六十"艘美国船同时载运中国人横渡太平洋。1852年3月29日，威廉·迪安牧师在香港写道："10艘或者12艘船现在要离开这里前往旧金山，每艘船大约装载200—500名旅客。"之后不到一年时间，即从1854年11月至1855年9月，有18艘船离开香港，将3000多名中国人运到加利福尼亚州。

一个更有说服力的数据来自旧金山的《阿尔塔加利福尼亚日报》。

1852年8月13日《阿尔塔加利福尼亚日报》刊登的船舶抵达旧金山的统计数据

第一章　淘金热

该报在1852年8月13日刊出一则标题为"中国移民"的新闻，同时配发了一张1852年1—8月份中国移民抵、离美国旧金山人数的详细列表，包括抵离时间、船舶名字及所属国家、离埠港口、航程时间和每艘船载客人数等。新闻写道：

这是一张编制得非常仔细的表，数据来源于S.E.伍德沃斯律师保存的备忘录，表中显示了自1852年1月1日以来从中国和其他太平洋港口抵达旧金山的中国移民人数，显示的总人数是18040人。1852年5月1日以来离开这里的人数是71人，所以，留在美国的人数是17969人。奇怪的是，在上述庞大的移民群体中，只有14名妇女，她们中的绝大多数现在仍在旧金山。和留在加利福尼亚的中国移民人数相比较，离埠的人数小得不成比例。这也表明似乎返回天朝帝国的那些人，除了劝说他们的同胞来美国，没有其他可以看得见的目标。

从表中列出的信息所见，1852年2月19日至8月6日六个月内，共有69艘船抵达旧金山，其中三桅帆船29艘，双桅横帆船5艘，纵帆船1艘，汽船34艘。在这些船只中，英国37艘，美国16艘，德国不来梅3艘，荷兰2艘，挪威1艘，葡萄牙2艘，夏威夷1艘，墨西哥1艘，秘鲁1艘，厄瓜多尔1艘，法国1艘，德国汉堡1艘，丹麦1艘，普鲁士1艘。这些船只的始发港口包括香港55艘，澳门9艘，广州黄埔港2艘，上海2艘，马萨特兰（墨西哥西部港口）1艘。香港是主要港口。在香港海湾抛锚的船只，主要是英国船和美国北方的快速帆船。"嘎拉提号""自由号""挑战号""斯塔格胡德号""飞云号"，这些快速帆船都是美国海运的骄傲，在运载中国人去美国淘金的船只中，这些帆船也在其中。

这69艘船中，除了马萨特兰港出发的墨西哥船，其他68艘从中国出发的船在海上航行时间最长为93天，最短为34天，多数在50—90天之

间。船上的中国人人数多数在200—500人，从上海出发的2艘船上只有51名中国人。这张表最令人遐想的是从墨西哥马萨特兰港出发到旧金山的7名中国人，他们很可能是早期到墨西哥的华人，像这类从墨西哥等拉美国家到加利福尼亚淘金的华人，虽然人数不多，但也说明淘金热中的中国移民，也有拉美华人。

表中同时也显示1852年5月15日至7月1日间，71名中国人乘坐的从旧金山返回中国的船只共有5艘，其中4艘船抵埠港口是香港，1艘是上海，而抵埠上海的船上只有1名中国人。

概言之，1852年1—8月抵达旧金山的中国人总数是18040人，其中从上海坐船的有51人，从墨西哥马萨特兰港坐船抵达的有7人，其余17982人来自香港、澳门和广州港，换句话说，广东人直接从本土出洋抵达旧金山的人数为17982人。同时期内返回中国的只有71人，其中1人在上海上岸，其余70人回到广东。也就是说，1852年旧金山新增广东移民至少有17912人，这个数字没有包括来自墨西哥的7名华人，他们很大可能是早期赴墨西哥的广东人，同期回中国的70人中也不一定全部都是同年来美又返回的，另外，9—12月抵达旧金山的船舶数据还未包括在内。所以，可以推断，1852年抵达旧金山的广东人在20000人以上，他们或留在旧金山，或转赴二埠，或到其他埠仔。在加利福尼亚发现黄金后的第5年——1852年，无疑是中国人赴美淘金潮的第一个高峰。就在这一年，已有几名华人被推选出来参加了在旧金山举行的7月4日美国国庆游行。

由于1852年中国人井喷式地抵达旧金山，本地媒体对此予以很大关注。1852年8月13日的《阿尔塔加利福尼亚日报》上还有一篇标题为"天朝人上岸"的报道，不无嘲讽地写道：

昨晚，大约500名刚抵达的中国人，带着行李在长码头上岸。码头的很长一段距离被帽子和长尾巴构成的一片美妙的森林覆盖了，卷着的草席和箱子四面转动着,长长的杆子(作者注:即扁担)夸张地舞动着,每个人似乎都在自卫地说着话,形成一片嘈杂声,好像一群人在争论玉米田的好处。一大堆人被集合在一起,他们的噪音和混乱附带着孔夫子鲜花的登陆,吸引了对面的人。当每个人挑起相当于一辆货运马车重量的担子,开始排成一个队伍进入城市时,事情最后看起来得到了令人满意的安排,他们去到了他们的同胞已经为他们提供好的地方。

华人渔村

令人难以想象的是,在19世纪50年代初,除了搭乘帆船和汽船到金山的中国人,还有自驾小帆船"走红毛"①的广东渔民,他们在旧金山湾区一带登陆后,建起"华人渔村",在太平洋彼岸又过起了靠海吃海的渔民生活。

华人渔村的后代至今仍在传说着他们祖先的移民故事:1853年,他们的祖先自驾7艘9米长的小平底帆船,从广东越过太平洋,分别在加利

1890年加利福尼亚州西海岸阿龙斯岬华人渔村(图片:加利福尼亚州立图书馆)

1890年加利福尼亚州西海岸阿龙斯岬华人渔村(图片:派特·哈萨维)

---

① 四邑人把美国、加拿大叫做"红毛之国",去美加叫做"走红毛"。

1890年加利福尼亚州西海岸阿龙斯岬华人渔村
（图片：派特·哈萨维）

1890年加利福尼亚州西海岸阿龙斯岬华人渔村的渔民在晒鱿鱼（图片：加利福尼亚历史协会）

福尼亚西海岸的门多西诺县和蒙特利登陆，之后便在湾区一带捕鱼捞虾，定居下来。1967年，美国历史学家桑迪·莱登造访过几位华人渔村始建者的后代。其中有一位被访者的祖母姓余，1851年在加利福尼亚的罗伯斯岬出生，余氏的父母从中国驾着帆船直接到达加利福尼亚。这个信息和1900年蒙特利县的人口普查手稿很接近，手稿上记录了一位当时在华人渔村的49岁中国女性，她说自己在加利福尼亚出生。如果按此推测，那么，广东渔民自驾帆船到达加利福尼亚的时间大约在1850年前后，而这些渔民可能也是来自四邑沿海的渔民。当四邑人将加利福尼亚发现黄金的消息奔走相告时，本地渔民也大胆加入到淘金热的潮流中。据说1854年初，在旧金山的里垦岬就有一个华人渔村了。

也有资料谈到广东人在加利福尼亚发现黄金之前就开始在美国西部海岸捕鱼了。早期除了蒙特利县，在圣地亚哥和圣路易斯·奥比斯波县都有华人渔村，华人在那里的海湾捕捉鱿鱼、鲍鱼和其他鱼类。

1897年美国华人渔民（图片：广东华侨博物馆提供）

《圣塔克鲁斯哨兵报》记者欧内斯特·奥托是在华人渔民在卡皮托拉海滩捕鱼时期长大的，他在1900—1950年发表过不少关于华人渔村的报道，他写道：在19世纪50年代初期，一群（中国）渔民在圣塔克鲁斯县定居，就像当初他们的同类在蒙特利县落脚一样。一直传说，他们就是那些在中国广东沿海住在船上，近海捕鱼的渔民们。

蒙特利湾是一片海洋生物极其丰裕的海域，鲍鱼尤其多。早在中国渔民到来之前，印第安人就在蒙特利湾海域捕捉壳鱼、鲑鱼和虹鳟；后来，英格兰人在这里捕杀鲸鱼和水獭，但只取水獭的皮。谁也预料不到的是，水獭正是鲍鱼的天敌，当捕獭人将水獭清除后，恰恰为鲍鱼创造了疯狂繁殖的条件。在19世纪50年代，整个蒙特利半岛的岩礁上都被鲜活的鲍鱼包裹着，远远望去，一片色彩斑驳的美丽壳海。1853年4月，当几个广东渔民来到此地，发现了这个"鲍鱼天堂"，对海洋和海鲜有着特殊敏锐触觉的广东人，就在海滩上安营扎寨，开始了海里淘金的日子。

蒙特利海湾盛产鲍鱼的消息不胫而走，不到一个月的工夫，一批

又一批广东人从旧金山划着小船驶进蒙特利湾,争先恐后投入到捕鲍潮中。很快,五六百名中国人聚集在海岸线上捕捉鲍鱼,就连罗伯斯岬陡峭岩壁下荒芜的小海湾里也停满了中国人的小舢板。捕鲍人在海边搭起简陋的寮屋,将鲍鱼肉晾在栏杆和屋顶上风干,然后销售到周边地区和旧金山。到19世纪60年代初,中国渔民的捕鱼种类从鲍鱼扩大到各种海产品。1864年,《蒙特利公报》这样描述中国渔民:"他们驾着那种样式古怪的小船,起早贪黑地巡海捕鱼。从每一条大鲨鱼到每一条小银鱼,所有的捕获物都要风干、腌制,准备出口。"本地媒体惊呼中国人捕捞和干制的海产品名单读起来简直就像蒙特利湾海货库存清单:石斑鱼、鳕鱼、大比目鱼、鲽鱼、鲈鲉、蓝鱼、黄狮鱼、鲭鱼、沙丁鱼、海带、海胆、海参、贝类……从19世纪50年代至70年代,中国人在加利福尼亚打造了一个世界上最大的干鱼市场并控制了市场渠道,垄断了蒙特利半岛的海洋渔业。蒙特利湾的阿龙斯岬至今还有一个华人渔村遗址,是加利福尼亚州目前仅存的两个华人渔村遗址之一。

另一个华人渔村遗址位于旧金山北湾圣拉斐尔市附近,准确地说叫华人虾寮遗址,因为这个渔村曾经盛产海虾。现在这里是华人虾村州立公园,是加利福尼亚州历史古迹第924号。公园门口指示牌上用红色字体写

"华人虾寮"几个字,一看就是粤语特色(摄影:周立民)

加利福尼亚州华人渔村州立公园(摄影:周立民)

着"华人虾寮（WA JER HA HO）"字样，其实已经说明这里的拓荒者是广东广府人，因为注音必须用粤语才能读懂，而广东人习惯将海边渔民的房子叫做"寮屋"。

旧金山和圣巴勃罗湾一带盛产海虾，大约在19世纪60年代就有华人在这里捕

烘虾作坊，砖炉是烘虾炉（摄影：周立民）

虾，慢慢地沿着旧金山和圣巴勃罗湾的海滩，出现了很多华人虾村。从1868年起，数以百计的广东移民被吸引到圣巴勃罗湾一带，靠捕虾和养虾业为生。到了捕虾季节，渔民们会用美洲杉做成舢板和帆船，然后坐船出海，用从中国进口的袋网捕虾，并把中国传统的打谷机改造成去虾皮和虾头的机器。到1875年，这里有近30个华人虾村。到1880年全盛时期，虾米年产量超过300万磅，一天处理5000磅虾子，一度成为美国最大的虾米出产地。现在，这个华人虾村遗址的码头上还停靠着一艘中国渔船，孤独地守望着这一段几乎被世人遗忘的历史。

关于中国渔民的渔船，当地人是这样流传的：中国人先是将渔船主体的红木板加热弯曲，然后用旧式的无头铁钉固定。船体外部油漆成黑色，船头两侧各绘一只眼睛，让船可以看清航行的方向。这样的描述，让人很自然地联想到广东沿海渔民的传统渔船——俗称"大眼鸡"。

在中国，很多人都知道早期中国人到美国是去淘金和建铁路的，却很少有人知道在美国西部淘金热中，还有这样一群在海里淘金的广东渔民。很多人都熟悉旧金山有著名的唐人街，却不知道湾区出现过几十个华人渔村，他们曾经在较长时间内垄断了加利福尼亚海产品加工业。广东渔民靠海吃海的传统也跨越了太平洋，他们将旧金山湾区捕捞鱼虾作

华人虾寮遗址码头、寮屋和渔船（摄影：周立民）

业规模化、商业化、产业化，形成了另一股"淘金潮"。他们加工的海产品出口到太平洋彼岸的中国，也销售给当地的华人社区，包括在矿区和铁路建设工地的华工营。

海上"浮动地狱"

早期华人的金山之路并不是一帆风顺的，首先必须要熬过在太平洋上漂流数月的痛苦，这种苦，对于很多华人来说，可谓九死一生。

太平洋的脾气变幻莫测，穿越太平洋的航行很少是一帆风顺的，于是，对于淘金客来说，"顺风""顺水"一词就变成了祈求旅途一路平安的无比珍贵的祝福语，这不仅仅是指他们要面对不可预料的海上气候带来的危险，还要面对贪得无厌的船长的剥削。这些船往往人数超载，华工被挤压在一个完全漠视人类健康和安全的空间里。如1854年"自由号"帆船离开香港时载有400名旅客，当帆船于1854年7月19日抵达

旧金山之前,已经有100人葬身大海了,并且在登岸后,又有超过37人去世。

司徒美堂先生在其回忆录《旅居美国七十年》一书中有一段关于早期华工坐船出洋状况的描述:"听老华侨说,那时是乘坐桅船,航程从三四个月至半年没有一定,快慢要看天气。在船上,华侨自携咸虾酱佐餐,日久都生了虫。抵岸时胡子几寸长,眼深面黑。海洋上浪大如山,许多人熬不过风浪,抱着桅杆从香港一直哭到旧金山,等到平安上岸,恍如隔世了。"

这种通往金山的航行,被早期华人称作"海上浮动地狱"。

从民国出版的《金山歌集》以及四邑侨乡流传下来的华工出洋歌仔中可以发现,当年出洋的航线基本上是从台山的广海、田头、赤溪、

旧金山天使岛上的各移民国来源示意图。图中显示华工去美国的航线,亚洲的主要港口为香港、上海、日本、马尼拉。

铜鼓、牛尾山、三峡海、山咀等港口出港,到香港后购买去旧金山的船票,船行经上海、横滨,有时还经夏威夷,再到旧金山上岸。类似大帆船贸易时期顺洋流航行的航线。

有一首台山小曲木鱼调唱出了早期华人经历海上炼狱的悲苦:

祖国艰难无生计,时时思考走红毛。就将身价来抵押,四邻借贷甚彷徨。应承唔怕利息重,连忙稽首别高堂。直出香港来写位(买船票),落船赤体洗硫黄(消毒)。水路先从上海过,横滨过了太平洋。烟云黑暗鱼龙啸,洪涛大浪水茫茫。人在船中齐颠倒,劳劳碌碌打秋千。头晕目眩心中闷,频频呕吐不成眠。

在这条海上炼狱之路上,很多人还没有看到彼岸的金山,便已葬身大海。那些活着上岸的人,已是不幸中之幸运者了。

这些从中国来的幸运者,就像其他来到美国寻找未来的移民一样,旧金山只是他们通往金山之路的一个港口,他们很快奔向了有金子的地方。他们在西部荒野里寻找金子,有时步行几百英里去发掘新的金矿。他们很快学会了西部装扮,用牛仔帽代替原先的草帽,用耐磨的美国靴子代替手工缝制的棉布鞋。但是他们仍然穿着开襟衫和宽腿裤,后脑勺上梳着辫子,保留着中国的生活方式和文化传统。他们住在简陋的帐篷里、灌木搭建的工棚里、废弃的小木屋里,二三十个人拥挤在一个狭小的空间里,"这样的空间只够两个美国人在里面呼吸",《旧金山先驱报》是这样描述的。

从"大埠"旧金山,到"二埠"萨克拉门托,接着往"三埠"马里斯维尔、斯托克顿,或者其他"埠仔"如格拉斯法力、内华达城、奥本、达奇弗兰特,一路寻找黄金。有些华人还会继续往加利福尼亚的特拉基和内华达的威尔地、雷诺、卡森城、弗吉尼亚城、塔斯卡罗拉等地方追寻金山梦。

位于内华达州塔斯卡罗拉附近的艾伦山矿工营建于1873年，20世纪20年代废弃。矿工营里的主要人口为华人，华人与爱尔兰人、本地土著人保持着一定的友好关系。在19世纪70—90年代，这里是南部爱达荷州通往跨州铁路艾尔克站或卡林站的主要马车驿站。

1903年，一对白人矿主夫妇到艾伦山考察他们在此投资的一个矿，拍摄了艾伦山里的两条主要道路：北京街和汉朝街。他们巧遇马车夫正将一担担货品运进来供给这里的一家主要商店——"中国林"（China Lem）开的杂货店。"中国林"的中文名字叫汤林伍（Hong Lem Ng），他大约在1873年在艾伦山里开了这家杂货店，售卖西方和亚洲商品，他也是华人社区领袖。早期，他的店铺是就地取材搭

艾伦山的"中国林"和他的杂货店

渔夫、猎人和旅行者都喜欢到"中国林"的商店歇息

艾伦山矿区的唐人区，马车将中国货和外国货运进来

（此页三图来源：*The Chinese in Nevada*, by Sue Fawn Chung with the Nevada State Museum）

建的简易木棚,门前的木桶里装满河里挖来的沙子,这样就可以保存过冬吃的新鲜卷心菜、胡萝卜、洋葱等蔬菜。后来,他把店铺搬到了森林外。渔夫、猎人和旅游者都喜欢在他的店里聚会。他生病的时候,爱尔兰人也邀请他到家里吃饭。"中国林"是艾尔克县最富有的华人之一。

像"中国林"那样去新矿区淘金的华人很多,也有部分华人成为在海里淘金的渔民,或者去往"绿色金矿"——锯木厂当伐木工,也有人成为最早的铁路华工。

自1852年美国华人人口出现第一个高峰后,中国人移民美国进入了第一个高潮。到1870年,在美国的华人人口有63199人,其中99.4%的华

内华达州塔斯卡罗拉的早期唐人街。位于内华达州北部的塔斯卡罗拉曾经是华人矿工聚集的地方。1870年,塔斯卡罗拉有104名华人和15名欧洲裔美国人。由于城市发展很快,到19世纪80年代,华人人口达2000人。刚开始,华人聚居在老城区,后来新城区发展起来,致公堂在主街上建起了一栋两层建筑。20世纪初塔斯卡罗拉经济衰退,到1920年人口只有50人,包括5个华人。现在,这座城市的人口不到50人。

(来源:*The Chinese in Nevada*, by Sue Fawn Chung with the Nevada State Museum)

人生活在西部地区。

1860年，即加利福尼亚发现黄金12年后，在加利福尼亚的矿工中，华人占25%。到1870年，这一比例上升到58%。当后来越来越多的淘金者在西部出现时，已经在加利福尼亚州成功立足的华人矿工又出现在第一批抵达新矿区的淘金者队伍中。在新发现的金矿中，华人矿工的比例，大致在加利福尼亚州和爱达荷州为58%，在蒙大拿州为21%，在俄勒冈州占为61%。

在美国淘金热以及接踵而来的铁路建设潮的催生下，西部黄金矿区及铁路沿线城镇，迅速成为华人高度聚集的地区。华人在抵达美国西部的24年内，迅速建起了30多个唐人街（或称华人区）。如果将旧金山湾区的30几个华人渔村也称作唐人街的话（当然只是海边简陋的寮屋村，可视为广义上的华人区，不是狭义上的具有社区功能的唐人街），那么，唐人街（或华人区）的数量达到60个左右。

这是一段神奇的历史。

第二章 铁路潮

  旧金山的一家华人贸易公司成员提供了以下数据,显示现在在加利福尼亚的中国人人数,在加利福尼亚州华人六大公司登记的人数分别如下:宁阳公司15000人;阳和公司11500人;三邑公司10500人;四邑公司9000人;合和公司8500人;人和公司3800人;总人数58300人。加利福尼亚州超过四分之一的中国人此时在中央太平洋铁路和其他改善公共设施的工地上工作;一半以上的人在从事毛织品和雪茄的生产,等等;至少有10000人从事洗衣业,还有相当数量的人从事农业。

——1866年7月9日《萨克拉门托联合日报》

第二章 铁路潮

1842年的某一天,一艘帆船经过153天的海上航行,从美国抵达中国广东省,一位来自纽约的51岁商人走下船,他的名字叫阿萨·惠特尼,是美国轧棉机的发明者艾力·惠特尼的远房堂兄弟。在漫长的航行途中,船长对水手的傲慢态度和殖民地权力带来的社会不平等,引起了阿萨·惠特尼的不满和深思,他发出了"这种对待弱者的巨大压制和残酷行为还要持续多久"的愤怒呼声。

阿萨·惠特尼在广东住了下来,做了一年半生意,而且生意兴隆。到1844年,当他准备回美国时,已经积蓄了相当可观的财富,他确信从那时起,他的责任就是要让人类变得高尚起来。他在"建设太平洋铁路"这个梦想上找到了自己的人生目标。在广东期间,惠特尼深深懂得修建一条连接太平洋和大西洋的铁路将会消除地狱般的海上航程,打开美国与中国的贸易潜力。他相信横贯大陆的铁路将会变成促进欧

洲和亚洲交往的一个走廊，而美国将置于世界关注的中心。他看到了人类发展的巨大机遇，美国大陆将会因为拥有一条连接两洋的铁路而向东方社会开放，而美国土地上的原住民也将融入到美国大家庭之中。1845年1月，惠特尼向美国国会提交了一个带有理想主义色彩的太平洋铁路建设方案，但是最后还是被搁置了。之后，不屈不挠的他为了宣传铁路理想，发动了一场持续6年之久的宣传运动，成为一名广受欢迎的演说家和媒体宠儿。直到1851年，他的铁路建设建议再次被拒绝，无奈归隐私人生活。但是，惠特尼仍然希望在有生之年可以看到有人将太平洋铁路变成现实。

投机者们都明白，惠特尼缺乏的是政府支持和利益驱动，而不是靠慈善来建造铁路。但是，因为惠特尼，"走向太平洋的铁路建设"成了最热烈的公共话题之一，他的理想也驻在了一些人心里。1869年5月10日，在美国举国欢庆跨州铁路宣告建成的时刻，这位最早提出建设太平洋铁路的追梦者并没有被遗忘，在萨克拉门托激动人心的庆典上，人们共同举杯向他开创性的远见致敬。

根据当地报纸报道，在1869年5月10日，从旧金山始发的第一列火车上，运输的第一单货物是从日本运往圣路易斯的茶叶，太平洋铁路的贯通，开创了美国与中国及远东的陆海联运贸易。

这是一个从一开始就与广东有关的关于太平洋铁路的故事，似乎有点不可思议，但是，真实的历史，往往这么千姿百态，出人意料。它似乎又向我们打开了一扇视窗，让我们看到在每一个看似偶然的背后，总归有它的必然性所在。

淘金热中的铁路华工

淘金热把全世界的目光都吸聚到了加利福尼亚，生活在遥远中国

的广东农民也漂洋过海来到加利福尼亚这个"移民大熔炉"中。当加利福尼亚的黄金矿业开始衰退,在矿区的华人矿工转而到内陆寻找新的金矿,也有华工继续留在加利福尼亚州,转到其他行业淘金,如海洋捕鱼和铁路工。

关于华工参与铁路建设,一个广为流传的版本是中央太平洋铁路公司"四巨头"之一的查尔斯·克劳克说服总监詹姆斯·哈维·斯特劳布里奇雇佣华工的故事。当斯特劳布里奇固执地坚持铁路工人需要强健体魄,华人瘦小难以承受时,克劳克回答:"石匠非中国人莫属,不是吗?他们不是建造了长城这个世界上最伟大的石造建筑吗?"

克劳克何以对华工如此赏识?有一种说法是因为他家里雇佣了一名华人佣人阿林(Ah Ling),阿林的聪明能干激发了克劳克雇佣华工参与铁路建设的想法。

当这个故事被广为传播之时,人们可能忘记了一个事实——当太平洋铁路建设方案尚在争论不休时,中国人已经在加利福尼亚州修建铁路了。

据说,约翰·弗雷蒙特是第一个雇佣华工的雇主之一,他在19世纪50年代雇佣华工修建了加利福尼亚一条约6.4公里长的铁路。华工在修建马里斯维尔和圣何塞铁路时,已经证明:中国人是杰出的铁路工人!

1859年10月11日,《萨克拉门托蜜蜂报》刊登一篇标题为"铁路上的约翰"的报道,写道:

1859年10月11日《萨克拉门托蜜蜂报》对铁路华工的报道

有一个天朝人获得了一份承包一部分马里斯维尔和旧金山铁路的合同,有大约250个中国人在他的工段上干活。在谈到有关公司如何经营时,他说,根据马里斯维尔民主党的说法:"中国佬,他干活干得很好;他吃得不多。一个中国佬一天的伙食是35美分。一个墨西哥人一天的伙食是65美分。中国佬,很好!墨西哥人,不好,他吃得太多了。"

这个报道还传递出一个信息:1859年,为铁路公司服务的华人劳务承包商开始出现了。

1861—1864年,用于运输农产品的从圣何塞到旧金山的铁路建设雇佣了白人劳工和华人劳工,并且支付他们同样的薪水。到该铁路完成时,中央太平洋铁路公司正在想方设法寻找劳动力。

中央太平洋铁路华工

1861年,加利福尼亚中央太平洋铁路公司成立,主要人物是利兰·斯坦福、查尔斯·克劳克、柯立斯·亨廷顿和麦克·霍普金斯,被称为"四巨头"。

1862年7月1日,林肯总统签署了第一个《太平洋铁路法案》,法案规定由中央太平洋铁路公司和联合太平洋铁路公司共同承建第一条横贯北美大陆的太平洋铁路,中央太平洋铁路公司负责西段建设,联合太平洋铁

位于沙加缅度老城的中央太平洋铁路公司和"四巨头"的老五金店

路公司负责东段建设。中央太平洋铁路的起点是加利福尼亚州的萨克拉门托,联合太平洋铁路的起点是内布拉斯加州的奥马哈,两条铁路自东、自西相向铺轨。作为激励举措,法案中规定无论哪一家公司,凡铺轨两旁的土地归其开发利用,铁路公司可以从政府那里获得的土地总数超过52.61亿公亩,比整个德克萨斯州的面积还要大,同时还获准发行面值100美元的股票,数量多达100万张。由于铁路公司所获的公债、授地及补贴是根据铺轨里程来计算的,而政府并未规定东西两段铁路的合拢地点,所以两家铁路公司都希望通过加快建设速度以获取最大利益,而铁路建设的速度,在很大程度上取决于铁路工人的速度。

中央太平洋铁路建设和联合太平洋铁路建设,变成了一场事关速度和利益的竞赛。

1863年1月8日,萨克拉门托市中心号角齐鸣,中央太平洋铁路在市中心举行了隆重的动工仪式。在几千人的注目下,加利福尼亚州新州长利兰·斯坦福铲起第一铲土。正面看台前方彩旗飘扬,权贵们预告了"一个人类从未有过的浩瀚的财富潮"正在滚滚涌来。

1863年1月8日,中央太平洋铁路公司在沙加缅度河畔举行隆重的动工仪式。这幅画位于动工遗址位置,游客可以在沙加缅度老城遥想当年的热烈场面。

金钉
——寻找中国人的美国记忆

隆重的动工仪式之后，中央太平洋铁路开始向东铺轨推进，但是，直到两年后，只铺设了50公里铁轨。白人劳工罢工以及资本和劳动力的严重缺乏，致使铁路建设在纽卡斯尔进入停滞状态。而横在铁路公司前方的幽灵，便是令人闻风丧胆的西艾拉内华达山脉。

中央太平洋铁路建设面临严重危机。

1864年春天，中央太平洋铁路公司开始雇佣华工参与达奇弗兰特—唐纳湖马车路建设，华工任劳任怨的品格给克劳克留下了深刻印象。于是，就有了那段克劳克和斯特劳布里奇的传世对话：中国人可以建造伟大的长城，何以建不了铁路？！

在动工两年后，即1865年2月，中央太平洋铁路公司雇佣了首批50名华工试验性地参与奥本布鲁默地区的铁路建设。同样的结果是：总监斯特劳布里奇对沉默忠诚、吃苦耐劳的华工大加赞赏，他放弃了拒绝雇佣华工的态度，马上又雇佣了第二批50名华工。

当权贵们疯狂反对华人移民时，他们根本没有意识到，正是被他们歧视的这些亚洲"渣滓"将会被号召来解救"四巨头"面临的劳动力严重缺乏困境。中央太平洋铁路首席工程师蒙塔格在1865年12月给公司董事会的报告中写道："中国人是忠诚的勤劳的，在适当的管理下，他们很快就成为了熟练工人。他们中的很多人正在成为钻孔、爆炸和其他岩石工程部分的专家。"于是，查尔斯·克劳克决定再雇佣3000名华工。斯坦福在给约翰逊总统的报告中也显露了同样的惊喜，他说：华工"安静、平和、勤奋而又节俭，他们还非常好学，所有筑路技术他们都学得又快又好，没多久他们就和白人劳工干得一样好了"。

1881年，克劳克在国会关于华人移民问题的听证会上如此陈述："在不到6个月内，我认为他们让华工做每一项工作，不仅仅是装卸手推车，华工也赶马车，斯特劳布里奇告诉我，华工干的活是白人的80%。"

为解燃眉之急，铁路公司马上派出招工代理机构分赴加利福尼亚的矿山招募华工，同时委派华人到香港和广东招工，这样，负责招工的华人商行也就出现了。一批又一批华工从四面八方赶到中央太平洋铁路建设工地。根据赵耀贵先生的研究，到1865年5月，中央太平洋铁路公司的工资记录上显示雇佣的华工已达3306人。与此同时，1865年7月底，中央太平洋铁路公司第一次从广东四邑地区输入华工。到1867年2月，在攻克西艾拉内华达山的山顶隧道工程建设工地上，聚集了近12000名华工——8000多人在挖掘隧道，3000人在铺设西斯科东部的铁路。此时，华工已经成为中央太平洋铁路建设的主力军。

因为克劳克坚持雇佣华工修建铁路，于是，参与修建中央太平洋铁路的华工又有了另一个名字——"克劳克的宠物"（Crocker's Pets）。

1867年，"四巨头"之一的柯立斯·亨廷顿在写给克劳克的信中说："我喜欢您雇佣更多中国人的好主意……如果到1868年我们有50万工人，那对我们和州政府都会更有利。"

在短短两三年内，这么一支浩浩荡荡的铁路华工大军从哪里来？

张素芳教授的研究很有启发。她指出，到1865年，在中央太平洋铁路雇佣的5000名劳工中，华工占了4000名。一年或两年后，华工人数达到10000—12000人，约占铁路劳工大军的90%。来自达奇弗兰特和其他黄金矿区的华人矿工也加入到中央太平洋铁路建设的早期劳工大军中，约占新雇工的50%。各种美国公司和华人公司从中国广东招募了另外50%的劳工。

从广东直接招募的华工和在美早期华工"各占50%"的比例未必精准，但对我们全面了解铁路华工历史很有参考价值。也就是说，参与修建中央太平洋铁路的华工，除了众所周知的直接从广东招募的"赊单华工"，还有大量华工是当时已经在美国淘金的矿工、早期铁路华工、伐木工，或许还有从事其他职业的华人。

金钉
——寻找中国人的美国记忆

内华达州斯巴克斯市铁路纪念公园

由于铁路建设对中国劳工的大量需求,从1865年至1882年《排华法案》通过的这段时期,中国人移民美国出现了第二个高潮——铁路移民潮。

广东四邑农民仍然是铁路移民潮的主体。这主要是由两方面的因素造成的。

1868年,清政府和美国政府签订了《蒲安臣条约》,将美国在中国招募劳工合法化,于是中央太平洋铁路公司通过很多华人劳务承包商(或称经纪人)到广东招工。另一个原因是广东人特别是四邑人早在淘金热中就已经大规模抵达加利福尼亚,到19世纪60年代在西部的四邑人已有

位于斯巴克斯市铁路纪念公园内的华工纪念碑

位于斯巴克斯市铁路纪念公园内的铁路纪念碑,向华工致敬

位于斯巴克斯市铁路纪念公园内的老铁轨

几万人。恰逢中央太平洋铁路需要大量劳工，占据了"天时地利人和"的四邑人便成了铁路公司的首选劳务承包商，他们负责回到广东招募华工。中国人的宗姓意识是很浓厚的，这些经纪人往往会回到自己乡下，把同村、同姓、同族的远近亲友、左邻右舍都招募到美国修铁路。由于熟门熟路，经纪人很快为铁路公司招募了大量华工。也正因为这样，在四邑地区，有不少村庄被叫做"美国村""加拿大村"，因为这些村里的男丁基本上都去了美国和加拿大。而且，"美国村"也各有各的地盘，比如台山斗山镇六村的陈姓族人主要在西雅图，台山端芬镇汀江圩的梅姓族人大多旅居芝加哥。1877年，台山海宴镇沙栏圩的一名李姓经纪人就劝募了100名台山人到美国修建铁路。经纪人每招募到一个华工，白人劳务承包公司就付给他1美元酬劳。

由于铁路华工去旧金山的船票是由经纪人垫付的，赚到钱以后还要偿还，所以，他们又叫"赊单华工"。"赊单"，是广东俗语，英文叫"Credit Ticket System"，意思是"赊欠船票制"。但是，实际上，在美国人眼里，铁路华工的名字叫"Chinese Coolie"——中国苦力。

为招募到源源不断的华工，中央太平洋铁路公司印制了招工传单，在香港、广州和四邑地区广为散发，张贴广告。他们和汽船公司签订协议，降低船费。没钱购买船票的华工，可先由负责招工的劳务承包商或华人会馆垫付船费，到美国后以工资加利息偿还，一般而言，华工还清欠款后便可获得回国的自由，这一点与被卖去南美洲种植园做苦力的"猪仔华工"有区别，种植园里的华工其实就是"黑奴"的替代品——"黄奴"。

铁路公司的招工传单是很有煽动性和欺骗性的，似乎在太平洋彼岸有一座挖不完的金山在等着中国人去淘。有一份传单上这样写道：

> 美国人是非常富裕的民族，彼等需要华人前往，极表欢迎。彼处有优厚之资，大量上等房舍、衣物与衣着。

金钉——寻找中国人的美国记忆

你可随时寄信和汇款给亲友。我等可负责传递和驳汇，稳当无误。此是一个文明国家，并无大清官吏或官兵，全体一视同仁，巨绅不比细民为大。现有许多中国人，已在彼处谋生，自非一陌生之地。在彼处可承祀神衹，本公司亦设有代办，你无需畏惧，会逢幸运。有志者，请莅临香港或广州本公司接洽，当竭诚指引进行。如欲赚取工资及保障工作，可向本公司申请，便得保证。

在这种貌似很人性化的招工广告诱惑下，大批四邑人加入铁路移民潮，向着传单上描绘的那个有钱、有房、有着体面生活的梦想奔去。

中央太平洋铁路公司委托华人商行在广东和香港招工的速度和数量都是惊人的，特别是在1868年《蒲安臣条约》签订之后，铁路移民人数急剧上升。1867年，4283名华人坐船离开香港驶向美国。1875年，超过这个数字10倍以上的华人——超过42830人从香港坐船到美国，此时正值美国大兴铁路的"钢铁时代"。根据1870年的人口统计，美国大陆的华人人口有63199人。到1876年，宁阳会馆的会员登记显示，在宁阳会馆登记的台山人达7.5万人，加上未登记的，估计有8万多人。到1880年，美国华人人口为105465人。到1901年，在美国的台山人约达12万人。

1865年前后，美国华人人口已有5万人左右，铁路移民潮又为美国贡献了超过5万名来自遥远地方的陌生人——广东四邑劳

静静的沙加缅度河

工，他们的年龄大多在15—20岁。

新招募的华工在旧金山登陆后，换乘去往萨克拉门托的内河船。华工是被隔离的，在船体前面有一个底舱"中国舱"，华工像麻袋一样被塞满舱。汽船沿着萨克拉门托河航行193公里，经过12小时的航行后到达萨克拉门托，然后由中央太平洋铁路公司的火车运到铺铁轨的地方，这些地方都是流动的建设工地。

铁路修到哪里，华工营就安在哪里，每个建设工地都有华工营，华工营一般都安置在铁路施工沿线，是一个个临时搭建的"棚屋村"和"帐篷村"。在西艾拉内华达山区的华工营，都是用松木搭起来的极其简陋的小木屋，而到了平原和沙漠，华工营地里都是一个个简易帐篷。华工营并没有招工传单上描述的那些美好的"上等房舍"，而都是经不起风吹雪压的临时棚屋或帐篷，四周除了正在修建的铁路工地，只有望不到尽头的荒凉和寂寞。

在攻克西艾拉内华达山的两年多里，华工不得不在12米厚的积雪下面挖掘"雪下通道"，这些雪下通道也成了华工的临时棚屋区，里面还神奇般地挖出一个个小房间。在盛夏的内华达沙漠，75—100名华工蜗居在一个帐篷里。这种超乎人类极限的生存环境几乎让人窒息。

在施工工地上，华工被分成12—30人的小分队，每个小分队配备一名领班和厨师，领班直接受华人工头指挥，工程监工都由白人担任，华工如果稍有迟缓或稍出差错便会受到白人监工的鞭打。承包商从铁路公司领取华工工资，扣除华工的伙食和住宿费后，再由领班将工资发放给每个华工。铁路公司直接付钱给承包商，承包商必须在规定时间内提供规定数量的劳工来完成规定的工作，才能赚到钱，所以，雇佣华工人数、雇佣时间记录和每个华工的工资账单都不需要有很细致的登记了。

华工的伙食和住宿是由劳务承包商有偿提供的。华人承包商本身也是做食品和日用杂货的商行，他们在华人商业集散中心——"大埠"旧金山或"二埠"萨克拉门托都有生意,也从香港或广东进口中国货。

在异国他乡的极端环境下做苦力,"吃"成了华工最重要的后勤保障之一,当他们疲惫不堪地回到狭小的帐篷,能吃上一顿带着老家味道的饭菜俨然成了最直接的奢侈品。承包商在和铁路公司签订合约时,就明确写明要配备华人厨师。在华工营,每一组施工队配有一名厨师。厨师除了负责煮饭,还要煮好茶水送去给工地上的工友喝,晚上还要煮好热水供工友洗澡,所以华工被认为是"最讲卫生最健康"的铁路工人。华工吃的食品种类很多,包括鲍鱼、牡蛎、乌贼、干笋、干蘑菇、蔬菜、猪肉、家禽、细面条、大米、腌制的卷心菜、干海藻、甜米饼干和干果等等。

华工的食品,用我们现在的眼光看可能有些"饕餮",显然与华工的悲惨境遇形成强烈反差。但是,有一个重要事实不可回避,那就是100多年前美国西部还是一个未开发的处女地,印第安人还没有意识到海里的鲍鱼龙虾味道鲜美,白人也以牛肉等动物肉类作主食。19世纪60—70年代,在旧金山湾区一带已经出现了几十个"华人渔村",广东人几乎垄断了美西海洋渔业捕捞和加工工业,他们把鲍鱼和鱼虾晒干或腌制,有的还制成罐头,除了出口到中国,也会卖给旧金山的华人商行,这些商行中便有负责招募铁路华工的劳务承包商,而且这些商行本身也是与中国有贸易

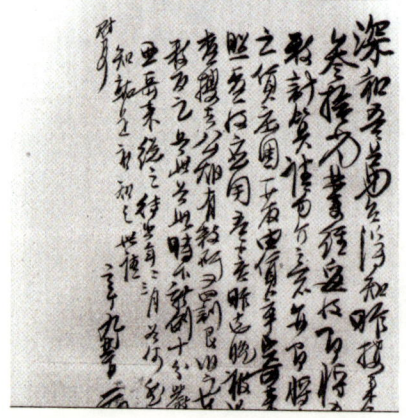

旧金山的广东银行为华工办理寄汇业务。图为黄记(Wong Kee)寄钱给他在拉夫洛克的家。(来源:*The Chinese in Nevada*, by Sue Fawn Chung with the Nevada State Museum)

往来的进出口商。彼时，华人社区已形成一条完整的商业供应链，习惯且喜欢吃海鲜的华工，是这个链条上的主要消费群体之一。而且，华工的伙食和住宿都是自费的，铁路公司实际支付给华工的工资，已经由承包商扣除了伙食和住宿费用。

另一个与铁路华工的"吃文化"有关的背景是，在淘金热中，随着旧金山和萨克拉门托华人人口暴增，华人食品杂货店和中餐馆迅速繁荣兴旺起来。19世纪50年代早期，唐人街就像一个农贸市场，华人杂货店的货品已经有茶叶、火腿、晒干的鱼和鸭，等等。小贩挑着扁担，扁担两端吊着的芦苇筐里装着水果和蔬菜。肉店店主在人行道上铺上垫子卖猪肉。渔夫把从旧金山湾区捕回来的鱼拿到街边卖，还把鱼铺在地上晒干，然后用袋子、箱子或木桶把它们分类装好出售。由于货源丰富，渠道畅通，唐人街上的"吃"是有食材保障的。而且，华工自己也善于因地制宜地改善伙食。我在唐纳关做田野调查时，听说唐纳峰一带的湖水里有很多鲶鱼，但鲶鱼并不是唐纳峰的土生鱼种，第一条鲶鱼据说是由铁路华工带到山里来的，山顶的鲶鱼很小，而在海拔较低的湖里，鲶鱼就大很多。

华人劳务承包商本身就生活在唐人街饮食文化圈里，所以，不难理解，他们提供给华工的食品，就是来自旧金山和萨克拉门托，有的食品直接从广东和香港进货，然后通过中央太平洋铁路的火车运到施工工地。在铁路施工期间，铁路公司的火车跟着劳工大军，火车前面有两节车厢用作"华人商店"，华工可以从店里购买所需的生活用品。

到后来美国西部铁路建设进入狂潮，华工参与修建了所有西部铁路，白人劳务承包公司看到华工对茶水的大量需求，就直接从香港进口茶叶。比如19世纪后期最大的两家华工劳务承包公司之一西森沃力斯公司，便从香港子公司购买茶叶运到美国，这样就节省了旧金山中间商的费用。1882年，该公司每天从批发商那里购买约5000磅猪肉，供应给雷诺到奥格登段铁路线上工作的工人，不允许华工工头惠顾铁路沿线的本地商人。

华工营里的华工"三班倒"，每班施工8小时，一天24小时日夜赶工。为打发无聊孤寂的生活，这些光棍汉只能靠玩彩票或吹拉广东音乐来缓解精神压力，宣泄思乡之苦。华工用从广东带来的乐器演奏广东音

1868年，铁路建设在内华达闪电般地向东推进，华工营一夜之间出现又一夜之间消失。这是斯特劳布里奇的专列，有白色装饰的车厢是他和夫人住的，列车上设有供给车厢，华工工头发放工资和食物给华工，包括华工需付费的鸡肉、大米和茶叶。（图片：斯坦福大学提供）

乐，白人把它叫做"中国歌剧"或"广东歌剧"，他们似乎并不喜欢这种音乐，甚至有人把它描述为"一千只单相思的猫在哀嚎，就像雄孔雀的尖叫声、火鸡的咯叫声、驴叫声、犬叫声等各种动物的叫声夹杂在一起"。白人无法理解陶醉在这种"刺耳"声音里的华工，正如他们在19世纪60年代还无法理解华工如何会有吃鲍鱼的嗜好。

赌博可能被美国人视为最伤风败俗的华人恶习之一，但在只有单身汉的华工营里，买彩票成为一种娱乐和消遣，更何况对工资低廉的华工来说，买彩票给了他们暴富的希望。华工最喜欢玩的彩票是白鸽票。据传这种彩票是在清朝道光年间由广东人发明的，风靡广州、上海和澳门等地，19世纪60年代，随着华工赴美参与修建中央太平洋铁路而传入美国，并且最早在萨克拉门托兴起。彩票公司会派推销员沿铁路工地兜售彩票，华工填好彩票后，推销员把票根用布包好拿回，如果开奖后有华工中奖，彩票公司就会派人将奖金送达。白鸽票这种赌博形式在华人社区存在了100多年，直到第二次世界大战后被取缔。

第一个华人劳务承包商

为中央太平洋铁路招工的华人劳务承包商，几乎都是台山人。萨克拉门托是中央太平洋铁路的起点，也是铁路华工物资供应集散中心，各种人流、物流在这里中转或辐射到周边城镇，包括华人人口较多的埠仔。在二埠的华人中，有83家个体商人和商行供应食品，或作为工头，或作为劳务承包商。

学术界普遍认为，1865年，中央太平洋铁路公司雇佣首批华工。然而，赵耀贵先生在获取中央太平洋铁路公司工资档案后研究发现，首批华工的雇佣时间为1864年。这为我们重新认识和深入研究美国铁路华工历史打开了新路径，比如，从中我们可以发现华人劳务承包商的活跃度。

中央太平洋铁路的第一个华人劳务承包商是熊华（Hung Wah）公司，他是二埠最活跃的劳务承包商。从保存在萨克拉门托加利福尼亚州铁路博物馆内的中央太平洋铁路公司工资记录看，该公司于1864年1月从铁路公司领取了23名华工的工资，这是第一笔有记录的工资档案；到1865年4月，其手下领取工资的华工人数达到388人；到1866年6月，其手下的华工人数达到506人。据此推断，熊华公司不仅是中央太平洋铁路公司的第一个华人劳务承包商，并且是最大的华人劳务承包商。

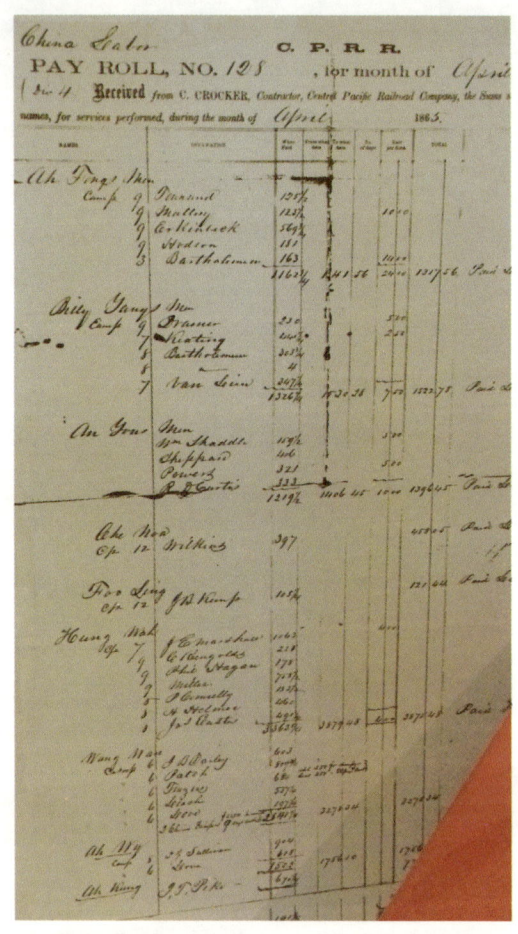

中央太平洋铁路1865年4月的华工工资档案（摄于加利福尼亚州铁路博物馆）

熊华本人后来与中央太平洋铁路总监斯特劳布里奇结下了深厚友谊，后者通过他从广东招募了很多华工。

还有几位原籍台山的劳务承包商也很有名，比如陈宜禧、陈程学、李天沛。他们在跨州铁路完成后，还继续为南太平洋铁路、北太平洋铁路以及美国西部的其他铁路建设招募华工，甚至到后来的加拿大太平洋铁路建设，他们同样是劳务承包商，从台山等四邑地区招募了大批劳工赴加拿大修铁路。

2014年2月27日，我专程去了一趟台山市大江镇水楼乡龙庆里，寻访关于李天沛和华工的历史资料。龙庆里是李天沛出生的村庄，村里还有一个残旧的李氏宗祠，现在住在村里的人已不知道李天沛的祖屋是哪间了，说明李天沛这一脉的后人跟龙庆里已经断了联系。根据村里老人介绍，这条村一直流传着一句俗语："打个乞炽，沛吉利惠。""打个乞炽"是本地土语，意思是"打个喷嚏"；"沛吉利惠"指的是李天沛和他的另外三个同族兄弟"吉、利、惠"。可能是村里族人觉得他们兄弟有本事，带了很多人去美国和加拿大淘金，所以便流传了这样的俗语。李天沛很可能是在淘金热中去美国的，当中央太平洋铁路决定在美国和中国招募华工时，已有一定积蓄的李天沛正在唐人街做小生意而小有名气，他被铁路公司委以劳务承包商后，先是在加利福尼亚的矿区招工，接着又回到香港和台山、开平，将大批同村同族的男丁招募去美国和加拿大修铁路。我在访谈村里一位老人时得知，他的爷爷就是跟着李天沛去美国修铁路的，按照当地风俗，男子到了适婚年龄未归，家里就要帮

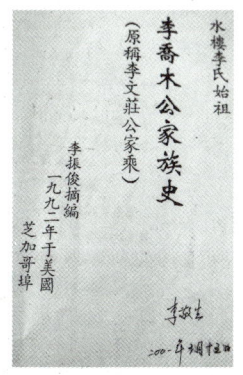

台山水楼乡李氏族谱

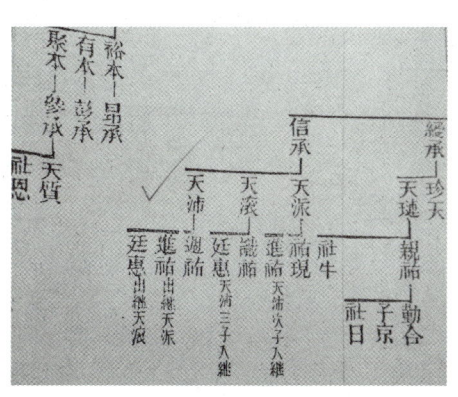

李天沛是美国和加拿大铁路公司的劳务承包商之一。这是族谱上记载的李天沛一脉。

他找个媳妇,让新媳妇与公鸡拜堂成亲,他的奶奶就是这样抱着公鸡结婚的,后来又从隔壁恩平县买了一个男孩,为他家延续香火。根据台山的侨志记载,李天沛回台山等地招募了几千人到美国和加拿大修铁路,仅仅在1881年,李天沛就从香港招募华工2000人,用6艘船运到加拿大。

参与修建中央太平洋铁路的华工中,最著名的人物是陈宜禧。陈宜禧于1845年12月14日出生于台山矬峒都六村宁美堡朗美村(今台山市斗山镇秀墩村委会美塘村),家境贫寒。1860年6月,未满15岁的陈宜禧在征得养父母的同意后,跟随刚好回乡的旅美族人陈宜道去了西雅图。初时,陈宜禧在一位工程师家里做杂工,深得工程师一家赏识,工程师夫人教他英文,工程师则教他铁路知识,还送他进铁路学校读书。

台山水楼乡的李姓族人大多去了美国和加拿大,侨村的空心化现象凸显。

1865年,20岁的陈宜禧参加了中央太平洋铁路建设,慢慢地从路工上升为技术工、工头,后来又被铁路公司委以招募华工而成为一名劳务承包商。陈宜禧在美国参与铁路建设长达40年。1903年,中国兴起一场收回铁路权和矿山的反帝爱国主义运动,消息传到太平洋彼岸,陈宜禧无比激动,他说:"洋人说我们愚笨,不懂筑铁路,我就是不服气,美国西部的铁路,哪一条不是我们华工筑的!待我回国筑条铁路给他们看看。"1904年2月,这位年近60岁的老铁路人怀揣着建一条属于中国人自己的铁路的梦想,回到了家乡台山,决定建造一条新宁铁路,以振兴家乡。他提出要"以中国人之资本,筑中国人之铁路;以中国人之学力,建中国人之工程;以中国人之力量,创中国史之奇迹"。为了筹募铁路建设资金,1905年初,陈宜禧又专程回到旧金山和西雅图,有意思的是,他用美国铁路公司发给他的免费乘车证,坐着火车到台山人集中的城市,一路宣讲发动乡亲支持新宁铁路建设。1906年2月10日,《中西日报》在"新宁铁路公司收到光绪股份"的报道中写道:"在新宁铁路初期筹集的2758412元的资金中,有1908800元为美国华侨的直接投资,占69%,其余的70多万元由东南亚、加拿大、澳洲华侨和香港、澳门、台山一带的商民集资。"14年后,长达130多公里的新宁铁路落成,成为中国第一条完全用中国人的资金,由中国人设计、中国人建设、中国人管理的民营铁路。

一个被忽视的群体:铁路伐木工

在关于铁路华工的研究里,少有人关注参与修建中央太平洋铁路的另一个华工群体——伐木业华工。伐木工不仅仅是一个工种,在铁路华工大军里,他们是一支不在铁路线上的看不见的队伍——他们不是推着

手推车的搬运工,也不是赶着马车的运输工,但他们真实地参与了铁路建设。铁路建设需要巨量木材,很多华工在与中央太平洋铁路公司关系密切的木材厂干活,他们为铁路建设伐木。

华人伐木工,这几乎是一个没有被注意过的群体。所幸的是,美国已有学者通过历史和考古学研究,发现了华人在美国西部木材业领域的丰富活动,从中可以窥测到一些细节。

根据1866年中华会馆的登记记录,在会馆登记的58000多名会员中,有25%的会员为中央太平洋铁路公司工作。如果按这个数据来测算,为中央太平洋铁路公司工作的华工达14500人。与学术界普遍认为的12000名华工参与修建中央太平洋铁路相比较,这中间的差额数约有2500名华工。这引起了我的思考。

从美国本地学者的一些研究,以及我在走访美国本土一些民间历史协会的调查中,有两个方向引起了我的关注:一个是为中央太平洋铁路修建运输公路的华工;另一个是为铁路建设砍伐木材的华工。参与修建公路的华工只有二三十人,数字相差太大,所以不可能是修建公路的华工。最大的可能性集中在伐木业。

跨州铁路建设是一场争分夺秒的关乎金钱、森林和土地的竞赛。中央太平洋铁路公司和联合太平洋铁路公司在这场竞赛中,以时间赢取金钱以及铁路沿线的土地和森林资源。1862年的《太平洋铁路法案》规定,铁路工程承接方每施工1.6公里,将在铁路两边像国际象棋棋盘式地交错获得25900800平方米土地及土地上的自然资源,这就是说,铁路公司可以无偿拥有铁路建设所需的木材。另外,在平原地区每铺设1.6公里铁路,铁路公司将获得1.6万美元的补贴,高原地区每1.6公里可获得3.2万美元的补贴,山区每1.6公里可获4.8万美元的补贴。两年后,修建每1.6公里铁路可获得的土地增加到51801600平方米及土地上的自然资源。

第二章 铁路潮

太浩湖盆地生长各种名贵松木，被誉为"绿色金山"。

中央太平洋铁路穿越西艾拉内华达山脉，因此拥有西艾拉内华达山脉极其丰富的林地资源。至少有两家与中央太平洋铁路公司关系密切的林业公司雇佣华工。一家是西森沃力斯公司，这家公司也在广东为中央太平洋铁路公司招募华工，并且作为"四巨头"之一查尔斯·克劳克的哥哥的主要合伙人，在跨州铁路沿线的社区发展中扮演了重要角色。另一家公司是帕克尔托比公司，它作为与铁路木业大王杜昂布利斯合作紧密的公司，同时也作为分包公司供应华工，通过华人承包商支付华工工资。这些与中央太平洋铁路公司有合作关系的林业公司，根据铁路建设合同可以在联邦政府给予铁路公司的土地上砍伐树木。这两家公司都建立了自己的锯木厂。

对于中央太平洋铁路公司来说，这两家林业公司既是铁路建设的木材供应商，同时也是劳工供应商，他们不仅为铁路公司招募华工，而且属下的锯木厂也雇佣华工。于是，一个细节便浮现出来：为铁路建设砍

伐木材的华工人数有多少？

要精确统计华人在伐木业领域的人数是很困难的，因为人口统计通常在6月份进行，而那段时间很多华人正好在森林里干活而无法被统计进去，而且这个职业的流动性使得跟踪个体人数几乎不可能。但是，从中央太平洋铁路公司与木材业的关系可以推测"铁路伐木工"人数肯定不在少数，恰恰相反，由于铁路建设需要极其巨量的木材，铁路伐木工很可能占相当数量。

和铁路华工队伍里的厨师不同的是，厨师直接受雇于铁路公司，伐木工却受雇于中央太平洋铁路公司的木材供应商，但他们又为铁路建设服务。这正是长期以来伐木业华工几乎在铁路华工历史中被淹没的原因，因为，他们的名字和工资收入都不会出现在铁路公司的工资单上。这些"看不见的铁路华工"，虽然没有直接在铁路线上干活，却同时拥有两个身份——伐木工和铁路华工。由于中央太平洋铁路公司与木材工业关系紧密，也显示了这种极大的可能性。

从这个角度来说，参与中央太平洋铁路建设的华工大军，其工种是多种多样的，包括清理地面、平整道路、搬运碎石、凿山钻洞、引爆炸药、铺枕木、建桥梁、铲积雪、造雪棚，以及砍伐木材、运输木材，几乎涵盖了铁路施工的各个方面。这些工种的日工资也是不同的，中央太平洋铁路公司的工资记录显示：铁匠1.34美元，工头1.15美元，领班0.96美元，厨师0.66美元，至于在工地上做苦力的华工，因工种不同日工资也有差别。

和在铁路工地上的华工人数无法准确统计一样，华人伐木工的流动性以及统计员手写登记拼写或错漏等原因，也难以有比较准确的伐木工人数统计，但是，作为中央太平洋铁路建设劳工大军中的一个重要群体，华人伐木工正在走进我们的视野。

中央太平洋铁路华工人数

事实上,关于华工参与中央太平洋铁路建设的人数,一直都没有精确的统计数据。学术界普遍流行的"中央太平洋铁路公司雇佣了12000名华工"的说法,也只是一个估算。很多数字来自于当年的媒体报道,媒体报道有时也未必准确,但对研究仍然很有参考价值。

最新的研究成果来自赵耀贵先生,他通过查找分析1864年1月至1867年12月期间中央太平洋铁路19个月的工资记录,推算出华工有23004人。这一数字几乎是12000人的两倍。赵耀贵先生采用的研究标本和方法,有着特殊的学术价值,对我有很大启发。于是,我试图从当年华人会馆和媒体报道中去寻找一些蛛丝马迹。

1866年7月9日,《萨克拉门托联合日报》在第三版上刊登一则标题为"加利福尼亚的中国人"的报道:

旧金山的一家华人贸易公司成员提供了以下数据,显示现在在加利福尼亚的中国人人数,在加利福尼亚州华人六大公司登记的人数分别如下:宁阳公司15000人;阳和公司11500人;三邑公司10500人;四邑公司9000人;合和公司8500人;人和公司3800;总人数58300人。加利福尼亚州超过四分之一的中国人此时在中央太平洋铁路和其他改善公共设施的工地上工作;一半以上

1866年7月9日《萨克拉门托联合日报》刊登的六大会馆华人人口统计

的人在从事毛织品和雪茄的生产，等等；至少有10000人从事洗衣业，还有相当数量的人从事农业。

根据《萨克拉门托联合日报》提供的细节，1866年7月，加利福尼亚州华人人口有58300人，其中四分之一在铁路线上干活，那么，由此可推测出：截至1866年上半年，在中央太平洋铁路上干活的华工大约有14575人。这篇报道中六大华人公司的数据是全的，而赵耀贵先生在他的研究中所采用的数据，少了人和公司的3800人，所以，他引用了美国著名华裔历史学家麦礼谦先生在相关研究中的一段话加以补充佐证："1866年7月7日，《阿尔塔加利福尼亚日报》报道人和公司有3800名铁路工人。这些工人讲客家话，但是讲粤语的承包商不喜欢他们，为避免产生冲突，也不愿意雇佣这些客家劳工。"从而将六大公司的数据补齐。

《萨克拉门托联合日报》在报道中提到的"华人六大公司"，其实就是宁阳会馆、四邑会馆、三邑会馆、合和会馆、阳和会馆、人和会馆这六大会馆。宁阳会馆、四邑会馆、三邑会馆、合和会馆为广府语系会馆，阳和会馆和人和会馆属于客家语系会馆。根据1866年7月六大会馆总人数58300人来分类，在广府语系四大会馆中，属于四邑地区的宁阳会馆、四邑会馆、合和会馆的华人共有32500人，约占56%；南海、番禺、顺德地区的三邑会馆有10500人，约占18%；广府地区四大会馆合共43000人，约占74%；属于客家语系的阳和会馆和人和会馆为15300人，约占26%，其中阳和会馆以讲客家话的华侨为主，人和会馆是客家社团。

四邑会馆是旧金山最早成立的华人会馆，成立于加利福尼亚发现黄金的第二年即1849年，当年抵达加利福尼亚的中国人约325人。四邑会馆由台山、新会、开平、恩平四县华侨创立，后来，鹤山和四会两县华侨也加入了四邑会馆，会员一度超过1万人。

1850年，来自南海、番禺、顺德的华侨成立三邑会馆。

1852年，来自宝安、惠阳、梅县、赤溪的客家人组成人和会馆。

1852年，来自中山、增城、东莞三县的华侨成立阳和会馆。

1854年，台山华侨因四邑会馆内部争吵，约7000多人从四邑会馆分离出来，于1854年4月单独成立宁阳会馆，成为旧金山最大的侨团。宁阳会馆的会员都是台山人，不过，属于客家系的赤溪除外。

1862年，四邑会馆第二次分裂，台山余姓华侨又从四邑会馆分离出来，同开平、恩平的胡、邓、朱、郑等姓氏组建合和会馆，1868年，会员逾1.7万人，成为仅次于宁阳会馆的第二大侨团。四邑会馆名存实亡，会员仅以新会华侨为主，后易名为冈州会馆。

1862年，六大会馆联合起来，正式在加利福尼亚州注册建立非营利性公司，即著名的"华人六大公司"。

1876年，合和会馆发生分裂，开平、恩平两县华侨脱离合和会馆，另组肇庆会馆。至此，旧金山唐人街形成七大会馆的格局，七大会馆在美国各地虽有分会，但总部（总会馆）均在旧金山唐人街。

1878年，清政府在旧金山设立领事馆，为统合华人力量，将六大公司改名为中华会馆，中华会馆由宁阳会馆、四邑会馆（后改为冈州会

旧金山宁阳会馆

旧金山人和会馆

旧金山肇庆会馆

旧金山致公总堂

馆)、三邑会馆、阳和会馆、合和会馆、人和会馆、肇庆会馆七大会馆组成。七大会馆涵盖了来自广东广府和客家的侨团组织。

所以，1866年7月，六大会馆登记在册的广东各地乡亲合计58300人，基本可以视为当年在加利福尼亚州的华人人口总数。由于华人在旧金山上岸后，都是通过所属地域或方言的会馆得到临时安置或帮助找工作，所以，这个数据是可信的。还有小部分未加入会馆的广东人，估计人数不会很多，暂且不计入内。也就是说，1866年7月，加利福尼亚州华人人口58300人，是一个保守的数字。

不过，美国官方的统计数据比六大会馆的登记要少约9000人。根据美国统计局1870年发布的人口普查统计数据，加利福尼亚州华人人口为49310人，占加利福尼亚州总人口的8.4%。华裔作家张纯如在其著作《美国华人》中也引用了如下数据："1870年的人口统计表明，生活在美国大陆的华人人口有63199人，其中99.4%的华人生活在西部地区，而这中间又有78%的华人生活在加利福尼亚州。"按此推算，那么，1870年加利福尼亚州华人人口约有49295人。这两者的数据基本一致。

这也说明了另一个问题，即官方人口统计存在的错漏，这种错漏主要是由于统计员粗心大意、语言障碍和手写登记造成的。比如很多华人的名字都出现前缀"Ah"，正常的姓名登记是前面的称谓"Ah"后面跟着一个人名，这个人名会有一个名和一个姓。"Ah"本身不是人名的一部分，而是广东人的一种口头叫法。1860年，美国人口统计列出929名华人的名字是"Ah"后面跟着一个单独音节名。由于没有使用标准罗马式拼写，使得辨析早期华人姓名的难度进一步加剧。另外，由于广东各地方言不同，就算是四邑地区，同样名字的姓和名的发音也有所差别，所以，手写登记也就不同了。在中央太平洋铁路公司的工资记录单上，就出现大量"Ah"后面跟一个单音节的姓或名的华工名字，有一些人名是相同发音的，也有可能是同一个人。

根据六大会馆的人口数据推测,到1866年7月,参与修建中央太平洋铁路的华工有14575人。此时正是总攻唐纳关隧道的最艰难时期,华工人数处于最高峰。还有一个情况是,人和会馆由讲客家话的华侨组成,包括台山讲客家语的赤溪华侨。1855—1867年,四邑地区爆发长达12年的"土客"械斗,客家人聚集的赤溪是发生械斗的主要乡村。所以,讲台山话的劳工承包商不会喜欢他们,为避免在铁路建设中再起冲突,也不愿意雇佣这些客家劳工。如果把人和会馆的3800人按四分之一为铁路工人计算,约为950人,再从六大会馆铁路工人总数中减去这部分华工,那么,1866年7月,参与修建中央太平洋铁路的华工约有13625人。

如果再将铁路建设工程中惨死的约1200名华工计算在内,那么,中央太平洋铁路在工程建设最高峰时期的华工人数约为14825人。

两年后,铁路穿越西艾拉内华达山,到1868年夏天,铁轨铺到山下的雷诺,华工人数减少了一半以上。张素芳教授在她的研究中指出,铁路修到雷诺以后,华工大军减少到5000名,他们留下继续完成铁路建设。铁路建设从雷诺直到普罗蒙特雷不到一年的时间里,如果做一个最大极限的假设,这5000名华工都是新招募的华工(事实上这种可能性极小),那么,可以测算出,中央太平洋铁路华工人数可达为19825人。

根据以上分析,同时考虑到这也只是一个估算,因此,我认为参与中央太平洋铁路建设的华工人数为13625—19825人,或者取大约数为13600—20000人。

当然,华人会馆的数据对估算铁路华工人数是一个参考系,但不是唯一参考系,根据工资档案记录推算铁路工人人数同样是一个参考系。但不管通过哪种方式测算,都是估算,无法精确。铁路公司是通过华人工头或劳务承包商发放华工工资的,劳务承包商按合同要求负责向铁路公司提供规定数量的华工,而华工的名字是不需要提供的。

另外,还有一个重要原因,1906年4月18日,旧金山发生大地震,唐

人街被夷为平地，各大会馆的档案记录都在大火中被烧毁了。

虽然中央太平洋铁路华工人数难以精确统计，不过，有关华工的有些信息是可以通过逻辑分析得出结论的。比如，如果华工以来源地区分，可以分为从广东直接招募的赊单华工和在美国本土的早期华人；如果以华工身份来区分，有赊单华工、早期在美铁路华工、早期淘金矿工和伐木工。

中央太平洋铁路建设完成后，美国大地刮起了一股铁路建设狂潮，铁路巨头或地方企业主，都在大干快上地修建标准铁路或窄轨铁路，美国进入铁路时代——到处都在修铁路，到处都需要无可替代的忠勇的华工。

来自广东的华工，为美国铁路时代注入了源源不断的钢铁脊梁。

第三章　排华运动

　　1885年11月3日，几百个白人突然袭击了塔科马的唐人街，他们踹破房门，把屋里的人拖到屋外，在暴风雨中把600名华人集中驱赶到北太平洋铁路火车站，结果，两个男性华工冻死，一个华商的妻子精神失常，其余的人被铁路公司解救，安全地送到波特兰。

——西雅图排华惨案

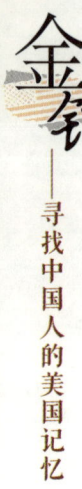

1869年5月10日，跨州铁路完成后，华工——这些美国梦的铸造者，并没有获得应有的公平回报。有些华工留在了铁路沿线城镇，或继续当铁路工人，或转行到洗衣、中餐、杂货等行业，他们在这些小镇上孤老终生；很多华工失业了，只能继续到美国西部和中部其他铁路建设线上当筑路工，或到新发现的矿区当矿工，或到南方种植园当苦力；有些华工回到"大埠"旧金山和"二埠"萨克拉门托，从事农业耕种或当渔民；也有少数人回到中国老家。到1870年，美国华人人口已达63199人，其中99.4%的华人居住在西部地区，华人继续在西部广袤的土地上默默垦荒，担当美国西部大开发的"拓荒牛"。

然而，在这个标榜民主和人权的国度，华人始终逃不过被歧视、被欺凌的命运，成为种族主义迫害的牺牲品。

对金山梦怀着美好憧憬的中国农民不会想到，脚下的这条金山路，完全不像招工广告上写得那么甜言蜜语，然而，这些纯朴的农民仍然梦想着用自己的勤劳和汗水创造财富，然后回广东老家建洋楼，娶妻生子，或寄钱回家，光宗耀祖。他们从来不曾想到，金山之路会如此崎岖坎坷，荆棘满布，甚至要付出生命的代价。

排华思潮和立法

当华人成群结队地来到这个新大陆，初始，本地居民因新鲜和陌生而产生好奇，对华人并不敌视，还表现出某种程度的友好。1850年，当旧金山华人只有几百人时，神父们会邀请华人参加纪念仪式，并且把华人安排在巡游队伍的重要位置。当加利福尼亚成为联邦第31个州时，华人参加了隆重的庆祝活动。1851年5月，旧金山《阿尔塔加利福尼亚日报》预言："中国佬会和我们自己的国民一样拥有同样的选票权，在同样的学校学习，在同样的圣餐台边鞠躬。"谦卑的华人从踏上金山路伊始，就努力地试图融入美国。

但是，随着华人人口的快速增长，白人开始焦躁不安起来。1852年

排华时期的漫画（翻拍于天使岛移民审查所遗址纪念馆）

4月,约翰·比格勒提出了一个禁止华人移民的排华法案,这可能是第一个公开的由政府官员提出的排华法案,只是没有得到联邦政府的支持。旧金山的几个华人公开进行了回应,为华人努力融入美国进行辩护。然而,这种融入恰恰是白人最为害怕的。1853年,《阿尔塔加利福尼亚日报》发表一系列反华言论,指出:

> 生活在我们中间的华人是一个比黑人更加道德败坏的阶层。他们在宗教上有偶像崇拜,他们性情狡猾,诡计多端,他们的行为粗俗淫秽。他们在工艺、工业和经济方面有某种可取之处,就像堕落阶层的其他人一样,"他们也创造了很多发明"。但是,他们不是美国人可以去交往和支持的那类亲戚。他们和我们不是同一类人,将来也绝不会是同一类人,虽然他们会永远留在这里……他们不会和我们的人民融合在一起,他们在这里对我们没有好处。他们绝不会变成像我们一样的人。

这种反华思潮,最早在矿区有了响应,华人矿工首当其冲地成为被攻击的对象。

黄金产生的强大磁场吸引了来自世界各地的淘金者到加利福尼亚冒险,一时间,加利福尼亚成为"冒险者的乐园"。淘金客以为黄金唾手可得,靠运气一夜之间可以成为暴发户,直到到了

排华时期的漫画(翻拍于天使岛移民审查所遗址纪念馆)

加利福尼亚，才发现单有运气是不够的，而运气也往往更愿意眷顾勤劳智慧的人。

传统的淘金方法是将与水混合后的沙砾泥浆导入特制的几百米长的木槽里，经过水的冲洗和沉淀，在木槽底部淘出黄金。聪明的中国人将老祖宗用了几千年的水利灌溉技术运用到采矿业中，他们把一条条水渠挖进矿区，用泵将沙砾泥从矿底抽上去，然后将沙子和金子分离开来，再把黄金淘洗出来。对于这种采矿方法，广东人是很得心应手的，因为马来西亚华人在开采锡矿时就一直沿用沙泵采锡法，还给采锡苗的沟渠起了一个约定俗成的名字"金山沟"。

在加利福尼亚和内华达矿区，只要有矿藏的地方，几乎都有华人挖掘的运河或水渠，这一方面大大改进了当地的采矿技术，同时也将灌溉技术引入农业种植。他们在尤巴河上建水坝开采黄金；在达奇弗兰特挖运河进入液压矿区；在犹他地界的卡森河到黄金峡谷之间挖水渠；在内华达的温尼马卡引水灌溉，从而使得在沙漠地区的农业耕作成为可能。

当时，社会上流行一种种族主义观点，即加利福尼亚州的黄金必须预留给美国人。1852年，加利福尼亚州议会提出要对华人矿工实行重税，以遏制华人移民潮。他们宣称："他们（指华人）在加利福尼亚州的存在是一种道德和社会的罪恶——令人厌恶的有碍社会公平的工贼——身体上腐烂的疮——简言之，是一个讨厌的群体。"在充斥着强权、野蛮和歧视的环境里，沉默勤劳的华人受到特别的挑剔和排斥，他们被视为"异教徒"，成为白人矿工嫉妒仇视乃至暴力袭击的目标。

1853年的一天，一个本地团伙突袭华工营，他们把华工的辫子捆绑在一起，对华工进行百般折磨，直到有人说出藏金地点。拿到金子后，暴徒用猎刀割开华工的喉咙。1853年5月，加利福尼亚州悬赏1000美元提拿这群暴徒头目，生死不论，华人社区又追加了3000美元悬赏金，两个月后，悬赏金达到5000美元。据报道，这个头目后来被一个地方武装团伙射杀。

1856年，加利福尼亚州梅丽波莎县居民警告华人在十天内离开该县，如果不走就会挨39下鞭子，并且会被武装力量强行带离。在埃尔多拉多县，白人矿工火烧华人帐篷、开矿设备和停在那里的坐满华人旅客的驿站马车。

随着反华情绪持续高涨，华人最终被推向了淘金拾荒者的境地，只能在白人废弃的矿里淘金，也就是说，华人必须比以前更加勤劳、节俭、沉默、忍耐和智慧，才有可能在夹缝里找到一丝致富之光。据说有一个叫阿岑（Ah Sam）的矿工，根据以往采矿经验认为有可能通过冲洗矿区的木屋地板洗出黄金粉，于是，他花25美元从其他矿工那里买了一间小木屋，结果梦想成真，洗刷出价值3000美元的黄金粉。

类似的故事，我在弗吉尼亚城进行田野调查时也听说过。在弗吉尼亚城康斯托克矿区鼎盛时期，唐人街就在矿区内，而且都是一间间低矮的小木屋，其中有很多也是洗衣店。本地人说，当地一直有个传说，华人是不被允许在矿区采矿的，所以他们就在附近建棚屋开洗衣店，聪明的华人在木屋里冲洗地板，结果真的冲洗出不少黄金粉。在矿区繁荣时期，唐人街跨几个街区，华人人口有近2000人。这样的淘金传奇，可能也只有勤劳智慧的中国人才想得到做得到，所以，"聪明的中国人"至今仍是本地居民对中国人的一种标签式的评价。

当排华成为一种公开普遍的主流社会思潮，华人的境遇

排华时期的漫画（翻拍于天使岛移民审查所遗址纪念馆）

变得异常悲惨和艰苦。即便是在1869年5月10日,第一条跨州铁路建成实现了美国东西大陆真正统一,为铁路建设牺牲生命并立下卓越功勋的华人,也没有因此而使自己的境遇得到改善。

特别是在加利福尼亚州,各种千奇百怪的排华法律纷纷横空出世,在华人身上编缚了一层又一层茧壳。比如,1852年加利福尼亚州政府通过《外国矿工执照税法》,盘剥矿区华工;1854年加利福尼亚州最高法院宣布华人不准在法庭作证;1870年旧金山议会通过《立方空间法案》,规定市内住屋,每一成人住客,需有500立方之空间,这很明显是针对地狭人稠的唐人街而设的;同年12月,旧金山市议会又通过《街边挑担条例》,不准市民在人行道上肩挑竹篮走动,违者罚款5美元,其目的在于禁止中国人挑扁担运送货品。1876年旧金山又通过《洗衣馆法规》,规定不用马车送货者每季需缴税15美元,显然也是针对中国人,因为华人向来节俭,多以人力运送货物。另外,还有如禁止华人把已故同胞的骨骸掘出运回中国;禁止华人在加利福尼亚州河内捕鱼等等。1870年,加利福尼亚州更是别出心裁地将华人女性单挑出来,限制中国女性进入加利福尼亚州。从表面上看,这个《禁止以犯罪和邪恶之目的拐卖和输入蒙古、中国和日本女性的法案》旨在保护亚洲

位于广州胸科医院内的旧金山千人墓为无名塚。1887年,由香港慈善机构爱育善堂从旧金山运回广州集中安葬。左图为修葺前环境,右图为修葺后环境。

妇女，但是加利福尼亚州法律早已先入为主地认定所有进入加利福尼亚州的中国妇女都是妓女，除非她们能够证明自己的清白。类似的法案又先后于1893年和1901年两次出台，目的都是变本加厉地禁止中国女性进入加利福尼亚州。这样的结果就是直接加剧了唐人街"光棍社会"的畸形扩大。

在加利福尼亚州排华运动的影响下，其他地方也纷纷效仿，各种怪异法案层出不穷。如1877年，内华达州议会提交了一个针对华人的《中国人辫子议案》：凡是犯盗窃罪的华人一律被剪去辫子，但也可以罚款以保留辫子。华人的生存空间受到非人道地挤压和排斥。

在这场排华运动中，主流媒体对制造排华舆论起到推波助澜的作用。1870年9月，《陆路月刊》发表诗人布莱特·哈特写的一首讽刺诗歌，这首诗最早的名字叫《老实人詹姆斯的大实话》，但后来却被别有用心地演绎成《异教徒中国人》并很快流传开去。诗中描述了两个虚构的人物中国人阿洗和爱尔兰人威廉·尼埃之间的纸牌游戏。尼埃将纸牌藏满袖子公然出千，但最后还是输给了阿洗。失去耐心的尼埃咆哮道："我们要被中国人廉价的劳动力毁了！"他用力敲打，用从阿洗袖子里掉出来的纸牌袭击阿洗。这首诗歌成为19世纪70年代美国最受欢迎的诗歌之一，几乎每家报纸都一再重印。《纽约环球报》重印两次。1871年1月，该报报道说在一家商店橱窗前有几百人挤在一起争看橱窗里陈列的新版《异教徒

Puck杂志上的一幅漫画，描述排华时期华工和牧师的一段对话。华工问："这是为什么？我可以去到天堂，却不能去到你们的国家？"牧师回答："因为天堂没有劳工党。"（来源：Canton Footprints, by Philip P.Choy）

中国人》，并说"在纽约的记忆中连百老汇都没有出现过这样的场面"。1876年10月，马克·吐温和诗歌作者哈特合作将《异教徒中国人》改编成剧本《阿洗》（Ah Sin），并搬上了戏剧舞台。

然而，《异教徒中国人》所折射出来的深层次根源，恰恰是白人对华人嫉妒和敌视交织下的种族排斥。

1870年底，旧金山华人和白人的就业竞争比例大致是1：2。为降低成本，企业主喜欢雇佣华人，因为华人的工资不到白人的一半，却愿意承受更长工作时间，而且华人沉默安静，

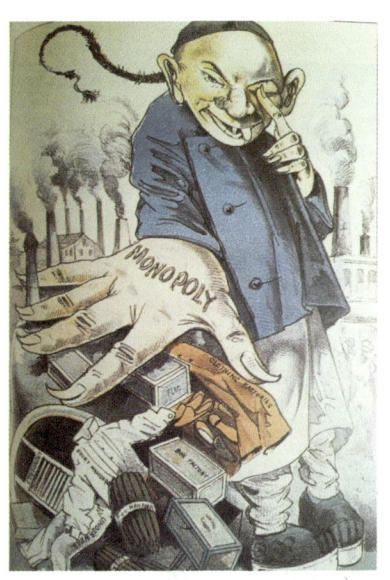

排华漫画（翻拍于天使岛移民审查所遗址纪念馆）

不酗酒闹事。就业竞争进一步加剧了华人和白人之间的紧张关系。在这一时期，鼓吹"白种人优越"的反华俱乐部开始兴盛起来，煽动白人社会对华人进行变本加厉的迫害。1877年，旧金山成立劳工党，其宗旨是反对垄断，反对政府腐败，反对超级资本，反对一切罪恶的根源——中国人。在"中国人必须滚蛋"的口号下，劳工党迅速壮大，成为反华运动的主力。

从矿区兴起的排华运动，很快燃烧到伐木业，发展到后期，演变成为一场全国范围的暴力排华运动。对建设美国作出巨大贡献的华人，遭遇了人类历史上史无前例的针对单一族裔移民进行的种族主义迫害。

1882年5月6日，美国总统亚瑟签署了第47届国会通过的《排华法案》，排华运动进入高潮。这个法案的有效期为10年，这期间禁止中

被排华这座大山压在最底层的中国劳工
（来源：*Canton Footprints*, by Philip P.Choy）

国劳工新移民到美国，但不包括教师、学生、商人和旅游者，已经在美国的中国劳工仍可被允许回中国和再次返美。如果私运华工入境，每私运1人，船主将被处以最高500美元的罚款和1年监禁。

1888年，美国国会通过了《斯科特法案》，扩大了《排华法案》的规定，禁止华人离开美国后再次返美，除非他们在美国已有家庭，或拥有价值1000美元以上的财产。

1892年，国会又通过《吉尔里法案》，将《排华法案》的执行期延长10年。同时增加一条：所有在美国的中国人都必须申领居民证，否则就要面临被驱逐出境的危险。

用立法形式使排华运动合法化，极大地助长了反华势力的嚣张气焰，他们公然叫嚣"打开一切排华的方式，袭击、抢劫、谋杀，都是较轻的罪行不会有事……只要没有白人成为证人"。这是世界移民史上最黑暗最血腥的一页。《排华法案》创造了两项美国纪录：第一次立法禁止一个种族进入美国，第一次立法排斥一个种族加入美国国籍。自此，美国进入长达61年的披着合法外衣却充斥着血与火的排华时期，直到1943年12月17日罗斯福总统签署废除《排华法案》。

虽然《排华法案》从国会立法通过到废除经历61年，但是，由于排华运动从淘金热已经开始，所以，在此意义上说，美国排华运动是一部"百年排华史"。

排华惨案

《排华法案》打开了一个巨大的潘多拉盒子，到处泛滥着"用一切方式让华人滚出去"的叫嚣声，火烧唐人街、抢劫华工营、屠戮华工，几乎成为一种常态性的暴力排华行为，惨不忍睹。在排华年代，即便是中国外交官也没有安全感。据《纽约时报》报道，1880年，清政府驻美公使陈兰彬在纽约"被年轻的暴徒扔石头和嘲笑"，此时，警察站在一边大笑。弱国无外交，以此为甚。

1885年，位于怀俄明州的石泉煤矿发生了骇人听闻的大屠杀事件，史称"石泉惨案"。早在1875年，华工已经在石泉煤矿干活，与别的矿区不同，这里的华工与白人矿工同工同酬，没有所谓的用廉价劳动力抢白人饭碗的情形发生。但是，由于经济不景气特别是矿区产量降低，矿工薪酬整体下降。1883年，劳工骑士团在石泉矿区迅速发展会员，白人劳工踊跃入会，但华工无人入会。白人组织罢工，华人拒绝参加，企业主便以雇佣更多华工作为对白人矿工的惩罚，这使得白人劳工把所有怨愤都转移到华工身上。

1885年9月2日上午，两名白人矿工来到6号矿坑，发现自己的两个矿位被同矿坑的另外两名华工占据了，4人发生争吵后，两名华工被打，两个白人毫发无损，但他们回到住地后竟集合了150多名白人矿工去洗劫唐人街。下午14时，这群暴徒手持刀、枪、棍棒和斧头向唐人街包围，沿途抢劫和射杀遇到的华人。他们抵达唐人街后，命令华人在一小时内离

排华漫画（翻拍于天使岛移民审查所遗址纪念馆）

开，但是他们很快便失去了耐心，不由分说火烧棚屋，射杀从棚屋里逃出来的华人。在枪林弹雨中，有些华人不得不返回熊熊烈火中而被烧死。那些筋疲力尽逃到山里躲藏的华人，有的被冻死，有的被狼群吃掉，剩下的华人被过路的火车营救。

在这场大屠杀中，至少有28名华人被打死或烧死，15人重伤，26人葬身狼口，79间房屋被烧毁，财产损失高达14.7万美元，震惊全美国。警方逮捕了16名嫌疑人，但因为华人不能出庭作证，最后，这16人全部被无罪释放。由于地方当局没有能力平息暴乱，联邦军队被派去石泉镇保护华人。中国清政府驻美外交官要求美国政府采取适当措施保护华人，但是美国州务大臣汤姆斯·弗朗西斯·贝亚德辩解说，华盛顿对各地界内发生的犯罪活动不予负责。后来美国政府赔付了14.7万美元作为华人财产损失的赔款。

西雅图是铁路华工众多的城市，有一个著名专案叫"华裔陈宜禧专案"。根据陈宜禧的私人记录，发生在西雅图的排华事件有9起，发生在西雅图之外的排华事件有25起。这一系列排华事件，引起陈宜禧的强烈愤慨，他遂向当地法庭提出上诉。1886年，他又联合当地著名律师美国

人汤姆斯·伯克,抗议劳工党驱逐华人。陈宜禧的多次抗议连同1885年的"塔科马事件",一起被列为"华裔陈宜禧专案"。在陈宜禧的强烈要求下,中国清政府不得不派公使与美国交涉,结果获得了27万多美元的赔款。陈宜禧如数将赔款分发给受害者。

1885年9月28日,劳工骑士团的代表在西雅图举行反华集会和示威游行,要求所有华人必须在11月1日前离开华盛顿地界,并且还组织了一个专门委员会在西雅图城里散发传单。到10月

位于塔科马的华人和谐公园,纪念碑上记录了曾经发生过的排华历史。(摄影:胥全)

底,仍有很多华人因不愿意放弃生意而留下来。1885年11月3日,几百个白人突然袭击塔科马唐人街,他们踹破房门,把屋里的人拖到屋外,在暴风雨中把600名华人集中驱赶到北太平洋铁路火车站,结果,两个男性华工冻死,一位华商的妻子精神失常,其余人被铁路公司解救,安全地送到波特兰。

为应对危机,联邦政府临时向西雅图派遣军队,准备镇压劳工骑士团制造的骚乱。但是,可怕的事情接着又发生了。有些士兵以保护华人为借口向唐人街的住户征收"特殊税",也有士兵加入暴徒行列,殴打华人,剪掉一个华人的辫子,将另一个华人踢飞到楼下,还将一个华人抛进海湾。

1886年2月7日,在联邦军队离开数月之后,西雅图的暴徒又一次组织了暴力驱逐华人的行动,对华人发出最后通牒,强制华人乘坐下午13

时的轮船离开。暴徒们闯入唐人街，把华人从床上拖下来，命令华人收拾东西，并快速把华人武装押解到准备开往旧金山的轮船码头上。只有8名华人带了现金，他们马上买票上船，大多数华人因身上没带钱而无法买票，至少300人拥挤在码头上，蜷缩在寒风中颤抖。西雅图警方予以制止，政府发表声明要求暴徒解散撤离，法院随后向华人颁发人身保护令，并派遣民团对华人进行武装保护。次日，当民团护卫华人回到原来居住的唐人街时，又遭遇暴徒的袭击，枪战中，一个暴徒被打死，4个暴徒受伤，局势进一步恶化。西雅图所在的华盛顿州立即宣布戒严，数日后，克利夫兰总统宣布西雅图进入紧急状态，随后派遣联邦军队进驻西雅图。

1887年，俄勒冈州发生的"斯内克河惨案"被历史学家称为排华史上最邪恶的事件之一。在赫尔斯峡谷，一伙白人牧场工人和一名男孩抢劫华人的金子，杀害了31名华人矿工。调查此案的一名联邦官员说："我是加利福尼亚州的淘金者，这是我所听到的沿海地区最血腥、最可鄙的背叛行为。他们中的每一个人都被枪击，肢解，脱光衣服，扔到河里。"有历史学家在对此案进行研究后发现：有一名华工的颅骨被做成糖罐，用作一个牧场主家厨房的摆设，一直用了很多年。这起谋杀案只有三人被起诉审判，但最后都被判无罪释放。一个白人牧场主后来评论道："我想如果华人杀害了31个白人，陪审团肯定会判这些华人有罪，但是没有人在乎中国人，所以他们释放了这些白人。"

反华暴力运动就像瘟疫一样蔓延开来，从加利福尼亚州迅速扩散到西部其他地区，甚至在远离美国本土的夏威夷（粤侨称檀香山），也爆发了暴力反华行动。1899年12月31日至1900年1月20日，檀香山当局以防疫为名，封锁唐人街，逐一烧毁。灾区面积约达149740平方米，损失物业300万元，华人仅获赔偿100万元。华人死伤多人，损失惨重。

内华达沙漠的守墓人

在内华达沙漠小城拉夫洛克,漫漫黄沙戈壁中,有一片无名华工墓,墓地里有30多个坟头。

守墓人拉里先生从未到过中国,他说在移居拉夫洛克之前,在三埠见过唐人街过春节的热闹景象,对中国文化很感兴趣。移居拉夫洛克后,与拉夫洛克的一位陈姓华人成为好友,并得知本地有一个无名华工墓。陈姓朋友去世后,老人默默地当起了守墓人。

70多岁的守墓人拉里先生

华工公墓

金钉
——寻找中国人的美国记忆

拉里先生轻轻地扣上墓地的围栏。为了保护无名华工墓地，老人专门用缆线将墓地围了起来。

拉里先生专门为华工墓建了神龛，每年清明节都来这里祭拜这些不知名的华工。

每年清明节，拉里先生都会穿上唐衫，戴上中式帽子，按中国人的仪式祭拜这些他根本不认识的来自遥远东方的中国人。有一年清明节前，老人在本地报纸上刊登广告，希望附近的华人看到广告后知道这里有一个华工墓。遗憾的是，只有雷诺的几名留学生响应老人的号召来到这里。这让老人有些失望。

拉里先生还自办了一个小小的中国博物馆，里面陈列了一些华人历史文物，这位"中国迷"乐此不疲地向社区介绍中国文化。

天使岛的眼泪

1882年《排华法案》实施后，华人进入美国必须接受极其严格的审查和审讯，移民美国难于登天。起初，移民局将新抵达旧金山的华人拘禁在位于太平洋邮政汽船公司码头岸边的一栋两层楼的工棚里候审，工棚很脏，而且害虫肆虐。审查速度很慢，即使是被《排华法案》豁免的商人、专业人士、知识分子，也要面对长时间的人身和精神折磨。

100年前的天使岛码头，是世界各国移民进入美国的第一站。华人移民人数最多且在岛上羁押受审时间最长。

1910年，联邦政府在位于旧金山海湾的天使岛上围了40470平方米土地作为移民关押审查所。这个美丽的小岛是西班牙航海者阿雅拉于1775年在湾区停泊时发现的，并且给她取了个很好听的名字——天使岛。然而，天使岛上发生的事情，并不像它的名字般浪漫，对于华人而言，这里就是噩梦开始的地方。1910—1940年的三十年间，天使岛成为从美国西部入境的唯一移民审查所。天使岛移民审查所受理了来自80个国家的近50万移民，其中华人移民人数最多，审讯时间最长。17.5万名华人移民被关押在这个移

今天的天使岛码头

73

民监狱里，经过极其严格的盘问、审讯和检疫，直到可以证明他们的身份后，方可进入美国。

这个离旧金山很近的天使岛，在粤语世界里，又叫"埃仑岛"。

现在，天使岛上两层楼的审查所旧址已经变成一个华人历史纪念馆。两旁的台阶上，刻着"勇气、隔离、孤独、牺牲、关押、沮丧、愤怒"等词语，以唤醒当年华人移民失去自由、受尽折磨的屈辱记忆。最初，这栋营房是专门为关押中国和日本移民而建的，不久，所有妇女被转移到旁边的行政大楼关押。二层营房里羁押的移民绝大多数是男性华人，且关押时间最长。房间里密密麻麻地排放着上中下三层床架，一两百人挤在一个房间里，几乎没有可让人转身的空间。审查所里设有一间小活动室，可以在活动室里

19世纪的天使岛

1902年的天使岛

今天的天使岛

下棋，舒展下筋骨。

在审查所里，最折磨人的是精神上的痛苦。移民局的审讯是极其细致入微的，审讯官问的问题无奇不有，颠来倒去，回答时稍有迟疑甚至只一字之差，都会被拒签且立即遣送回中国。一般审问每次两个小时，一天一次，一连审问三天。老华侨把专门用于移民局审讯的口试卷称为"口供纸"，若通不过移民官的考问就叫"爆纸"。如果用今天的语言做一个形象比喻，口供纸堪比托福考试，但不是考语汇语法，而是考"你是谁"，特别是通过审问排查出"纸儿子"身份。

1906年4月18日5时13分，旧金山发生大地震，之后引发的大火燃烧了四天四夜，唐人街被烧成灰烬，各大华人会馆的档案被烧毁，包括早期华工在内的华人出生证明等重要文件付之一炬。面对突如其来的灾难，《陆路月刊》竟按捺不住喜悦之情宣称："大火令华人贫民窟重见文明，本市将不再容许有华埠，这好像是神的智慧，引导地震和大火之神行事。智慧地、美好地冲走了最不堪的东西。"字里行间表露出极端仇视华人的立场。没有出生证明等重要文件，华人随时可能被当局拘留或遣送出境。

审查所房间内设三层床架，一个房间挤满一两百人。

关押妇女儿童的大楼已在大火中烧毁，现在在男子审查所专门设立了一间陈列室。

一名十几岁时在天使岛被关押过的老人，缓缓地走进对过去的回忆。

重新登记身份是华人合法留在美国的唯一途径，通过身份的重新登记，由华工转变为土生华人。其次，华人利用这个难得的机会，利用美国法律，申报解决在中国的儿子移民的问题。在申报的儿子中，有不少是真实的儿子，但也通过填报"纸儿子"的形式，让在老家广东的亲友移民美国。这是排华时期华人被迫采取的一种扭曲的无奈的移民方式，也是华人对不公正的《排华法案》的集体抗争。

所谓"纸儿子"，就是在美华人重新登记身份时将自己登记为美国出生从而自然取得美国公民权，同时虚报自己的儿子数量，或回中国探亲返美后向移民局申报在老家生了个儿子，有的还申报生了"双胞胎"儿子，通过这种虚报，制造了一个个"移民空额"，华人将这些"移民空额"转让或转卖给其他亲友或同乡，用冒名顶替的方式为他们的儿子办理移民美国手续，这些冒名顶替的儿子被叫做"纸儿子"。

有的华人手上有几张"纸"，便可以赚大钱了。根据台山水步镇一位因"爆纸"而被遣返中国的老人黄孔传回忆,"纸儿子"的买卖是在美国市场就交易好的,"口供纸"一式两份,其中一份由在美国的"父亲"提交到移民局,另一份寄给在中国的"儿子"背熟。"买纸"的规矩是1岁100美元,办成功前先交一半,办成功后再交另一半余款。黄孔传老人买了一个同姓族人15岁男孩的"纸",用了1500美元。他又花400元港币买了从香港到旧金山的船票,坐了一个多月的船到达旧金山码头,接着被小船运到天使岛,住在审查所的营房里。他在天使岛上等了四个月,最后在一次审讯中因没有听清审讯官的提问而请求重复问题,审讯官认为他是假儿子,就这样"爆纸"了,很快被驱逐回中国。更有甚者,"爆纸"了却连原因都不知道。有一个四邑男孩在被审问时,移民官问:"你爸爸结婚时,你到哪里去了?"他答道:"我在接待亲戚。"移民官马上说:"Good Boy! No!"就这样,这个可怜的孩子"爆纸"而被拒上岸。真实的情况是,孩子的生母去世后,其父再婚,孩子在结婚现场负责接待亲戚。问题出在其父怕麻烦,没有到移民局申报再婚,结果这个孩子就这样被遣送回四邑老家。

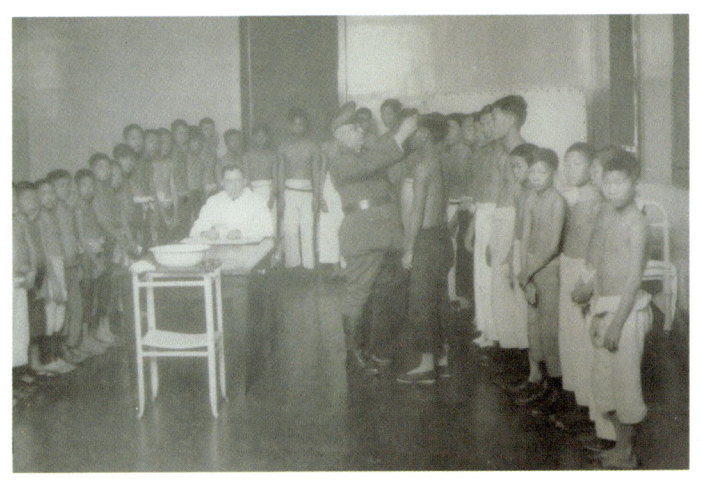

华人儿童在接受移民官的检查(摄于天使岛移民审查所遗址纪念馆)

被驱逐回中国的经历是可怕的,他们必须在船舱里忍受折磨,特别是在夏季。所以,华人宁愿屈服于被敲诈,或被逼无奈贿赂移民官员。1916年,当天使岛的腐败变得越来越严重时,联邦政府开始介入移民调查。调查发现移民局内部有一个庞大的运营网络。调查组在1917年提交的一份报告中指出,随着贿赂行为越来越多,做移民生意成了一个赚大钱的行当,其中,华人占很大比例。有的移民官从每个非法外侨1400美元的罚款中,每年可以赚得100000美元。参与其中的不仅有政府官员,还有代理人、公证人、摄影师和华商。这个网络包括信息售卖、数据篡改、新档案创建、照片替代以及伪造官方印章等等。甚至在香港有一所"纸儿子"培训学校,在这所学校里,教授潜在的华人移民客户在抵达旧金山后如何回答"口供纸"。

除了"纸儿子"进入旧金山必须经受住严格的反复考问和审查,实际上,本来是美国居民的华人从中国返回美国时也会经历同样遭遇。

内华达州的温尼马卡地处戈壁沙漠,是一个有着数百名华工聚居的铁路城市。虽然从温尼马卡回广东需先坐几天火车到旧金山,再坐至少一两个月的轮船回中国,路途十分遥远,但这并不能阻隔华人回乡的意志。问题出在回乡容易返程难。1895年5月,一个叫阿雷(Hi Loy)的华人从中国老家返回美国,在旧金山入境时,移民局官员不允许他下船,理由是他重返美国的文件已经改变。为了能回到温尼马卡,阿雷发电报给温尼马卡的朋友,请朋友出示一份证明,说明他是温尼马卡居民而且本地白人和中国人都认识他,几周以后,通过审查的阿雷终于被允许下船返回温尼马卡。1902年,另一个温尼马卡华人阮胜(Sing Yuen)从中国返回美国,在旧金山入境时被关了两个多月,为证实他是美国居民,移民局官员还专门到温尼马卡调查他所提供的文件的真实性。1928年,温尼马卡华人余詹(Yee Jam)想申请妻子到温尼马卡,在检察官的帮助下,他于1927年开始准备整套文件。调查员专门从旧金山来到温尼马卡调查他

第三章 排华运动

从1910年开始，华人抵达旧金山后不能直接上岸，他们必须要坐船到天使岛接受审查后方可入境。这是这些向往金山的寻梦者从未想到的——金山之门并未向他们敞开。（摄于天使岛移民审查所遗址纪念馆）

的商铺。余詹在北达科他州的一个朋友出示了一份宣誓书，证明他在中国时就认识余詹和他的妻子。当余妻携带所有文件抵达旧金山时，仍被关押在天使岛达三个星期之久，最终于1928年2月17日抵达温尼马卡。

华人移民在天使岛上候审，短则10几天，长则半年以上。不少人因受不了精神折磨，在木墙上刻下了100多首诗文，以宣泄咫尺天涯的绝望心情。比如有一首作者为"新宁无名氏"的诗歌写道：

> 美例苛如虎，人困板屋多。
> 拘留候审多制磨，鸟入樊笼太折堕。
> 惨莫诉，呼天叹无路。
> 过关金门难若此，饱尝苦味悔奔波。

这首诗中的"制磨""折堕"是台山方言，指饱受折磨和屈辱，字里行间道尽华人对踏上旧金山陆地的渴望和绝望。

据一位旧金山老华侨介绍，木墙上的诗文曾经被审查所人员用油漆一次又一次地涂抹掉，然而不断有后来者继续在墙上刻上新诗，导致墙

壁先后被油漆了8次。

老华侨余达明在20世纪30年代曾被关押在天使岛，其间，他将墙壁上的100多首诗文抄录下来，后来带到旧金山并于1976年公开发表。1980年，著名华裔历史学家麦礼谦先生将这些诗文编译成英文版《埃仑诗集》，在主流社会中得到极大的传播，荣获1982年美国国家图书奖。今天，

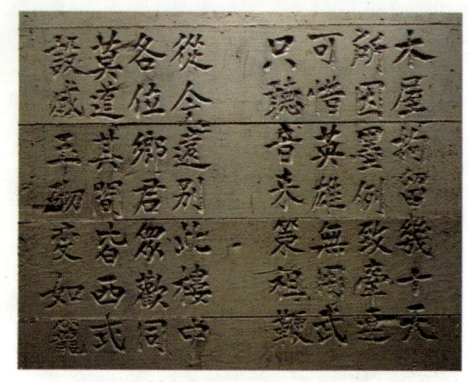

刻在木屋墙壁上的诗文充满了对故乡的思念和对遥望金山"咫尺天涯"的绝望

这本记录了1910—1940年天使岛华人移民历史的《埃仑诗集》，被陈列在审查所旧址纪念馆里，并且通过图片、视频、中英文文字以及普通话和粤语朗诵，详细地向游人介绍这些诗文所表达的语境和中国古诗词文化。

显然，埃仑诗文已成为天使岛文化遗产。我们从旧金山码头坐船，差不多30分钟就到了天使岛。如今的天使岛已成为加利福尼亚州州立公园，很多游客来岛上骑车、露营、垂钓或烧烤。在我们坐上观光车前往审查所旧址的路上，车上的扩音器一路都在播放粤语版的埃仑诗文，同时介绍中国七言诗的特点。在审查所旧址纪念馆里，游人还可以看到当年刻在木墙上的几首埃伦诗文。

对天使岛华人移民历史的保护，是华人社会坚持不懈抗争的结果。华裔历史学家麦礼谦先生和胡恒坤先生为此作出了卓越贡献，他们和华人社团一道不遗余力地努力争取。1974年，加利福尼亚州议会通过议案，成立了"天使岛移民营历史公民委员会"，研究保存木屋审查所遗迹。两年后，加利福尼亚州议会拨款25万美元对遗址进行了初步修缮，并将天使岛建成州立公园。1978年，在州立公园内竖起天使岛移民历史纪念碑，纪念碑上镌刻着一副对联："别井离乡飘流羁木屋，开天辟地创业在金

门。"1998年5月16日,美国政府正式将天使岛移民营列入历史古迹。现在天使岛上的移民审查所旧址是当年关押男性移民的木屋,当年用来关押妇女儿童的行政大楼在1940年的大火中烧毁了。

百年排华运动导致华人社会结构呈现畸形的"光棍社会"生态。比如内华达州的温尼马卡,住在唐人街的400名华工中只有4名女性。直到1943年12月,罗斯福总统宣布废除实行了61年之久的《排华法案》,规定每年给华人105个移民配额。第二次世界大战结束后,美国政府又针对华裔军人制定了多项新移民政策,准许第二次世界大战期间曾在美国军队服役的美籍华人,其妻子、父母、儿女可不受每年105个移民配额的限制。于是,不少"出国兵"①纷纷回乡,或结婚,或将父母、妻儿、兄弟接到美国团聚。

铁路华工后裔余黄铿娟女士的先生余卓斌就是以华裔军人家属身份移民美国的。据余黄铿娟回忆,1947年,余卓斌在美国当兵的哥哥回台山结婚,并申请妻子和弟弟赴美。当时,美国政府派船到中国接华裔军人家属,因为余姓的英文开头字母是Y,排队排在最后面,所以余家三人坐上了最后一艘船。船到旧金山以后,身为军人的哥哥偕妻子直接上岸,而余卓斌因非华裔军人配偶,必须要通过移民局面试才能上岸,他在排队等候面试时,又排在了最后一个。

仅在第二次世界大战结束

二战期间中国兵和美国兵海报(来源:*Canton Footprints*,by Philip P.Choy)

---

① 四邑地区对美籍华人军人的称谓。

后几年间,美国华人新移民中90%是妇女,华人"光棍社会"状况得到根本性改变。

虽然罗斯福总统在1943年已经表示《排华法案》是一个"历史的错误",但自1943年以来的半个多世纪里,美国政府并没有就这个"历史的错误"作出过任何公开的反思和正式道歉。令人深思的是,在华盛顿时间2012年6月18日下午,美国众议院就《排华法案》道歉案全票通过口头表决,以立法形式对历史上对华人实施的种族歧视表示遗憾。对于美国华人而言,这是一个历史性进步,是对华人先驱者的纪念和致敬。

两年以后,即华盛顿时间2014年5月9日,美国劳工部举行隆重纪念活动,将铁路华工集体请入位于首都华盛顿宪法大道200号的劳工部大楼荣誉堂,这是美国政府首次正式表彰铁路华工在建设对美国具有非凡意义的跨州铁路中的独特贡献。铁路华工集体入选劳工部荣誉堂,这是美国华人话语权提升的又一次历史性进步。

天使岛上的和平钟,祈愿世界不再有种族歧视,愿人类友爱平等。

第二部 一路向东

第四章 萨克拉门托：华工"二埠"

  1865年10月的第二个星期一，这一天正好是哥伦布发现美洲纪念日。下午6时，开往萨克拉门托的"约塞米蒂号"汽船突然发生爆炸，船上的300名乘客中，有一半人惨死，包括所有在甲板下面"中国舱"的中国劳工，他们中的大多数人是刚刚从中国抵达美国的，他们被安葬在里约维斯塔的公墓里。

——乐居镇大来博物馆记载

沙加缅度，又名"二埠"。淘金热发源地，太平洋铁路西线工程起点，曾经是仅次于"大埠"旧金山的第二大华人埠。

第四章 萨克拉门托：华工"二埠"

在准备重走中央太平洋铁路之前,我对萨克拉门托几乎一无所知。

在人们眼里,洛杉矶、旧金山、圣地亚哥几乎就是加利福尼亚州的形象代言。这几年,中国游客又兴起一种新的加利福尼亚州体验方式——沿着西海岸1号公路自驾游。然而,加利福尼亚州之于世人的形象,总也离不开"阳光、沙滩、牛仔、葡萄酒、好莱坞"这些引领着自然与时尚的标签。我对加利福尼亚州的了解,至多也是出于职业习惯,对加利福尼亚州华侨历史还略知一二,但也是蜻蜓点水。

直到查阅跨州铁路历史,我才发现在被誉为"黄金之州"的加利福尼亚,还有一个星光熠熠的名城:萨克拉门托。粤籍华侨叫它"沙加免度",或"沙加缅度",从1854年至今,都是加利福尼亚州州府所在地。在加利福尼亚历史上,除了旧金山,可能还没有一个城市可以与之比肩。当旧金山和萨克拉门

金钉
——寻找中国人的美国记忆

托处于美国西部经济社会活动中心时，洛杉矶还是一片荒凉之地。

萨克拉门托的辉煌历史，是和美国历史上两个重大事件紧紧连在一起的。1848年1月，在萨克拉门托河附近萨特的磨坊发现黄金，由此引爆了风靡全球的美国西部淘金热；1863年1月，跨州铁路西线——中央太平洋铁路在萨克拉门托市中心破土动工，中央太平洋铁路以萨克拉门托为起点向东推进，最终于1869年5月10日与联合太平洋铁路在犹他州的普罗蒙特雷合拢，完成了创世纪的伟大工程，实现了美国真正意义上的统一。

萨克拉门托的耀眼星光，还在于它曾经是镀金时代美国西部华侨重镇——"大埠"旧金山和"二埠"沙加缅度，无人不晓。这是一个在广东华侨史上不得不提的城市。寂静的萨克拉门托河，已撩拨不起二埠昔日的风情，然而，洗尽铅华的萨克拉门托和广东华侨史的这段姻缘，仍然"剪不断，理还乱"。这个粤侨重镇，在岁月的长河中似乎越来越被失忆了，鲜有人知道美国历史上曾经有一个仅次于旧金山的城市叫"沙加缅度"，有趣的是，美国华侨华人和华文媒体至今仍在沿用"二埠"或"沙加缅度"作为萨克拉门托唯一的"官方"名字，美国人至今也一样还把萨克拉门托叫做"二埠"。至于"萨克拉门托"这个从音译而来的称呼，则是它后来才有的中文译名。

"二埠"，沙加缅度，因为鲜有人提及，所以更让我充满了奇思异想。我想，采用"沙加缅度"或"二埠"这个"官方"称呼更能贴近历史本源，更加接近我要寻找的东方故事。

更有意思的是，正是在追寻本源的过程中，我偶然发现广东人字典里的"沙加缅度"，最早叫"沙加免度"，一字之差，都有出处，只是关于"二埠"的华侨史资料太少，"免""缅"相易的第一次文字记载，未知还能否找到。

悠然河边的老沙加缅度

在发现黄金之前，沙加缅度是一个德国移民定居点。

1839年7月1日，一个叫J.A.萨特的德国人来到一个小传教站——今天旧金山的前身，他在这里与印第安人和平相处。1840年8月，他加入墨西哥籍，并成功游说墨西哥总督胡安阿尔瓦多，得到两百平方英里的处女地，于8月中旬在萨克拉门托河与美洲河交汇处建立定居点。

1847—1848年的那个冬天，萨特正在距离沙加缅度河不远的河谷建锯木厂，一切似乎都如常般宁静。1月24日，萨特的木匠J.马歇尔在河谷里发现了一块黄金矿石，这块石头，顷刻间如暴风雪般摧毁了沙加缅度河谷的平静，改变了萨特的命运，也彻底改变了加利福尼亚的命运。两人遂成为合伙人。然而，萨特的磨坊发现黄金的消息迅速飞向四面八

沙加缅度老火车站和轮船码头

方,全世界为之震颤。淘金客们疯狂地涌向萨特的磨坊,北美第一次淘金热如急风暴雨般开始了。

淘金潮中迅速崛起的沙加缅度,在19世纪中期已成为美国西部一个重要的人口集散地,也是商业和农业中心,在第一条跨州铁路和电报开通前,它还是运货马车、野马快递、河轮的枢纽驿站和港口。沙加缅度的战略位置使得该城迅速成为早期华人淘金者的商业和贸易中心,建起早期加利福尼亚州的第一批唐人街。

在被确定为跨州铁路西部终点站后,沙加缅度进一步巩固了作为物资和劳动力中心城市的地位。很多参与修建铁路的中国人在此定居,并导致早期唐人街人口快速膨胀。唐人街位于沙加缅度市中心。很快,华人都知道在"大埠"旧金山的上游有一个繁华的充满活力的港口城市——沙加缅度。从旧金山坐船到沙加缅度的上岸码头就在市中心的

沙加缅度老城之门

第四章 萨克拉门托：华工「二埠」

老城I街上的第2街区，曾经是华人商铺云集的圩市

唐人街上，很快成为仅次于"大埠"旧金山的"二埠"。后来，铁路代替汽船，从旧金山到沙加缅度可以坐火车，二埠的重要性从"第二港口"转变为加利福尼亚州居旧金山之后的第二大唐人街。

今天的沙加缅度，虽然现代化高楼林立，但河边的老城仍在。老城是国家级历史古迹，作为这座城市最值得骄傲的历史地标，"老沙加缅度"成了最闪亮的城市名片。老城是个步行区，范围北起沙加缅度河，南至高架公路下第2街，西起塔桥下行街道，东至I街附近。市中心与老城之间由一个下沉人行隧道连接，隧道墙壁上写满了老沙加缅度历史——人们称之为这座城市的"先驱者"。如果从市中心经过隧道往老城走，出隧道口便可见一个标有"老沙加缅度"的拱形门，正对着K街，行人从这个"门"走入老沙加缅度。这样的设计颇有创意，把沙加缅度的今天和昨天，通过一条时光隧道，自然巧妙地连接起来。

我们驾车从加利福尼亚州铁路博物馆方向进入老城，沿着第2街往里走不

老城口的驿站雕塑

89

远,看见一座策马奔驰的驿马车雕塑,它在提醒人们沙加缅度曾经是老西部最著名的驿站。第2街和J街交汇的十字街口正对着这个雕塑,第2街恰好是淘金时代唐人街的起点。

老城J街

老城里的街道还保留着淘金时代的名字,纵横交错,规整划一,铁路沿着河边笔直向东,轨道还是中央太平洋铁路时期的路基。在第2街和沙加缅度河之间,I、J、K、L四条街平行地直通河岸。河岸与铁路平行的街道很宽,叫前街。I街比J、K、L街宽阔,街上有加利福尼亚州铁路博物馆、"四巨头"大楼和沙加缅度历史博物馆,"四巨头"大楼和历史博物馆前面是一大片广场,刚好位于I街和J街之间,与河流、码头、铁路浑然一体。在淘金时代,这里是沙加缅度最繁华的商业区,也是声名远播的唐人街。只是,岁月无痕,我们只能到老西部往事里去寻找唐人街的传奇了。

老城里的建筑保留着老沙加缅度的味道。在方圆113316平方米的老城里,坐落着53栋历史商业建筑,其中很

老城J街和第2街交汇的十字路口

第四章 萨克拉门托：华工"二埠"

在老城里穿梭不停的观光马车

老城里的中国风建筑

多是淘金时代的早期建筑翻修的。一排排木屋或砖楼，整整齐齐，看起来很古旧，也透着化不开的沧桑，但这种感觉反倒让人很自然地融入其中。咖啡馆、商店、旅馆、烤肉店琳琅满目，但不拥挤，游客不多，对于寻找城市故事的人来说，这里无疑是一个极好的选择。正好有一群身穿红色校服的学生在老城参观，他们聚集在广场上听老师讲述沙加缅度的英雄往事。

第2街街尾还有一座门牌号为"1128"的三层楼历史建筑，白墙青窗，两个入门口各有中国风装饰，特别引人注意。我很好奇，在门口想探个究竟，却没找到有关这个建筑的历史信息，有些失望。

穿着老西部服饰的牛仔驾着马车在老城里游荡，"哒哒哒"的马蹄声，把人的思绪猛地拉回到西部牛仔世界。游客可以花点钱走马观花，不过，我更享受走走瞧瞧寻寻问问的节奏，因为这样的名城，值得用眼睛慢慢地去发现。走在老城的老青石砖上，我忽然想起斯德哥尔摩市中心的老城，在那个有着六七百年历史的老城里，有诺贝尔纪念馆，也有做中国丝绸陶器生意发财的贵族楼宇。我曾经走在老城的青石路上，寻

金钉——寻找中国人的美国记忆

找中国符号的点点痕迹,天空下着丝丝细雨,小巷真窄,店铺紧逼,游人如织,有些在迷宫中兜转的眩晕感。而眼前的老沙加缅度,抬头是灿烂的阳光,远望是静静的河流,如此开阔的视野,第一眼便让我喜欢上了它。

我靠着河边的栏杆,码头上偶有几人上岸,河面泛起点点波光,金闪闪的,让我想起了一首经典的美国乡村歌曲《萨特的磨坊》,讲述的就是这段淘金故事,歌词中写道:

  有人无功而返,
  有人心遂所愿,
  有人长眠异乡,
  有人图财害命,
  有人将感激上帝解脱了他们,
  有人会诅咒约翰·萨特的磨房。

据说,萨特后来很后悔,不该把那块"石头"带进城里,应该把它永远地留在河床上。如果那样的话,那么萨特和他的磨坊,还有沙加缅度和加利福尼亚,都会是另一番景象。而在遥远东方的中国广东,也不可能有"金山伯",更不可能有"旧金山""二埠"这些如今已约定俗成的城市称谓……可是,任何事情一旦被冠以"如果",就说明"如果"后面的所有语言都是苍白而无力的。

正如眼前的老沙加缅度,我只想知道,这里曾经拥有怎样一个盛世容颜。

中国泥沼和唐人街

华人抵达沙加缅度的时间各有各的说法。我至今所见到的与华人抵达沙加缅度有关的最早时间是1848年2月,也就是萨特的磨坊发现黄金1个月之后,第一艘从香港开往旧金山的快速帆船"美国鹰号"在旧金山靠岸,三名中国人包括两名男子和一名女子在旧金山上岸,这两个男子去了旧金山北部萨特的锯木厂干活,那里正是沙加缅度的范围。

根据1850年美国人口统计,沙加缅度人口为9087人,其中只有6个华人,他们的姓名和职业是:矿工段全(Tun Chun,20岁)、温约翰(John Wun,15岁)、温柯善(Osin Wun,25岁),厨师欧尼(Ouni,25岁),还有2人列在"广东屋"名下,分别叫孙琴(Comsun,38岁)和杨约翰(John Besinti Yongne,30岁)。

1851年沙加缅度人名地址录以及1853—1854年的人名地址录均未列出华人名单。但是,1852年州政府公布的人口统计数据显示,1852年沙加缅度华人人口有814人,其中男性804人,女性10人。19世纪沙加缅度全县华人人口呈上升通道。从1860年的1731人,到1870年的3595人,到1880年的4892人,到1890年的4371人,到1900年又降至3254人。华人人口的总体水平仅次于旧金山。作为著

I街很长,这是位于老城的I街,从第2街区至沙加缅度河一段,码头就在河边,曾经是华人上岸的地方。

名商埠，市区华人人口持续增长，从1852年的600人上升到1880年顶峰时期的1781人。

由于华人人口快速膨胀，唐人街自然而然地孕育而生。与其他地方不同的是，二埠的唐人街人口流动很大。

华人淘金客甫抵旧金山，便会得到经纪人的帮助，经纪人来自广东各地域会馆，老乡帮老乡。新客会被安置在会馆里吃住，还有医生看病。几天以后，那些渴望到北边金矿淘金的人就会坐上汽船，沿着沙加缅度河经过193公里的航行，到沙加缅度码头上岸。据威廉·泰勒牧师记载，他乘坐"参议员号"汽船到沙加缅度用了12小时，船费是30美元，一餐饭是2美元，住一晚的房间需另付10美元。这是上等人才可以有的舱位和享受，而这些中国苦力，则统统被赶进汽船底舱——"中国舱"。跟太平洋航运船上的"猪仔舱"一样，内河航运汽船也设有"中国舱"，专门用来装运华工。

1849年11月，往来于大埠和二埠之间的内河船只只有"参议员号""薄荷号"和"麦克姆号"3艘汽船。到1850年9月，内河航运汽船增加到16艘。到1853年，由于大批华人矿工被运往矿区，汽船增加到25艘。那时，船费降低到每人10美元，另外每吨货物要收8美元。

与穿越太平洋的"海上炼狱"相比，内河航运相对安全，但危及生命的事故也时有发生。曾经发生过一起"约塞米蒂号汽船爆炸"船难。现在乐居镇的大来博物馆里，详细记载了这起悲惨事件的始末：

1865年10月的第二个星期一，这一天正好是哥伦布发现美洲纪念日。下午5时，开往萨克拉门托的"约塞米蒂号"汽船在里约维斯塔码头停靠一小时，旅客上船下船，货物搬上搬下，珀尔船长和他的领航员也上岸去了位于主街附近的商店，当他们于5:45时回到船上时，一大群中国劳工正在登船并被带到甲板下面的"中国舱"。在船上的300名乘客中,有莫诺县参议员哈斯克、加利福尼亚银行合伙人威廉·沙朗以及萨克拉门托马奎尔歌剧厅的一班演员和乐队演奏者。6时,船长鸣响汽笛声,汽船缓缓驶离码头。在没有任何预兆的情况下,汽船的锅炉突然爆炸。上面的客舱、领航员舱、甲板前面的堆叠物燃烧成一片浓烟火海,惊吓的旅客四处逃命而发生猛烈碰撞。100名旅客瞬间惨死,1小时内又死了50多名旅客。哈斯克参议员被弹入河里并游到了木头岛,威廉·沙朗没有受伤,但他的帽子丢了。然而,几名演员和音乐家以及其他旅客包括所有在船上的中国劳工都死于这次船难。珀尔船长虽受到猛烈撞击但幸运地逃过一劫。

失事船只倾斜在里约维斯塔码头,死去的中国劳工中,大多数人是刚刚从中国抵达美国的,他们被安葬在里约维斯塔的公墓里。

早期的沙加缅度华人移民,和奔向"三埠"斯托克顿和马里斯维尔以及其他埠仔的淘金客一样,都是转瞬即逝的过客,哪里有黄金就奔向哪里,哪里可以赚钱就去哪里。但也有一些华人知道沙加缅度就是他们的"金山",他们留在了这里。

1857年的萨特湖景观。因为华人聚居在I街上的第2—6街区,所以本地人把萨特湖叫做"中国泥沼"。(来源:*Canton Footprints*. By Philip P.Choy)

沙加缅度的唐人街是与众不同的。它的前生是一片本地人不愿踏足的"脏乱臭"烂泥地，他们视之为危害健康的污秽之地。

早期唐人街就在I街上，本地人称之为"中国泥沼"。在淘金热早期，I街是沙加缅度市区最荒芜的地方。I街本身是一条河堤路，北岸背靠萨特泥沼地，路两边是低洼地。每当洪水来临时，泥沼地河水泛滥涌入市区，卫生状况极差。在泥沼地中央，水位几乎可以达到12米深，从而形成萨特湖。

生活在泥沼地附近经常会遭遇洪水的肆意泛滥，本地人望而却步。但是，聪明勤劳的华人看到了巨大商机——因为I街靠近港口和主要商业区。1850—1862年，华人周期性地因洪水而被迫离开家园，又一次次重建家园。由于很多华人居住在萨特湖这片泥沼地，所以沙加缅度本地人把这个地方叫做"中国泥沼"。这是唐人街的发端。

而中央太平洋铁路则占据了北边湖岸的土地，铁路支线正好穿过I街中心。

至于"中国泥沼"的称谓何时变成了"唐人街"？1878年富国银行书信馆印制的《华人各客商铺户街道总录》上的信息

二埠唐人街的最早出处：1878年富国银行书信馆印刷的华人黄页，封面还标明旧金山为正埠，其他都是广东人的埠仔。（来源：*Canton Footprints*. By Philip P.Choy）

着实让我兴奋了好一阵子，在这本《总录》里，I街第一次被叫做"唐人街"，有些商铺的地址明确写着"唐人街X号"。这可能是有文字记载的沙加缅度"唐人街"称谓最早的出处。

19世纪五六十年代，位于H街和I街之间的第5、6街区因用作仓库而快速发展。那时，华人开始向I街西边延伸，位于第2和第5街区之间。人们把I街叫做"唐人街"（Tong Yun Gai），又叫"华人街"。

I街很长。极盛时期的唐人街，范围从I街上的第2到第6街区。早在1851年，四邑会馆便买下位于I街上第5、6街区的一个建筑，为同乡提供临时住所。到1853年，唐人街上已经出现四大会馆鼎立的格局。他们是：

四邑会馆：由来自开平、恩平、新会、台山的广东人组成。

三邑会馆：由来自南海、番禺、顺德的广东人组成。

阳和会馆：由来自香山（今中山、珠海）、增城、东莞的广东人组成。

宁阳会馆：由新宁（今台山）人单独成立。

四大会馆的总部都在旧金山唐人街，每天从旧金山来的汽船在二埠码头靠岸后，会馆就会派人将同乡领到位于I街上的会址，为他们提供帮助。在二埠生活的华人，也以所属各个会馆为靠山。早期成立的这些地域会

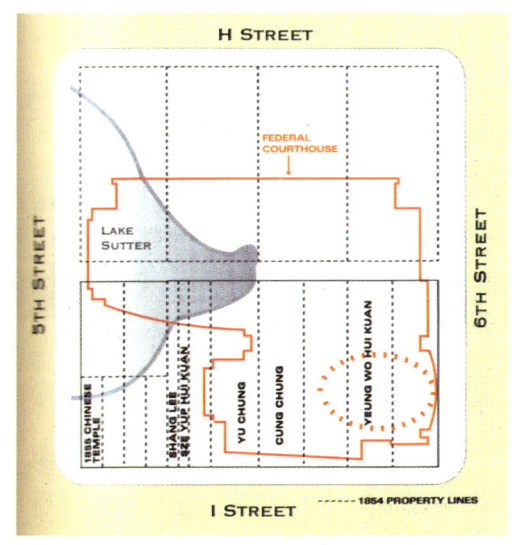

1854年I街第5、6街区红线图，四邑会馆、阳和会馆都在此区域内。（来源：*Canton Footprints*. By Philip P.Choy）

馆,"守望相助"是会馆的主要功能。

和西部其他唐人街相比,沙加缅度唐人街位于市中心,所以不是完全封闭的社区,I街上每天人来人往,川流不息,唐人街总是不寂寞。

每当黎明时分,唐人街的早市便热闹起来,像极了台山的"圩"。华人用小货车运载自己种的新鲜蔬菜到街口摆摊,小贩挑着扁担沿街叫卖,修鞋匠和木匠早早地摆开长凳准备开工。竹笼里的鸡鸭咯咯嘎嘎地叫着,水箱里的鱼儿有气无力地游弋着。街市上各种各样的中国食品和水果令白人眼花缭乱,瞠目结舌。这些食品与今天在华人超市里售卖的食品并无不同,但在白人眼里,却是奇怪的异类,因为他们从来没见过,更没有吃过。当他们看到烧成金黄色的烤猪时,无法相信这只"涂了漆的猪肉"居然可以吃到肚子里。

1878年,二埠唐人街上热闹的节庆活动。(来源:*Canton Footprints*. By Philip P.Choy)

与唐人街喧闹的早市相比,唐人街的夜市也丝毫不冷清。

每当夜幕降临,劳累了一天的华工便到唐人街上找乐子。广东戏是最出名的,广东音乐和广东粤剧紧跟着淘金客走出国门,来到太平洋彼岸的金山上。上演广东戏的那个大厅位于第5街附近,里面有100个座位,华工们三五成群地到这里看看木偶戏,听听广东乡音,这样的消遣慢慢变成了一种精神食粮。如果有从广东来的演出消息,唐人街上早早就会贴出海报广而告之。广东木偶戏很受欢迎,栩栩如生的表演,连白人也被吸引过来。据说,二埠曾经连轴上演两场广东戏。那是在1855年5月23日,剧团经理叫梁阿贵(Leong Ah Gue),他也是那天演出的翻译。这两场广东戏是在沙加缅度剧院上演的,观众几乎都是白人。1879年,在I街和J街之间的第3街上出现了一家"中国剧院",演出从晚上7时开始,一直演到第二天凌晨2时,后来,由于被附近居民投诉深夜扰民而被法院勒令停止演出。然而,一周内,位于第3、4街之间的I街上,另一家中国剧院又开张了。

那个时候,白人是分不清"广东粤剧"和"中国歌剧"的,他们看粤剧以为就是中国歌剧,他们听广东话以为就是中国话。1859年3月28日,华人庆祝龙舟节,萨特湖上五颜六色的龙舟吸引了好奇的居民,他们争先恐后地来围观这种从未见过的"东洋景"。这也是一般美国民众对于中国文化的最初体验。

夜色中的赌馆,也是华人爱去的地方。他们满怀渴望地查看白鸽票的开奖结果,期

华人家政工在休息日的休闲。(来源:*Canton Footprints*. By Philip P.Choy)

1857年出版的《沙加免度新录》是美国最早的华文报纸之一（来源：*Canton Footprints*. By Philip P.Choy）

待实现瞬间暴富的梦想。

也有渴望学习英语的华人，他们去教堂上英语课。在位于第6、7街区之间I街上的国会教堂地下室有一个收费英语班；在位于第6街和L街街口的长老会开授了一个英语班，该教堂在J街和I街之间的第4街上还办了一所华人教会学校；卫理公会教堂在第5街和I街的拐角开办夜间英语班。华人对学习英语的渴望表明，华人一早就意识到走出唐人街与外界交流的重要性。

二埠的洗衣业很繁荣。早期I街上的木屋，屋后的建筑延伸到萨特湖岸，湖上飘着浮动洗衣台，洗衣工洗完衣服后，就把衣服晾在湖边悬吊的绳子上。那个场面，就像一排排万国旗迎风飘扬在萨特湖岸，蔚为壮观。洗衣工从清晨洗到天黑，有首民谣《八磅生涯》，道尽了洗衣工的艰辛：

　　　　一把熨斗八磅重，
　　　　十二小时手不闲。
　　　　一周干满七天活，
　　　　挣了一点血汗钱。

拣到洗，熨到叠，
为了一碗活命饭，
辛苦劳累在"金山"。

华人洗衣公会是洗衣业行业总管，是管理二埠同业人的最高机构。洗衣公会坐落在I街上的第4、5街之间，公会档案显示I街上有55家洗衣店和300名洗衣工。会员必须恪守公会规则，如在已开张的洗衣店的10个门面之

二埠的华人洗衣工（来源：*Canton Footprints*. By Philip P.Choy）

内，不能再开另一家洗衣店，在规定范围内新开一家洗衣店，公会要开会集体表决，同时不允许会员与外国人合作开店。洗衣公会有严厉的罚款和惩罚措施。

除了支柱产业——洗衣业，二埠华人的职业出奇地多元化，这跟它处于商业和物流中心地位的角色有关。华裔历史学家胡恒坤先生对二埠华人的职业状况做了很有价值的研究，根据他的研究，唐人街就像一幅"清明上河图"，各行各业的都有，门庭若市。有些行当在其他埠仔难以见到，但在二埠，却很有市场。

比如制鞋业。唐人街的鞋业生意被两家鞋商垄断，一家位于J街和K街之间的第3街上，另一家位于第3、4街之间的K街上。由于矿工和铁路工都是"费鞋"的活，所以，做鞋子，修鞋子，在二埠也被炼成了一种淘金术。

位于I街上第2街街口的富国银行。早期华人通过该公司寄汇书信。

唐人街的烟业相当兴盛，有25家卷烟制造商。中医药也很流行，有6家药草店，有7个中医郎中为华人社区看病。在其他商店中，还有1家典当行、3家餐馆和6家彩票店，另外还有12个理发师和3名翻译，这3名翻译中，一人在治安法庭工作，一人是铁路公司经纪人，一人在华兴（Wah Hing）批发市场干活。富国银行在唐人街设有服务网点，为华人提供金融和书信服务。

二埠还有一个很赚钱的行业是养猪。唐人街有2家华人开的肉店——华记（Wah Kee）和华胜（Wah Sing），都在第2、3街之间的I街上。华人开的2家屠宰场位于郊外，每天要宰很多猪，不仅要供给华人市场，还要给白人开的肉店供货，只是华人开的猪肉店用中文店名，白人开的店铺用英文名罢了。

令人唏嘘的是，曾经叱咤美国西部的二埠，如今只能定格在泛黄的相册里。从前，唐人街就像老沙加缅度的城市客厅，现在，这里已竖起美国国家铁路客运公司、铁路博物馆，以及其他崭新建筑。老沙加缅度唐人街，已经消失得无影无踪。

新唐人街位于老城边缘，华人称之"沙加缅度华埠"。如果步行的话，可以从高架桥底下走过去，在车水马龙的大街上，最抢眼最雄伟的建筑就是溯源堂。

沙加缅度华埠最雄伟的建筑：溯源堂

偶尔有一两个上了年纪的华人从溯源堂门口的人行道上走过，在他们的指点下，我终于找到华埠入口，牌坊上写着几个汉字：沙加缅度华埠。这也是我所见到的"沙加免度"与"沙加缅度"一字演变的文字记载。

从牌坊走下几个台阶，我惊讶地发现沙加缅度华埠很小，如果不是老远就可以看见大街上彰显着中国风的红墙碧瓦的溯源堂，实在很难找到这个低调的华埠。走进华埠，也很难让人与曾经繁花似锦的二埠联系在一起。华埠清净得缺了些生气。刚好看见一个坐着轮椅的老人，我小心上前，满怀希望地向他打听，可是老人家一问三不知，估计是在华埠会馆里养老的四邑老侨，听不懂我们讲

沙加缅度华埠牌坊

103

的粤语，而我们也不会说四邑话。我匆匆走了一圈，这是我在华埠里面见到的唯一华人。这是我完全没有想到的。不知道平时的华埠是不是都这么寂寞。

华埠里的建筑都是新建的，密度很高，有些拥挤。这里有中山纪念馆、中华学校、邓高密公所，还有几家华人企业。房子建得都很气派，但是，华埠里似乎见不到住家，更像一个"微缩版"唐人区。据说老唐人街上有些食品杂货店在20世纪20年代后期已迁移到城市的其他社区，到第二次世界大战后许多网点又发展成为超市。1960年，华人拥有的食品杂货店占沙加缅度食品杂货店和超市总量的20%，虽然华人只占沙加缅度人口的1.3%。

我试图发现一些有历史感的"老东西"，可是这些楼宇都关着门，有价值的老历史可能都藏在会馆或纪念馆里。我很不甘心地在每一栋建筑外墙上搜索，居然有了意外发现。在一栋楼的外墙上，有一处被树荫

位于沙加缅度华埠的中山纪念馆

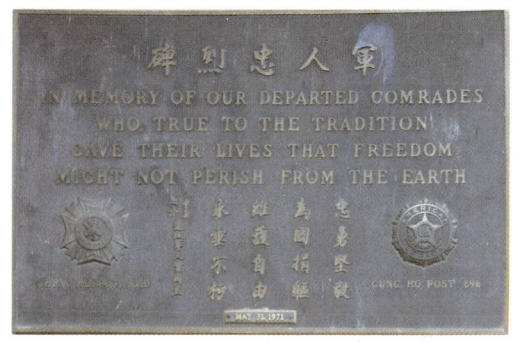

沙加缅度华埠建筑物墙上挂着军人忠烈碑和跨州铁路建成100周年纪念碑

遮蔽的不起眼的地方，并排挂着两块旧碑记：一块是纪念华裔退伍军人的"军人忠烈碑"；另一块乍看很奇怪，上面刻了一只宠物，再细看文字，居然是跨州铁路建成100周年纪念碑，只见碑上镌刻着如下内容：

当中央太平洋铁路穿越西艾拉山脉的工程证明爱尔兰人难以承担此重任时，来自广东四邑地区的中国劳工接过了重担，他们勤劳忍耐，从而获得了"克劳克的宠物"的昵称。

这是1969年5月10日的纪念碑，距离今天已有47年。在纪念跨州铁路建成100周年纪念活动上，华人的声音被湮没了，华人社区以这样一块碑记来发出华人声音，为不公平的历史抗争。看着看着，我的心里不禁涌上一种酸楚的滋味。

好在位于老唐人街上的加利福尼亚州铁路博物馆让我得到了某种释放。铁路博物馆在I街上，是沙加缅度老城的地标建筑，博物馆里陈列了美国人至今仍引以为荣的加利福尼亚州铁路建设的辉煌历史，这是19世纪的美国梦。跨州铁路历史展是博物馆的镇馆之宝，也是博物馆的核心展。展览用大量老照片、老地图来展示跨州铁路特别是中央太平洋铁路

建设的宏伟工程,其中有很多老照片的主角是华工。

从博物馆大门走进铁路历史,有一个主题仿真场景一下子吸住了我的眼睛——西艾拉内华达山的悬崖峭壁上,一群华工在徒手搬沙、担炸药、爆破、开路。很多游客在此驻足,聆听志愿者讲述中国铁路工人的故事。让铁路华工的历史走进加利福尼亚州铁路博物馆,让美国人民记住中国人对实现美国梦的卓越贡献,这是华人社区团结抗争的结果,虽然这个结果来得有些迟。

铁路博物馆内的华工施工模拟场景

我在博物馆里见到几位"重量级"志愿者,如果不是亲眼所见,我根本不会相信这些八九十岁的老人每周坚持到这里当义工,更让我难以相信的是,老人家对华工参与修建中央太平洋铁路这段历史竟然说得头头是道,记忆力惊人。我发现他们在讲解时,都喜欢用几个关键词:广东、黑炸药、篮子、1000多名华工牺牲了生命、不可思议的奇迹。我猜想,他们应该都是经过上岗培训的。

在一间模拟火车站咨询室里,一位满头银发的老妇人低着头坐在窗前,静静地在看着什么,当有游客去咨询时,她便站起来很细心地指指点点。我观察了许久,终于好奇地靠近她,试着问她是否知道中国人参与修建中央太平洋铁路的历史。老人缓缓地抬起头,打量着我们,当知道我们从中国广东来,她友善地笑了,虽然她的语速很慢,但很健谈。她叫贝蒂·休斯顿,已是95岁高龄,在博物馆当了33年志愿者,每周来

第四章 萨克拉门托：华工"二埠"

位于老城I街上的加利福尼亚州铁路博物馆

一次。她细声讲解华工坐在篮子里吊到悬崖下，用黑炸药爆破西艾拉内华达山上花岗岩的故事，说华工在跨州铁路建设中扮演了关键角色，为自己能向游客讲述这段历史感到骄傲。

另一名志愿者辛普森·李恰巧穿着铁路员工制服，虽已70多岁，说起华工话题却滔滔不绝。他频频竖起大拇指，说很多华工为了这条铁路牺牲了生命，有的人可能至今仍埋在山谷之下，他说"他们都是英雄"。

在加利福尼亚州铁路博物馆里，像贝蒂和辛普森这样的志愿者有600多名，各个年龄层次的人都有，每天，他们义务为游客讲解跨州铁路的故事，讲述中国人的传奇。

从铁路博物馆出来，沿着沙加缅度河岸铁路往前走，在前街和K街交汇处，可见1863年1月8日中央太平洋铁路破土动工

中央太平洋铁路起点：沙加缅度老火车站

107

中央太平洋铁路建设时期的沙加缅度码头，既是客运码头，也是货运码头。（图片：斯坦福大学提供）

遗址，连着老火车站站台。一块巨大的纪念牌向游人骄傲地宣告："你脚下所站立的地方就是美国第一条跨州铁路西段开始的地方。"

河水依旧潺潺流淌，游船静静地停靠在码头上，铁轨和火车站早已翻修，却时刻唤醒人们不要忘记沙加缅度的光辉年华。

这里，就是华工"梦开始的地方"。他们从码头上岸，然后在这个始发站搭上东去的列车，奔向梦中的金山。只是，他们做梦都想不到，前方等待他们的不是金山，而是噩梦般的西艾拉内华达山脉。

美国粮仓里的"广东镇"

对于擅长发现黄金的华人来说，沙加缅度三角洲还有一块未开发的处女地——围垦造田，开发农业种植如小麦、葡萄、甜菜等等。这个神话，随着跨州铁路贯通使得农产品实现东西大陆运输变成了现实。

而在加利福尼亚州华人坊间，流传着"四邑人修铁路，中山人筑河堤"的说法。

在沙加缅度河和圣华金河三角洲区域，有303.5万亩麓草沼泽地，这里除了污泥和蚊子，其他什么都没有。1850年通过的《联邦沼泽地法

案》使得在加利福尼亚以每英亩约1美元的价格购买政府土地成为可能,当越来越多的沼泽地被开垦出来,土地就可以通过订立契约转让给那些开垦沼泽地的人。

华人毫无悬念地成为开垦沼泽地的主要劳动力,原因一如既往:因为华人勤劳、刻苦、听话且廉价。"我们拥有大量小麦田。这是收获的季节……主管召集了两三百个白人……那些人不愿意一周干活超过2—3天,他们要离开……于是我去找中国人,告诉他我需要工人把小麦捆成堆……几百名中国人来了。我们有1000亩地必须要收割。第二天早上,令人极度震惊的是中国人连夜干完了活。他们做得非常好……于是我们放弃了白人劳工。"一名白人地主如是说。

围垦造田是一项极其艰巨的工程,防洪堤坝底部平均宽42米,顶部宽9米,高4.8米。三四千名华工用铁锹、独轮手推车和马车作工具,筑

广东人创建的乐居镇,被称为美国最后的乡村唐人街。(摄影:崔东)

堤坝、挖沟渠。很多时候，华工身陷在污水及腰的烂泥里而毫无怨言。由于华人筑堤防洪，围垦造田，兴修水利，沼泽地变成了生产性良田，土地价格从每英亩几美元猛增到

乐居镇的华人居民开发三角洲农业时期的生产和生活用具（摄影：崔东）

一百多美元。土地需求量猛增，带动了房地产和城镇化发展。

1876年，由于引进蛤壳式挖泥船，手工挖泥遭淘汰。于是，华工又开始转向农业耕种，成为农场主要劳动力。格兰德岛、布兰南岛和舍曼岛被华人开垦出来后，又被农场主出租给华人耕作。单单一个舍曼岛就有8.5万亩土地用于种植葡萄、草莓、西瓜和甜瓜。从19世纪70年代到1882年《排华法案》通过，华人是沙加缅度河和圣华金河三角洲农业开发的主要劳动力，将这片三角洲改造成为"美国粮仓"。后来由于排华越演越烈，到1910年，葡萄牙人、意大利人和日本人才超过华人农业人口。

一份当时的本地报纸曾这样报道：农场主正忙于在岛上种植马铃薯。中国人在麓草地的农业耕种中获得了巨大成功，他们看起来已经完全掌握了在已开垦的沼泽地上进行耕作。他们以一个很好的价格租赁了一片土地，然后联合募集现金支付租金，一起犁田，一起耕作，很快获得了巨大回报。很多人已经在艾马顿岛租赁土地，每英亩价格为15美元，现在他们正四处忙碌着。

在加利福尼亚州农业大开发中，斐士那埠、汪古鲁埠、埃伦顿埠、

累威士达埠、葛伦埠、苏宣埠等，从荒野之地蜕变成一个个富饶的农业城市。华人将这片农业开发区域称为"大坑"。

在位于沙加缅度以南48公里的地方有一个小镇叫乐居镇，镇上的大来博物馆里陈列了许多这一时期华人在三角洲从事农业生产的史料和农具。乐居镇是美国唯一由中国人创建并保留至今的村镇，被称为"美国最后的乡村唐人街"。小镇占地约0.057平方公里，是展示华人开发沙加缅度河和圣华金河三角洲农业历史的珍贵遗产，1990年被列为美国国家历史遗址。

1893年，21岁的李炳随十多名乡人离开广东中山老家南朗南塘村，来到北加利福尼亚的一个小镇汪古鲁，这里除了中山人，还有台山人。李炳认识了一位在白人家里当厨师的华侨，恳求老人收他为徒。他很快学会了厨艺，晚间则刻苦学习英语。经过一段时间后，老人对李炳说：厨房不是你的天地，你应该有更好的选择。于是，李炳用积蓄先后开设了中

大来，以前是间赌馆，后来改造成华人历史博物馆。（摄影：崔东）

乐居镇上的中药店（摄影：崔东）

药店、五金店、干货店和餐馆。李炳的事业一帆风顺,七年后成为镇上的名人。后来,他回中山老家为父母建新房,还娶了妻子,羡煞村里的人。不久,他重返美国。

1915年,小镇发生大火,镇上的唐人街被大火吞没,李炳的七间店铺也毁于一旦。李炳和其他八名中山人决定另辟家园。他们沿着防洪堤向上游走了400米,到达现在乐居镇的位置。当时有个叫乔治·乐居的商人在此地拥有数百亩果园,在与乐居家族协商后,华人租了这块地,兴建乐居镇。1923年,孙中山先生在旧金山与李炳见面,还委任他为国民党分部长。

20世纪20年代,乐居镇充满活力。镇上有1间面粉厂、2个屠宰场、4家餐馆、5间由白人经营的妓院和5间赌馆、6间士多店,还有面包房、中药店、鱼市、旅馆、杂货铺、洗衣店、运输行、邮务代办处、食品制罐厂,以及一间中文学校和一家星光戏院。最兴盛时期,乐居镇有600户华人居民和1500多名流动劳动力。

乐居镇上的店铺(摄影:崔东)

1940年之后，乐居镇开始走向衰落。农业机械化取代人力耕作，劳动力有了闲余。年轻人出去读大学后留在镇外就业，也有些人举家迁到其他城市。只有一些老华侨留在镇上继续过着清净的乡村生活，等待儿女周末回来团聚。

现在，乐居镇常住人口只有近80人，其中华人约占10%，不到10人。

1916年开业的大来赌馆，一直营业至1950年才关闭，现在被改造为华人历史博物馆。星光戏院、中文学校、中药店等百年老

人去楼空的星光戏院

店虽然已成褪色的记忆，却总能勾起人们对这个中国人建造的小镇的好奇。

作为现存的华人开发加利福尼亚州农业生产的唯一遗址，"乐居"承载了广东人在异国他乡祈望安居乐业的美好梦想。在美国西部大开发中，广东人留下了又一串珍贵的足印。

第五章　奥本：华工出征

　　布鲁默深槽：这样命名是因为开凿的地点位于布鲁默牧场，此地自1864年工程开始后就一直如此。艰苦的工程建设是由一群勤劳的中国劳工努力完成的。坚硬的泥土使山岩坚硬无比，中国劳工用凿子、铁锹、黑炸药开道，艰难前行。在工程完成的时候，布鲁默深槽被视为"世界第八大奇迹"。1865年5月11日，第一列中央太平洋铁路火车驶入奥本。

　　　　　　——西部淘金之子托马斯·W.帕拉齐，1991年12月12日立碑

距离萨克拉门托约58公里。首批华工加入铁路建设，首战布鲁默深槽工程，用独轮车将铁路推进奥本。

第五章 奥本：华工出征

离开萨克拉门托已是下午4点多，周末出城的车辆较多，节奏显得有些缓慢。

进入奥本地界，就开始进入西艾拉内华达山脉了，我们开始进入爬山模式。

奥本是普雷希尔县县府所在地，海拔约374米，距离萨克拉门托58公里，属于大萨克拉门托地区。根据资料记载，在中央太平洋铁路建设期间，奥本是铁路工人大本营，曾经有过一个繁华的唐人街。

首批华工急援布鲁默深槽

我们沿着80号州际公路，一路向东。

从纽卡斯尔向东约11公里，拐入路边一块毫不引人注目的小空地上停好车。空地和一片野生燕麦地隔着一个围栏,里面是一个小型的可能是自然形成的居民区,如果不细看,几乎看不清被树木和麦田遮掩的木屋,其实小区也就是山坡上的几户人家。如果不是同行的一位朋友以前辗转探访,最后在小区居民的指引下找到这个地方,我想除了小区居民,不会有外来人知道燕麦坡后面大有乾坤。

我们要寻找的,就是中央太平洋铁路建设遇到的第一个屏障,并由华工创造的第一个奇迹:布鲁默深槽。

根据史料记载,布鲁默深槽所在地是著名的布鲁默牧场。这里距离奥本市中心约5分钟车程,距离萨克拉门托约40分钟车程。

走进围栏,一眼就看见一块纪念碑,细看,果然是华工开凿布鲁默深槽纪念碑,碑记如是记载:

布鲁默深槽:这样命名是因为开凿的地点位于布鲁默牧场,此地自1864年工程开始后就一直如此。艰苦的工程建设是由一群勤劳的中国劳工努力完成的。坚硬的泥土使山岩坚硬无比,中国劳工用凿子、铁锹、

布鲁默深槽纪念碑,后面山坡下隐藏的就是布鲁默深槽

第五章 奥本：华工出征

黑炸药开道，艰难前行。在工程完成的时候，布鲁默深槽被视为"世界第八大奇迹"。1865年5月11日，第一列中央太平洋铁路火车驶入奥本。——西部淘金之子托马斯·W.帕拉齐，1991年12月12日立碑。

有此碑为证，关于"华工是否参与修建了布鲁默深槽开凿工程"的争论，就变得多余了。

近一米高的燕麦丛中有一条人迹罕至但还是走出了一人脚步宽的小道，人在燕麦丛中走，倒也有几分野趣。左右两边都有民居，寂静得有几分"悠然见南山"的自在。大约走了3分钟，只见一个大斜坡，斜坡上遍地都是从山上滚落下来的砂石，坡后面一座山体豁然而立。为保护我的安全，同伴紧拉住我的衣服，我站在坡上伸出头垂直往下看，惊见狭窄的山道中一条单轨铁路蜿蜒而出，劈山而过。

走下山坡，就是铁轨，我们的位置恰好就是当年老照片上布

开凿布鲁默深槽对于现代工程技术而言，早已不成问题，而对于150年前的美国西部，则是先进工程技术。（图片：斯坦福大学提供）

从山坡上俯视布鲁默深槽

117

鲁默深槽的拍摄点,正如碑记中记载的"布鲁默深槽自1864年工程开始后就一直如此"。深槽是一个不规则四边形,深约19米,长约240米,路基底部宽约4米,峭壁与地面成75°角。两边峭壁上的岩土因岁月风化而变得疏松,砂石随时可掉下来,但还不会直接滚落到轨道上。铁轨两边的砂石粘着砂土,很明显是新落下来的。两边峭壁三四处地方刻有英文字母。或许,这是铁路爱好者或者小区居民刻上去的;或许,这是"布鲁默密码",150年前当中央太平洋铁路建设在奥本遭遇第一个困境时,是华工解开了这个"布鲁默密码"。

这段单轨铁路还是1864年的路基,只是换上了新铁轨。我们期盼亲眼目睹火车通过布鲁默深槽的情景,可惜没能等到火车到来。

牧场所在地是一片花岗岩山区。最初在布鲁默牧场开凿铁路线的是欧洲人、美国内战老兵、非洲裔人、美国本地人和爱尔兰移民。根据赵

150年前的布鲁默深槽,一个大V切口。(图片:斯坦福大学提供)

现在的布鲁默深槽,依然如旧。

耀贵先生的计算，要在坚硬的花岗岩山体中挖出一块18.9米深、240米长、3.6米宽的石料，假设三个工人为一小队，每小队都有两名工人往马车上装料，一名工人卸料，每小队12小时轮班，则需要173个小队共518人每周工作6天，直到3个月才能完成。也就是说，仅开凿山石、搬运砂土、筑好路基这几项工作，就需要3个月。由于布鲁默山区地势险峻，山体开

华工在布鲁默深槽运输木头（图片：Central Pacific Railroad Photographic History Museum）

凿工程极其艰苦，白人劳工不堪重负纷纷离开，最后只剩下500名工人。中央太平洋铁路公司首次面临铁路建设以来的最大挑战。

中央太平洋铁路全长1110公里，于1863年1月8日在萨克拉门托动工，但到1864年1月才铺筑了约29公里，到1864年6月4日距离萨克拉门托只有50公里，工程进度远远落后于联合太平洋铁路的施工速度。在这种险恶的形势下，寻找一支特别有战斗力的劳动大军以保障工程进度成了当务之急。

中央太平洋铁路"四巨头"之一的克劳克把赌注压在中国劳工身上，他千方百计说服总监斯特劳布里奇雇佣了首批华工。

根据中央太平洋铁路公司的工资单显示，1864年1月和2月，中国劳工在距离布鲁默地区13公里内的30、31路段工作，4月，中国劳工在离布鲁默8公里内的34路段工作。路段号的标识是铁路公司按照建筑工地距离萨克拉门托的距离标号的，如34路段就是距离萨克拉门托34英里的建筑工地。也就是说，在1864年上半年，华工就已经在布鲁默附近地区工作了。

金钉
——寻找中国人的美国记忆

150年前，铁路蜿蜒穿过布鲁默深槽。
（图片：斯坦福大学提供）

现在的布鲁默深槽

奥本，成为中央太平洋铁路公司雇佣华工大军修筑铁路的开端。

华工用凿子、铁锹、黑炸药开凿了布鲁默深槽，这为中央太平洋铁路公司赢得了与联合太平洋铁路公司竞赛的时间，布鲁默深槽开凿工程从1864年春天开始，直到1865年春天完工。1865年5月11日，第一列中央太平洋铁路火车开进奥本，奥本从此有了现代时间的概念：火车时刻表。

后来我在奥本老火车站看到一个华工手推独轮车运砂石的巨型雕像。作品本身恰好折射出令人无限遐想的象征意义：中央太平洋铁路是华工用手推车推开布鲁默深槽而推进奥本的。

这个雕像也是我此次到奥本要寻找的华工记忆，名字叫"The Chinese Coolie"（中国苦力），这是我在出发前能找到的极少跟奥本有关的资料。零距离感受这个巨型雕像，除了震撼，还有感动。这个

位于奥本老火车站的"中国苦力"巨型雕塑，是奥本的城市名片。

第五章 奥本：华工出征

"中国苦力与铁路"的巨无霸作品，是奥本本地居民凯内斯医生在20世纪60年代后期创作的，用了1.6公里长的加固钢筋、27立方米的混凝土制成。雕像高6.7米，长10米，重70吨。它原先竖立在这位牙科医生的私人住所前，后来因雕像太巨大而被邻居投诉，于1989年11月27日移到这个老火车站。有意思的是，这正好契合了老火车站的气氛，它以直白的方式告诉人们：中国人将铁路推进了奥本。

下午6点，我们离开布鲁默深槽，沿着原路返回。突然，天空下起了雨，隔着木栏杆，一户人家的小狗对着我们"汪汪"地打着招呼，似乎在说："你们是来找铁路的吧？我知道这条铁路是勤劳的中国人开凿的。"

我们在雨中寻找吃饭的地方，看到一家蒙古烤肉店便走了进去，推开店门，发现竟然是华人开的，墙上挂着中国对联和中国画。细问之下，方知老板来自香港，姓司徒，在香港出生，20年前从萨克拉门托来到奥本，从其岳父手里接下此店。我问老板是不是祖籍开平？老板高兴地连连点头，说他从未回过老家开平。当听说我们是专门为收集华工修建铁路史料而来奥本，司徒马上说："你们是该来了解了。"据他介绍，他有一位在本地图书馆工作的朋友，有一次这位朋友非常惊讶地看到一本书上写着这样一个事件：华工和黑奴一样不被当人看，华工一天要工作12个小时，于是向工头要求休息一天，白人告诉工头凡是休息的华工一律杀死，工程完工后有华工被推入一个山洞里炸死，无证据还不用支付工资。司徒讲到这里显得异常激动，他说他读书不多，这些都是那位朋友告诉他的，令人不敢相信的惨无人道。

晚上9点多，我们找到一家汽车旅馆，服务员是一位很和善的姑娘，有着可爱的笑容，当她打开餐厅门提醒自助早餐地点时，我蓦然发现餐厅墙壁上挂着两个大大的玻璃镜框，每个镜框里都有十来张老照片，而且以华工淘金和修铁路的老照片为主。这又一次让我感到意外。当我问她是否知道中国人修建铁路的故事时，她马上笑了，说当然知道，是中国劳工用凿子、铁锹、黑炸药开辟了这条铁路,太不可思议了。

其实,奥本本地人对华工修建铁路这段历史是知道的,并且会非常热情地向我们介绍华工如何用炸药、铁锹开凿坚硬的花岗岩山体。在普雷希尔县博物馆里,陈列着不少跟中国人有关的淘金或铁路时期的用具,如麻将、篮子等等,只是因为我们没有深入到当地,所以一直以为这段历史无人知晓。

于是,重走这条铁路,便成了我们一次脚踏实地的田野调查了。

普雷希尔县博物馆

奥本唐人街的前世今生

当华工用独轮手推车将火车推进奥本之际,一条繁华的唐人街随之出现。

奥本唐人街始建于淘金热中,后来随着铁路涌入大批华工,从而形成一个较大的华人社区。

寻访老奥本唐人街,是我的第二个目标。

走在街上,随处可见跟淘金和铁路有关的店铺,让人一看便知这是一个跟"淘金和铁路"难以割舍的小城,弥漫着浓浓的怀旧情怀。

1848年春天,3个法国淘金者途经奥本深谷并安下营寨,其中有一人在1848年5月16日发现了金矿,于是他们决定留下来。1849年8月,这片

地区被正式命名为奥本。到1850年，奥本人口快速增长到约1500人，并于1851年被选定为新成立的普雷希尔县县府所在地。

奥本街景

1865年，第一列中央太平洋铁路火车从萨克拉门托开进奥本，老火车站离奥本老城约1.6公里。如今，本地人凯内斯医生于20世纪60年代后期创作的两个巨型雕像"淘金者"和"中国苦力"，分别竖

奥本市中心壁画上的中国劳工记忆

立在奥本市中心街口和老火车站，成为两个极具视觉冲击力的地标，使奥本有了两张与众不同的城市名片。

根据2010年美国官方人口统计，奥本人口有13330人，其中白人11863人，占89%；原居民129人，占1%；亚裔240人，占1.8%；非洲裔100人，占0.8%；其他族裔405人，占3%；太平洋岛国9人，占0.1%；来自一个或多个族裔的有584人，占4.4%；拉丁裔等1331人，占10%。这个人口统计数据，从一个侧面也可以大致分析出当年淘金和修建铁路的各族裔工人可能来自何方。

金钉
——寻找中国人的美国记忆

创办于1872年的《奥本日报》，曾在1983年作过报道："孤零零存在于山中的老奥本几乎是华人的唯一记忆。在山坡上的小屋子里，仍然生活着一些华人。"那已经是距今30年前的情形了。山坡上的唐人街今安在？华人有多少？会像美国西部小城的许多唐人街一样成为逝去的记忆吗？我在查阅这些地方史料时，发现它们大都和奥本一样，曾经都是华人聚居地。而奥本在1864—1865年中央太平洋铁路建设时期，一度成为铁路工人大本营。

我查到2013年11月27日《奥本日报》上发表的一篇关于老唐人街的特稿，题目叫"奥本曾经有一个繁华的唐人街"。这是我所能找到的关于奥本唐人街的唯一线索。

萨克拉门托街，即从前的唐人街。（摄自奥本汽车旅馆）

萨克拉门托街：右一建筑为从前的上海酒楼；右二建筑地下室为从前的广海公司；左边中间红砖排屋为从前的合胜洗衣店。

于是，我决定到奥本以后，一定要找到山坡上的老唐人街。

雨后的奥本一下子变得灼热起来，昨晚还冻得瑟瑟发抖，早上却进入了酷暑。茂密的绿松掩映着一栋栋维多利亚风格的小楼，在蓝天白云下愈发散发出一种静谧之美。从80号公路转入奥本小城，不远处便见普雷希尔县博物馆。继续往里走，很快就看到啤酒馆前面的广场上有一群墨西哥女孩正跳着热烈欢快的舞蹈，那天正好是墨西哥国庆日。这个广场就是老奥本广场。

沿着啤酒馆依山而上的山坡叫萨克拉门托街，曾经是老奥本最繁华的唐人街，本地人又称之"华人坡"。

沿着萨克拉门托老街往上走50多米，经过一排砖房，一眼就可看到右手边有一间与周围环境不相协调的木屋，门牌号："萨克拉门托街200号"。屋顶悬挂一条白底绿字横幅："保存过去，面向未来——奥本神庙。"再走近细看，只见神庙门口上方有一块红色牌匾"联英公所"，左右悬挂一副绿底红字对联："东南西北遇贵人，春夏秋东行好运。"这种大红大绿的强烈色彩对比实在让人无法不把它跟中国人联系起来。可能是笔误，对联中的繁体字"冬"写成了"东"。门口左边玻璃窗户上贴了一张报纸，正是那张2013年11月27日出版的《奥本日报》，上面就是那篇关于老唐人街的特稿。

这个"奥本神庙博物馆"是奥本的五个博物馆之一，里面展示有很多奥本早期华人使用过的生活用具、服饰以及中餐业史料等历史。其实，神庙是西方人对华人会馆的一种误读，因为华人会馆里经常有一些乡亲聚会或拜神仪式，也有的会馆里供奉神像，如关公，所以西方人习惯将华人会馆叫做神庙。奥本神庙真名叫联英公所，最早建于1855年大火之后，1921年又由查尔斯·余（Charles Jung Yue）和他的兄弟们重建，作为华人聚会场所，也为乡亲提供临时住所，同时也是中文学校所在

奥本神庙

奥本神庙其实叫联英公所

金钉——寻找中国人的美国记忆

地。1855年,正是奥本淘金热时期,奥本的华人历史始于1855年前后。

我用脚步从前到后测量了一下,神庙深约22步,大概18米左右,宽5米左右,面积估计有八九十平方米。当时神庙没开门,无法看见里面的详情。从外观看,神庙是奥本老唐人街留下的唯一历史。这里在理查德·余(Richard Yue)的管理下正在被修复,余氏家族在19世纪60年代后期就定居在奥本了。非常遗憾,我问了几个本地人,都无法联系上理查德·余。如果从时间上推测,余氏家族很可能是淘金者或铁路华工的后代,1921年重建神庙的查尔斯·余几兄弟,很可能就是余氏家族的前辈,神庙是余氏家族的产业,而且从他的姓氏来看,其祖辈可能来自广东台山。

紧挨着神庙的小巷叫啤酒巷(Brewery Lane),沿着小巷往里走便是神庙的后花园,沿着林中小路再往里走,还可以看到其他房屋。

100多年前,神庙所在的萨克拉门托街和边上的啤酒巷,形成了老奥本山坡上一个繁华的唐人街。

神庙因为有着很中国化的外观符号,所以很容易找到。可是,为了寻找合胜洗衣店和上海酒楼,我却花费了1个半小时。

站在萨克拉门托街街口,搜索着周边的房子,我有些茫然。正巧有人在搬运东西,我便问他是否听说过上海酒楼?那人指着跟前一栋楼说:可能是它吧。墙上真的有一块碑记,当我仔细看清才发现,这栋建筑在20世纪20年代曾经是本地日本裔人的会馆和语言学校,不是上海酒楼!

我又转向一位女士打听,她指着对面一栋漂亮红楼说:"它就是。"顺着她所指的方向,我看到啤酒馆,也就是之前看到的老奥本广场上的那个啤酒馆,只是当时根本没有把它和华人联系起来,因为这是一栋很本土化的建筑。我好奇地推门进去,虽然只有一层楼,但楼高有4米左右,面积约有400平方米,有很多年轻人在里面喝啤酒,几个大电视屏幕上正在播放足球比赛。我问服务员啤酒馆的老板是不是叫理查德·余？她笑着告诉我，老板正是理查德·余，余是业主，但是她从未见过他。

根据历史资料记载，这栋建筑最早叫亚美利坚宾馆，在1855—1905年，被誉为"群山里最好的建筑"。1905年大火后重建时，还保留了原建筑残留的部分墙体，也就是说，现在啤酒馆的部分墙体是100年前的旧墙。1925年，余氏家族买下这个物业，并开了上海酒楼，在奥本非常有名。不过，在经营80年后，2005年，余氏家族关闭了上海酒楼，从此结束了奥本唐人街的最后一个商业场所。现在，经过重新装修的上海酒楼，已经变身为奥本家喻户晓的啤酒馆了。

离开啤酒馆，我接着去寻找以前的合胜（Hop Sing）洗衣店。可是洗衣店现在究竟是什么样子，我一无所知，只知道它在萨克拉门托老街上。

1932年，余氏家族的查尔斯·余在上海酒楼称黄金重量。据说他是加利福尼亚州最早获得黄金买卖执照的华人。（摄于奥本汽车旅馆）

以前的上海酒楼（摄于奥本披萨店）

以前的上海酒楼，现在是本地有名的啤酒馆

我脑子里可以调动的信息源是：老街上曾经有一家专门提供货物仓储的广海（Quong Hai）公司，现在地下室是间披萨店；沿着老街山坡往上走一小段路，穿过现在的奥佛安尼斯街（Awful Annie's Street），就是以前的合胜洗衣店，洗衣店于19世纪90年代开张，于1944年关闭。

幸运的是，我很快就找到了位于萨克拉门托街坡口处的披萨店，它和啤酒馆只隔着一个停车场。走进披萨店，我问两位服务员是否知道这里曾经有一间华人洗衣店，她们摇摇头。正在沮丧之际，我突然发现披萨店墙上挂满了老照片，刹那间又燃起了希望。征得服务员同意后，凡是座位空着的，我就坐进去看墙上的老照片，希望有新发现。可能是我的诚意感动了上苍，我居然发现有一张老照片上写着"华人洗衣店"，并且在联排木屋左边第一间还用箭头标注了"合胜洗衣店"。这和老街上那一排红砖房几乎一模一样。我激动地将老照片拍了下来，走出披萨店，抬头望见对面那一片红砖房，按下了相机快门。

以前的广海公司，现在是一间披萨店。

由萨克拉门托街和啤酒巷构成的唐人街，曾经是老奥本的商业中心。1913年，唐人街上至少有12家华人商铺。有几家洗衣店如合胜洗衣店；有几家食品杂货店如余华（Yee Wah）、余易（Yee Yick）以及阮记（Yuen Kee）杂货店；有几家专门出售中国商品的日用品店；有一家专门提供货物仓储的广海公司；还有鸦片馆、赌馆等等。1964年，奥本人玛德琳·瑞星戈在其回忆录中写道："在我小时候生活的地方，唐人街是一个由很多一层或两层建筑（大多数是一层建筑）构成的很长的街区，街区的路没有铺石砖，这些建筑互相毗邻，一直延伸到山下，与主要街道上的商铺相连。这些沿街建筑的第一层是华人餐馆、洗衣店、小商店，家人住在商铺后面和楼上……店铺橱窗里摆放着干燥的药草、药物或装着其他商品的玻璃缸。"

以前的合胜洗衣店（摄于奥本披萨店）

据奥本历史记载，老唐人街上的大多数店铺是木屋，所以就有持续的火灾隐患。1855年，一场大火烧毁了大半个奥本城，1小时25分钟之内，80栋建筑物被夷为平地。然而，几周

合胜洗衣店已关闭，现在是本地人开的店铺。

内，奥本人又重建了家园，人们开始建砖房。1859年，又一场大火烧毁了奥本城58栋建筑物，所幸的是，那些砖房得以幸存。此后，奥本出现了越来越多的砖房。1863年、1877年、1880年和1893年，萨克拉门托老街上的唐人街又经历几次大火，烧毁了很多房屋和店铺，现在老街上的很多建筑物是在19世纪80、90年代重建的。

据传唐人街最近的一次大火发生在1921年，啤酒巷发生的一场大火烧毁了16间房屋，其中包括7间老奥本"红灯区"的房屋。根据官方对这次大火的解释，起因是一间房子里的非法烈酒突然引发火灾，但是本地

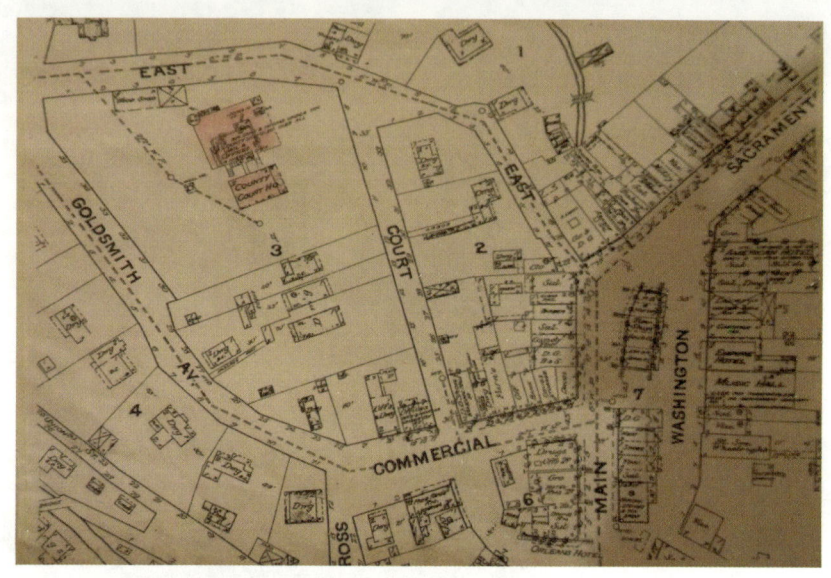

1890年奥本桑伯恩地图，萨克拉门托街即唐人街，位于商业中心区。（摄于普雷希尔县博物馆）

居民怀疑是一次故意纵火。啤酒巷是老奥本"红灯区"的入口，在当地流传着一个说法，一个虔诚的教徒放火烧了"红灯区"，结果唐人街上的其他房屋也跟着遭了殃。

令人难以想象的是，每一次火灾之后，唐人街都能重生。一次又一次的大火，一次又一次烧毁了唐人街上的房屋，然而，唐人街一次又一次奇迹般站立起来。

我无从查到老奥本唐人街社团的情况，偶然发现1926年7月8日《普雷希尔共和报》上的一篇报道：

上周六本县发生堂口之间的火拼

一群属于秉公堂的华人闯到位于马蹄吧路的朱利·克劳克营地，用38口径子弹打死了朱农（Ju Nung）。

事实证明他们杀错了人。后来的版本说枪手认为受害人是黄贵（Wong Quw），他是合胜堂会员。

在美国排华时期，媒体经常会放大这类渲染华人负面形象和种族歧视的报道，目的就是要把华人妖魔化，从而将华人从加利福尼亚州彻底赶出去。从上面这个报道可以推测，老奥本华人社团，除了联英公所，还有秉公堂、合胜堂，或许还有其他。

现在，老奥本唐人街已经微缩在神庙里。以前的洗衣店和杂货店都已被更新换代，辉煌的上海酒楼也转型成吸引年轻人的啤酒馆，只有古老的神庙还在守护着唐人街的过去、现在和未来，时刻提醒人们：奥本的华人社区还在延续。

我问过那位蒙古烤肉店的司徒老板，现在奥本有多少华人？他说华人餐馆只有一两家，这两年多了一两家按摩店，生意很好，如果要说华人人口，可能也就二三十人吧。当然，他并不认识那几个在奥本土生土长的华裔家族。

余氏家族无疑是奥本华人的先驱，据说查尔斯·余是加利福尼亚州第一个获得黄金分析专家执照的华人。我希望能找到理查德·余或他的家族成员，这个自19世纪60年代就定居在奥本的余氏家族，是奥本华人历史的亲历者，也是本地望族。我想问问他悬挂在神庙屋顶上的横幅"保存过去，面向未来"是否是他的一个计划，老奥本唐人街的未来是否还会续写神话。

第六章　合恩角：在断崖上雕刻铁路

看着亚美利坚河谷北岔合恩角，沉浸在对千万中国劳工的记忆中，他们为克劳克工作，建造了中央太平洋铁路，他们沿着合恩角的峭壁往下降，坐着单人舢板到离开河面406米的地方工作。1866年5月，完成了建造路基所需的壁架。跨州铁路于1869年5月在犹他州普罗蒙特雷完工。立此碑以纪念中国人的职业道德以及铁路完工时间。

——科尔法克斯历史协会，1998年5月8日立碑

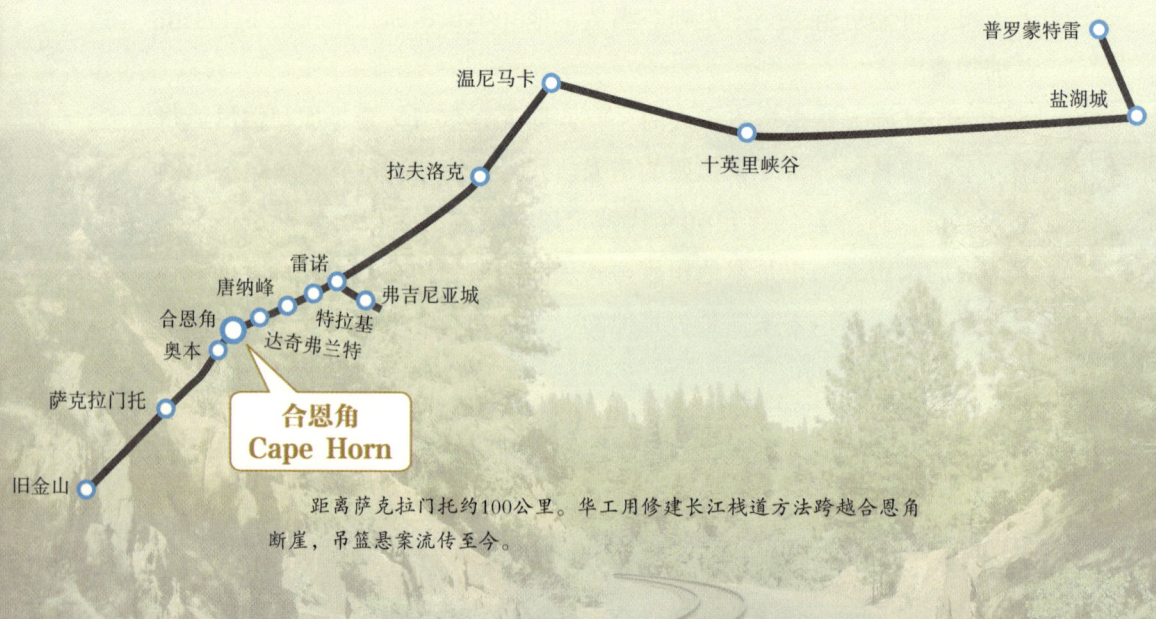

距离萨克拉门托约100公里。华工用修建长江栈道方法跨越合恩角断崖，吊篮悬案流传至今。

第六章 合恩角：在断崖上雕刻铁路

在南美洲最南端——智利火地群岛南端的陆岬，有一个著名地标叫合恩角，整座城建在冰碛石的山坡上，因为这里有长达半年以上的雪季，所以房子都是斜顶建筑，冬天才不会被积雪压垮。在1914年巴拿马运河通航以前，合恩角是大西洋与太平洋两洋航运的必经之地，堪称世界上海况最恶劣的航道。由于风暴异常，海水冰冷，历史上曾有500多艘船在合恩角沉没，两万余人葬身海底，故有"海上坟场"之称。

在美国跨州铁路通车前，从美国东部到西部需坐船从大西洋绕过合恩角，再沿着太平洋航行到加利福尼亚，全程历时6个月。

然而，很多人不知道，在北美大陆的群山里，也有一个合恩角。

在西艾拉内华达山西侧、科尔法克斯以东约5公里的地方，有一片U型断崖，断崖位于亚美利坚河427米之上，与河流成75°角,有的地方几乎垂直,因其地形险恶而得名"合恩角"。跟"海上合恩角"一样,这个"陆上合恩角"同样令人闻风丧胆。

布鲁默深槽是中央太平洋铁路跨过的第一道坎,而合恩角却差点阻断了铁路继续东行的美梦。

在奥本的普雷希尔县博物馆,讲解员指着橱窗里的锤子和篮子告诉我们,在合恩角,中国劳工就是坐在篮子里,然后吊到几乎垂直的悬崖下,用黑炸药炸开花岗岩,凿出了一条不可思议的铁路。

带着对合恩角的强烈好奇,我们离开奥本继续往东行,寻找这个载入中央太平洋铁路建设史册的奇迹发生之地。

大约经过一小时车程,我们的汽车拐过一座桥底,在一片山林前停下来。这是一片原始森林,上山下山只有一条山道,一根栏杆横在入口处,栏杆上写着"私人领地",旁边的杂草地上,散落着几颗子弹壳,估计是打猎留在那里的。

刹那间,我想起了"自古华山一条路",不由得倒吸了几口凉气。

上山的路是泥路,满山遍野的森林,却见不到一朵小花。我们不停地说着话,互相壮胆。

正好一辆消防车从山上开下来,我们赶紧靠边站。消防员从车窗内

合恩角上山入口

荒山野岭,我们给自己壮胆

第六章 合恩角：在断崖上雕刻铁路

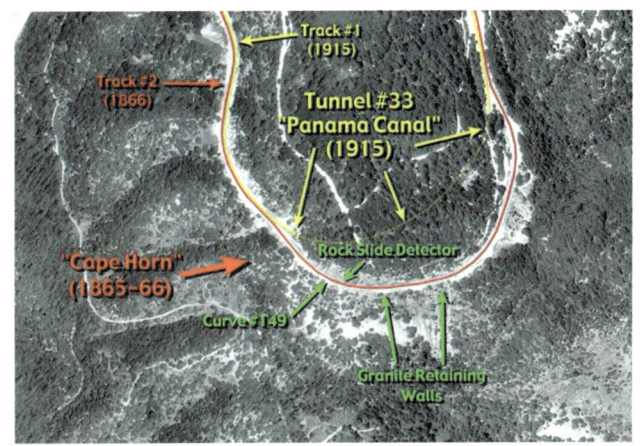

中央太平洋铁路的老线路还在使用中，"巴拿马运河"隧道是后来才开通的。我们在山上的1个多小时里，来来往往的货运列车很繁忙，东行列车走原来的老铁路线，西行列车走隧道。（图片：Central Pacific Railroad Photographic History Museum）

伸出头，问我们来这里干什么？我们说我们来自中国，到合恩角来寻找中国铁路工人的历史。那消防员显然很吃惊，愣了一下，接着很友善地提醒我们要注意安全。

上山的路走了差不多半个钟头，前面的视野豁然开阔起来，隐约可见在此起彼伏的山林中，有一片绵延5公里的U型断崖，犹如一堵巨型花岗岩幕墙，铁路从这堵幕墙拦腰而过，而山脚下是亚美利坚河谷。

合恩角到了！

我努力根据记忆中的影像搜寻眼前的实景，寻找中国人在这里创造的奇迹。

1861年10月1日，"疯狂的朱迪"完成了铁路路线勘测报告，他写信给中央太平洋铁路公司高层。他在报告中对合恩角地形做了以下描述：

有一段很长的深谷裂口……这段地形是最困难的；这个深谷裂口异常低且下陷，而上面的山脊迅速上升，从而形成一个典型的海拔。

铁路线跨过断裂口，大约21米高，右边弯曲成弧形，沿着瑞斯深谷的山边大约有1.6公里，面对连片险峻断崖边的深谷，直到合恩角，

135

合恩角是一片陡峭坚硬的悬崖,几乎垂直,位于亚美利坚河流北支流之上366米。

环绕着这片悬崖,大约61米之下,我们来到罗博尔深谷的山边,这里和瑞斯深谷是平行的,并且沿着同样的山边绵延大约2.4公里……它到达秘密城深谷,用栈桥穿过大约15米高的深谷。

1864年,接替朱迪的总工程师蒙达格在谈到合恩角建设时,也说道"壁架的斜度是大约75°,或者几乎是垂直的"。

这一片拦在中央太平洋铁路必经之路上的绝壁,在当时的技术条件下是不可能跨越的,也没有人相信跨越合恩角这个"疯狂的梦想"会成

华工在修建秘密城大栈桥(图片:Central Pacific Railroad Photographic History Museum)

第六章 合恩角：在断崖上雕刻铁路

为现实。即使在跨州铁路全线贯通以后，美国一家权威工程学报仍称这是一个"荒谬的、疯狂的设想"。

中央太平洋铁路工程在合恩角遇到了施工以来的最大天敌——抬头见山，低头见河，山顶全是坚硬无比的花岗岩，亚美利坚河谷的断崖落差近400米，U型断崖几乎垂直无法攀援。监工们望崖兴叹，一筹莫展。据说勘测人员因无法攀上几乎垂直的峭壁，于是在图纸上轻轻画了一条理论上可行的"辅助线"。

此时，一群不起眼的中国劳工为铁路公司带来了希望，他们用古老的智慧征服了天险，把"疯狂的设想"变成了脚下的现实。中国人在合恩角创造的神话，至今在工程技术领域还是研究课题，足见其对后来者的影响。

这个故事对中国人来说并不陌生，因为这种方法在古老的中国已经流传了很久。

有一天，华工工头向总监斯特劳布里奇建

华工在合恩角施工（图片：斯坦福大学提供）

与当年华工施工位置相近的地点

137

议采用中国古代人开辟长江峡谷要塞的方法——修栈道，用这个方法在悬崖上开出一条水平路基，这样就可以跨越合恩角天险。工头建议从旧金山运芦苇过来，用芦苇编成吊篮，华工坐在吊篮里降到悬崖下的作业点施工，华工身上绑上安全绳，绳子的另一头牢牢绑在山顶上。

在无计可施的情况下，半信半疑的斯特劳布里奇接纳了华工工头的建议，他在焦灼中等待奇迹降临。

芦苇很快就从旧金山运到了合恩角。吊篮也都编好了。

勇敢的中国人沿着悬崖搭建修栈道的架子，铁锤、凿子和绳子是当时唯一能够用来开凿岩石的工具。为加快工程进度，中央太平洋铁路使用了硝化甘油，只有中国人愿意去使用这种难以掌控的炸药。后来，又使用了黑炸药。通往山顶的坡度是那样陡峭，以至于货运马车无法通行，所有东西都得用手推车运输，挑着扁担的华工一天须以人力搬运500桶黑色火药，至于其他的东西，如粮食和水就更不用说了。

华工身上系紧绳子，坐在用绳索吊着的篮子里，从山顶慢慢放下来，悬空用铁锤和凿子在绝壁上一点一点地凿出一个个炮眼，然后塞满炸药，在点燃导火线的瞬间，幸运的华工被及时拖上来，但有时候时间点把握得不太好，很多华工被炸飞，葬身悬崖下的亚美利坚河谷。就这样，在没有任何重型机械设备的情况下，华工硬生生地用铁锤和炸药在悬崖上凿出了一条狭窄通道，紧接着再艰难地将通道一寸一寸地拓宽，终于在合恩角悬崖上雕刻出一条5公里长的铁路路基，路基几乎挨着悬崖边，刚好铺上铁轨。

除了在悬崖上雕刻铁路路基，华工还要用双手和手推车运输碎石来填平深谷，修建大栈桥。

由于华工成功攻克合恩角天险，斯特劳布里奇对华工的态度发生了巨大转变，他对英勇而巧夺天工的华工非常佩服。

1866年7月，铁轨铺到西艾拉内华达山口的达奇弗兰特，当时有很多

第六章 合恩角：在断崖上雕刻铁路

绅士和社会名流应邀前来参加萨克拉门托的试车会。当火车小心翼翼地几乎贴着悬崖慢速向前行驶时，旅客透过车窗朝下望去，脸上写满了惊讶和惊恐。火车缓缓停靠在合恩角，有些旅客走下火车，他们坐在瞭望台边，津津有味地品尝着主人为他们准备的名贵鸡尾酒。克劳克兄弟对客人侃侃说道："我们已经完成了在美国铁路史上可算是最艰巨的一项工程。这项工程之所以能这么快取得成功，应该归功于中国工人的默默奉献。接下来我们又有了新的目标——海拔1800米的希斯可。要到达内华达山顶，必定会遇到很多困难，我们会想尽一切办法去克服困难，同时也希望各位与我们合

19世纪80年代，摄影师卡勒顿·艾蒙斯·沃肯思用玻璃感光底片抓住了这辆西行货车穿越合恩角的瞬间。这个地段坡度很陡，上图中可见两名司闸员站在车厢顶部，他们控制着火车的安全，主要职责就是发送最早的刹车信号，但这种方法并不总是成功。曾经至少有两列火车超出控制速度，几乎垂直坠落到亚美利坚河谷。（上图：*Donner Pass: Southern Pacific's Sierra Crossing.* by John R.Signor；下图为现在的合恩角，往前些位置就是老照片的地形）

艺术家根据火车吊着断崖经过合恩角的照片而创作的作品（图片：*Canton Footprints*，by Philip P.Choy）

作，对中央太平洋铁路发行的债券给予大力支持！"

在跨州铁路全线通车后，合恩角成了一个吸引眼球的景观，被铁路公司作为卖点大打广告，用来吸引旅客坐火车旅行。而比合恩角地势更为险峻、工程难度更大的唐纳关一带的铁路建设，因为有绵延64公里长的防雪棚遮蔽了火车车窗，反倒让旅客看不见车窗外的风景线，而唐纳关一带的自然景观，实际上比合恩角更美。

合恩角的卖点在于"刺激"，这在当时是一种时尚体验。当火车经过合恩角，旅客从车厢向外往两边望去，感觉就像被吊挂在悬崖上，手伸出一边窗户，几乎可以触摸到花岗岩山体，而另一边窗户外面，则是开阔的亚美利坚河谷山林。为了给这条铁路做广告，每列客车都会在合

第六章 合恩角：在断崖上雕刻铁路

火车停靠合恩角，游客纷纷下车，感受站在悬崖上的刺激感。（图片：Central Pacific Railroad Photographic. History Museum）

恩角短暂停靠，让旅客尽情体验这种奇妙的刺激感。当旅客走下火车，站在悬崖边眺望眼前的亚美利坚河谷，他们对铁路的体验，又多了一种冒险。

1998年5月8日，在第一列火车通过合恩角132年之后，科尔法克斯历史协会在距离科尔法克斯0.8公里的地方竖立一块纪念碑，从纪念碑的正前方望去，正好是合恩角U型断崖全景。纪念碑上镌刻着如下文字：

> 看着亚美利坚河谷北岔合恩角，沉浸在对于千万中国劳工的记忆中，他们为克劳克工作，建造了中央太平洋铁路，他们沿着合恩角的峭壁往下降，坐着单人舢板到离开河面406米的地方工作。1866年5月，完成了建造路基所需的壁架。跨州铁路于1869年5月在犹他州普罗蒙特雷完工。立此碑以纪念中国人的职业道德以及铁路完工时间。

金钉——寻找中国人的美国记忆

19世纪80年代,火车吊在陡峭的断崖上驶过合恩角,车厢上站着司闸员,负责向司机发送安全信号。(图片:*Donner Pass: Southern Pacific's Sierra Crossing.* by John R.Signor)

恰好一列货车从合恩角驶过

至于华工降到悬崖下究竟坐的是圆形吊篮,还是方形吊篮,或者还是单人舢板,至今学界还在争论不休。有学者认为75°或者几乎垂直的坡度,使用吊篮是不可能的,因为这样的坡度难以控制吊篮。有的学者认为当年华工使用的是单人舢板而非吊篮。由于没有华工施工时的历史照片,所以至今都无法证实。流传比较广的华工坐吊篮降到悬崖下的说法,是根据华工及其后人的口述历史而来的。

我们沿着U型悬崖走在铁路上,一边是山体,一边是悬崖,悬崖下是亚美利坚河。激动的心情难以言表,但是眼前的地势已没有想象中险要,亚美利坚河也没有传说中湍急。从老

第六章 合恩角：在断崖上雕刻铁路

照片上看合恩角，铁路路基狭窄到几乎贴着悬崖走，仅仅可以铺上铁轨，一不小心就会掉到悬崖下的亚美利坚河里。而我们脚下的铁路，有一部分已经铺设了复线，悬崖边的空地也拓宽了许多，视野很开阔，加上山林茂盛，树木都长高了，合恩角也不像从前那样令人恐惧。往远处望去，浩瀚的山林中，一条银色的亚美利坚河静静地流淌着，河上的那座小桥似乎还在，水位也不高了。

阳光正好，花岗岩反射出金灿灿的光芒，一条金色铁路顿时展现在我们眼前，美轮美奂。

合恩角刚通车不久，一列火车正好经过，山下是亚美利坚河。（图片：斯坦福大学提供）

现在的亚美利坚河，河水静静地流淌。

我们拿着当年合恩角通车的老照片，一边比对老照片的场景，一边寻找老照片的拍摄点。幸好，当年摄影师取景的石堆还在，我们兴奋地爬上小石堆，尽量按老照片的拍摄角度，希望重现合恩角古老和现代的

金钉
——寻找中国人的美国记忆

跨州铁路开通后,合恩角成为吸引游客的卖点。(图片:斯坦福大学提供)

　　我站在老照片的角度拍摄的全景,由于森林已扩大,灌木也已长高,断崖的垂直感没那么明显了。

第六章 合恩角：在断崖上雕刻铁路

同框再现。有些遗憾的是，悬崖边的那一簇灌木丛长高也长开了，挡住了险峻地势，以至于看过去已没有150年前那样有落差。要完全再现老照片，如果不砍低这簇绿油油的灌木丛，是无法拍到的。尽管如此，我们还是得到了相似度极高的照片，心情不由得欢喜起来。

更加高兴的是，山谷里传来一阵阵嘶鸣声，我们居然在合恩角巧遇火车了！这是我们第一次看见中央太平洋铁路运行的火车！当一列装载着五颜六色车厢的货运火车从我眼前经过，我狂按相机镜头——这不是为了拍火车，而是为了此刻火车与合恩角的合体，是为了纪念那些令人惊心动魄的开路华工！

在合恩角寻访历史的两个小时里，总共有三列货运火车从我们眼前呼啸而过。

一条铁路实现了一个美国梦，一群中国人创造了一个铁路奇迹。这不是传说，而是活生生的历史。

下山的路上，还是只有我们四个人。正当我们准备上车离开时，

金钉
——寻找中国人的美国记忆

两小时内,我们看见三列货车驶过合恩角。

一名森林警察走过来,问我们:"你们是谁?从哪来?到哪去?"当得知我们从中国来,到合恩角来寻找中国人修建铁路的历史时,那名警察说:"棒极了!"

第七章　达奇弗兰特：华工大本营

达奇弗兰特于1851年由约瑟夫和查尔斯·达恩巴奇建立。从1854年到1882年，这里以丰富的液压矿闻名。1860年，这里是普雷希尔县拥有最多投票权人口的城市，华人居民大约有2000人。这里是朱迪和斯特朗医生为建造第一条跨州铁路奉献了最早的穿越线路的地方。

——加利福尼亚成立100周年纪念委员会，1950年7月22日立碑

距离萨克拉门托约108公里。跨州铁路穿越唐纳关通道发现地。华工决战唐纳峰隧道的大本营。

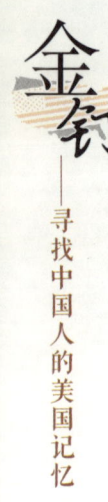

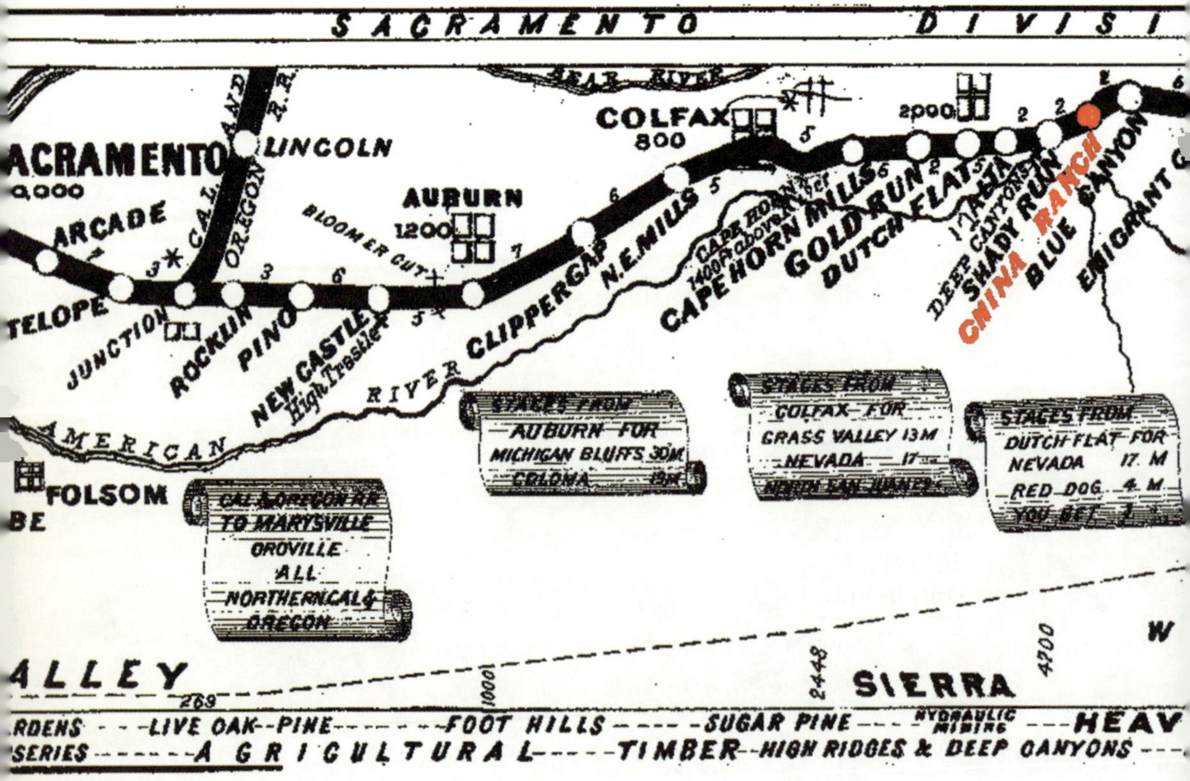
SACRAMENTO DIVISI
BEAR RIVER
ACRAMENTO
LINCOLN
COLFAX
800
2000
AUBURN
1200
ARCADE
TELOPE
JUNCTION
ROCKLIN
PINO
NEW CASTLE
High Trestle
BLOOMER CUT
CLIPPERGAP
N.E.MILLS
CAPE HORN MILLS
GOLD RUN
DUTCH FLAT
SHADY RUN
CHINA RANCH
BLUE CANYON
EMIGRANT
AMERICAN RIVER
FOLSOM
STAGES FROM AUBURN FOR
MICHIGAN BLUFFS 30M
COLOMA 19M
STAGES FROM COLFAX FOR
GRASS VALLEY 13M
NEVADA 17
STAGES FROM DUTCH FLAT FOR
NEVADA 17 M
RED DOG 4 M
CAL & OREGON RR
TO MARYSVILLE
OROVILLE
ALL
NORTHERN CAL &
OREGON
ALLEY
SIERRA
269
1000
2448
4700
LIVE OAK--PINE
FOOT HILLS
SUGAR PINE
HYDRAULIC MINING
HEAV
A G R I C U L T U R A L
TIMBER
HIGH RIDGES & DEEP CANYONS

第七章　达奇弗兰特：华工大本营

　　从合恩角继续往东，在唐纳峰西侧山口，有一个在加利福尼亚州淘金和铁路史上举足轻重的地方：达奇弗兰特。这是一个在中央太平洋铁路老地图上唯一标注附近有"中国营"的历史名城，引起我太多的好奇。

　　达奇弗兰特海拔约958米，是通向唐纳关的一个战略山口，有人曾用西艾拉山麓的雅典来形容它。只是，当我们进入小镇，竟以为来到了一个小山村，小镇小得只能联想到"袖珍"两字，无法相信眼前的小山村就是曾经叱咤老西部的淘金城和铁路城。

　　远离城市的喧嚣，走进没有"分贝"只有"负离子"的乡村，扑面

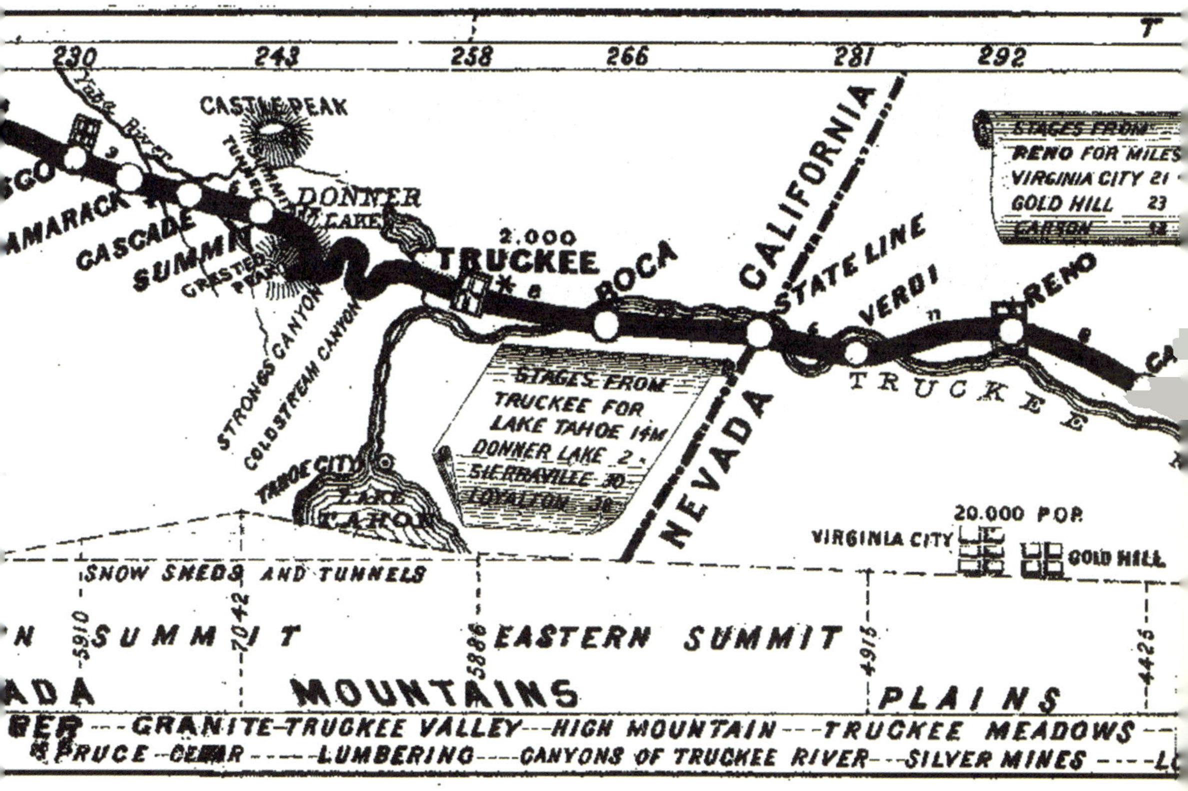

金钉
——寻找中国人的美国记忆

淘金热中的达奇弗兰特主街入口（图片：*Dutch Flat Country-A Golden Era in Photographs*.By Art Sommers）

现在的达奇弗兰特主街入口（摄影：吴薇）

而来的是贴满深山老林标签的古老和纯朴。小山村静悄悄的，被西艾拉的松林包裹着，唯有那散落在松林里的维多利亚时代的建筑，挥不去镀金时代的斑驳迷离。这里有马克·吐温曾经演讲过的音乐厅，还曾经有一个活跃的戏剧和辩论爱好者社区。古老的宾馆和高耸的教堂，时时唤醒人们对锦绣年代的美好回忆。镇上的人们还过着田园式生活，难得有游人来此，习惯了现代都市生活的城里人若到此地，也得入乡随俗，比如要习惯因没有下水道带来的不便。

我们沿着主街往前走，看见一块纪念碑，纪念碑是由加利福尼亚成立100周年纪念委员会于1950年7月22日立的，是加利福尼亚州注册地标No.397，纪念碑的基础建设由普雷希尔县历史协会捐建。达奇弗兰特160多年的历史就浓缩在以下几句话里：

第七章 达奇弗兰特：华工大本营

达奇弗兰特于1851年由约瑟夫和查尔斯·道恩巴克建立。从1854—1882年，这里以丰富的液压矿闻名。1860年，这里是普雷希尔县拥有最多投票权人口的城市，华人居民大约有2000人。这里是朱迪和斯特朗医生为建造第一条跨州铁路奉献了最早的穿越线路的地方。

达奇弗兰特历史纪念碑（摄影：吴薇）

乍看纪念碑上的文字，便知这是一个有故事的小镇：淘金、铁路、最多人口、最多华人、跨越唐纳关线路——这几个关键词足够吊起人们的猎奇心。

在西艾拉内华达山脉的古老迁徙小径上，达奇弗兰特一直是闻名遐迩的驿站。后来，连接太平洋和大西洋的跨州铁路又在这里吹响华工集结号，鲜为人知的达奇弗兰特—唐纳湖马车路为中央太平洋铁路建设提供了物资运输保障。

可是，也很少会有一个地方像达奇弗兰特这般极端——金矿、唐人街和火车站早已了无踪影；火车每天还从萨克拉门托街口驶过，但与小镇无关；普雷希尔县人口最多的城市，如今只有大约160个居民。

故事已成太遥远的传奇，极尽奢华之后的凋零形成的断崖式落差，总让人以为走错了地方。但这丝毫没有减弱我们的兴致，因为，我们本来就是为了寻找故事而来。

华工与达奇弗兰特—唐纳湖马车路

说铁路,不能不先说说达奇弗兰特—唐纳湖马车路。

在铁路开进美国西部之前,马车运输是西部的主要交通工具,穿越加利福尼亚和内华达的货运小径是唯一交通线,因而在西部有几个著名驿站,比如萨克拉门托、奥本、达奇弗兰特。

为给中央太平洋铁路从达奇弗兰特至唐纳关一带极其艰巨的建设工程提供物资运输等配套保障,达奇弗兰特—唐纳湖马车路建设被赋予特殊的重要意义。

我在走访唐纳峰历史协会时了解到,达奇弗兰特—唐纳湖马车路之所以特别重要,因为它是中央太平洋铁路建设期间,专门为运送铁路建设所需要的装备和物资而新建的一条配套运输干线。1864年,铁路公司沿着原先古老的迁徙小径新修了一条达奇弗兰特—唐纳湖路,这是一条收费路,所收的过路费用来帮助建设中央太平洋铁路。这是西艾拉内华达山脉第一条真正意义上的交通干线。

1864年6月6日,位于萨克拉门托的中央太平洋铁路公司在报纸上刊登了一则"达奇弗兰特马车路将于6月15日开通"的醒目公告,公告上写道:

中央太平洋铁路公司刊登收费马车路开通公告(摄于唐纳峰历史协会)

这是一条新开通的穿越西艾拉的道路。沿着达奇弗兰特—唐纳湖马车路,没有装载货物的马车队现在可以走这条路穿越西艾拉,并且即将对装载货物的马车队开放。达奇弗兰特马车路是通往沃肖、洪堡和里兹河最短、最好和最便宜的捷径。这条路足够宽，可以供两个马车队同时轻易地通过。所有往西行的无装载货物的马车队免费通行，直到我们发布进一步的通知。所有在离奥本4.8公里的中央太平洋铁路终点站纽卡斯尔装载货物的马车队，在1864年7月1日之前都可以免费使用这条路往东行。

公告下方的署名是中央太平洋铁路公司"四巨头"之一的查尔斯·克劳克。这份老报纸复印件就贴在唐纳峰历史协会的墙壁上。

唐纳峰彩虹桥上的碑记，也记录了数千年来穿越西艾拉内华达山脉交通工具的演变，其中提到：翻越西艾拉山的古老移民迁移小径在唐纳关一带与1864年完工的达奇弗兰特—唐纳湖马车路合并，这条马车路向这一地区的永久居住点开放。

也就是说，在中央太平洋铁路挺进西艾拉内华达山脉之前，达奇

一个马车队正从唐纳峰附近的达奇弗兰特—唐纳湖收费路经过（图片：斯坦福大学提供）

现在，公路代替了马车路。

弗兰特—唐纳湖马车路是连接萨克拉门托和弗吉尼亚城这两个最大金矿城之间的唯一交通要道。

那么，这条收费马车路，跟华工又有怎样的渊源呢？

1864年1月，一个叫阿蔡（Ah Toy）的华工领班带着手下的23名华工被中央太平洋铁路公司雇佣，他们一直在1864年6月14日完工的达奇弗兰特—唐纳湖马车路上工作。斯坦芬·E.安布罗斯在其著作《世界上绝无仅有的事》中也提到：1865年2月，斯特劳布里奇雇佣劳工的努力徒劳无功，查尔斯·克劳克和他会面时提出雇佣中国工人，并说已经有大约20名中国工人在达奇弗兰特—唐纳湖马车路那里干活了，而且他们干得非常好。

华裔历史学家胡恒坤在《广东足迹：萨克拉门托的华人遗产》一书中对1864年1月中央太平洋铁路公司的华工工资档案作了详细说明。根据工资档案记录，1864年1月，专门负责为中央太平洋铁路招工的劳务承包商熊华公司（Hung Wah Company）收到699.12美元，总共22个华工，每人每天工资1.19美元，工作时间为587.5天。华工领班阿蔡收到23.28美元，总工作时间为24.25天，每天0.96美元。熊华公司是西部铁路建设时期萨克拉门托最活跃的华人劳务承包公司。

加利福尼亚州铁路博物馆收藏的中央太平洋铁路公司工资档案显示：1864年1月，工头熊华领取了23名华工工资，工作时间为588天，每天工资为1.19美元；领班阿蔡领取了24天工资，每天工资为0.96美元。

于是，在追寻达奇弗兰特—唐纳湖马车路历史的过程中，我惊喜地发现一直困扰我的一个疑问终于找到了答案，一个合乎逻辑的推论应该是这样的：为配套建设中央太平洋铁路的物资运输干线，中央太平洋铁路公司于1864年1月修建达奇弗兰特—唐纳湖马车路，萨克拉门托的劳务承包商熊华公司负责为铁路公司招募当地华工，领班阿蔡带领手下22名华工到正在建设的达奇弗兰特—唐纳湖马车路上干活，一直到1864年6

月14日工程完工。紧接着,包括工头熊华在内的23名华工转入奥本布鲁默地区的铁路建设,前后工作了1年半左右。而这23名华工之中的一部分人,后来也成为铁路公司的劳务承包商,在加利福尼亚州或回广东招工。

所以,无论是赵耀贵先生根据华工工资档案提出的1864年1月华工开始受雇于中央太平洋铁路公司的观点,还是学术界长期流行的1865年2月中央太平洋铁路公司开始雇佣首批50名华工,都可以得到合乎逻辑的解释了。

至于这23名华工来自哪里?由于早期到加利福尼亚修铁路的华工主要来自广东台山或开平,所以,他们很可能来自这两个地方。由于"Hung"对应的中文姓氏主要是"熊","Toy"对应的中文姓氏是"蔡",这两个姓氏在台山人口比较多,所以,这23名华工来自台山的可能性最大。本书第16章节将对此作专门研究。

一个可以肯定的事实是:从1864年1月中央太平洋铁路公司建设铁路配套工程达奇弗兰特—唐纳湖马车路开始,中国劳工就已经奋战在跨州铁路西线建设工地上,直到1869年5月10日,跨州铁路东西线在普罗蒙特雷大会师。

华工大集结:当铁路敲开驿站之门

在穿越西艾拉山的早期移民迁徙小径中,有一条唐纳小径经过达奇弗兰特的一个山脊,这个山脊在地理上叫"达奇弗兰特分水岭"。迁徙者经过这里时,都会用绳子把马车降到下面的山谷里,然后再继续前行。然而,几乎没有人意识到有条分支道可以避开这种笨拙的方式,只要沿着山脊线走便可通过。这条分岔小径沿着从艾米格朗特盖普延伸过来的达奇弗兰特分水岭,向西经过达奇弗兰特、哥登朗、科尔法克斯、

奥本直到萨克拉门托。

随着西部的古老驿站之门一个接一个地被火车敲开,让铁路通过达奇弗兰特,不仅关系到淘金城达奇弗兰特的命运,更与攻克西艾拉内华达崇山峻岭,穿越唐纳峰,紧紧连在了一起。

1859年,弗吉尼亚城发现金银矿,吸引了大批在加利福尼亚州的淘金者,弗吉尼亚城成为另一个淘金者天堂。人们甚至开始考虑修建一条通往弗吉尼亚城的铁路。

达奇弗兰特是通往弗吉尼亚城的重要驿马站。有一位叫丹尼尔·斯特朗的达奇弗兰特本地医生对通过达奇弗兰特的铁路路线进行了勘测。他最初感兴趣的是早期移民迁徙小径,但在后来的勘测过程中,他意识到铁路线可以不必穿过几个主要峡谷的可能性,即铁路可以紧沿着山脊线走,这条山脊线就是沿着达奇弗兰特分水岭的小径,即唐纳小径的那条分岔道。

1860年10月,斯特朗邀请"疯狂的朱迪"到达奇弗兰特实地考察和评估铁路穿越西艾拉内华达山的可能性。他陪伴朱迪沿着从达奇弗兰特到艾米格朗特盖普的山脊线仔细勘察。斯特朗知道,如果这条线路可行的话,那么,这就是通往刚刚发现的西部最大的金银矿——康斯托克矿最直接的路

沿着达奇弗兰特山脊登上朱迪山,远眺静谧的唐纳湖和蜿蜒的铁路线。(摄影:吴薇)

线,而他生活的小镇达奇弗兰特将会因此而繁荣起来。他们两人花了两天时间爬上唐纳峰,站在山巅,当朱迪向东望去,他马上明白了他所看到的是什么。通过这次实地勘察,朱迪认同这片山脊提供了令人满意的铁路建设条件,即每1.6公里不超过46米的坡度等级,这个坡度范围是根据先前东部地区铁路建设经验而设定的。很快,朱迪和斯特朗起草了与中央太平洋铁路公司合作的报告并开始寻找投资人。而在达奇弗兰特,人们认购了新公司第一次发行的股份。

中央太平洋铁路穿越西艾拉内华达山的真正可行性,就这样在达奇弗兰特诞生了。

当中央太平洋铁路推进到达奇弗兰特时,正是1865年秋天,当时已是中央太平洋铁路建设主力军的华工,前仆后继地从四面八方集结到达奇弗兰特。春天进山修建铁路的华工都要经过这个小城,冬天出山的华工大军也要返回营地,很多华工留在城里过冬。在铁路打通西艾拉内华达山脉最艰巨的两年多时间里,达奇弗兰特成为华人高度聚集的地方,在面积只有1.535平方公里的小城及附近,华人成为无法无视的一支庞大队伍。

1865年9月30日出版的《普雷希尔先驱报》上有一篇报道写道:在科尔法克斯和达奇弗兰特之间的铁路劳工已经扩大到3000—4000人,到来年的1月份,火车可以到达加利福尼亚州的哥登朗,即达奇弗兰特以西4.8公里处。这篇报道虽然没有指明是华人劳工,但是我看到的各种资料都表明中央太平洋铁路建设工人中90%是华人,因此,报道所指的这批数千人的劳工大军主力无疑是华工。1866年3月,同样是这份《普雷希尔先驱报》,却罕见地刊登了一则消息:公司正在扩大劳工队伍,新扩充的劳工被送往达奇弗兰特以东的新营地,还有大批华人正奔向建设工地,很容易理解,他们都将被公司雇用。这也说明,在打通西艾拉内华达山脉的两年多时间里,处于特殊地理位置上的达奇弗兰特,已成为华

金钉
——寻找中国人的美国记忆

中央太平洋铁路在达奇弗兰特穿过萨克拉门托街。图中可见岔路口有一家商店,它同时也作为火车站。(翻拍于Golden Drift Museum)

工大本营,在这个弹丸之地,到处可见华人。

1865年以后,铁路建设"以加利福尼亚州过去从未有过的果敢和力度向前推进"。根据当时《达奇弗兰特调查报》的报道,在距离小镇只有800米的地方有一个建设工地,同时劳工营地也设在附近。我查看中央太平洋铁路老地图后,发现一个合乎逻辑的推测是:这个劳工营地很可能是老地图上标注的"中国营",因为可以被视为铁路线地图上的一个地标点,除了特殊的地貌如峡谷,多数都是城镇,或者说,在攻克西艾拉内华达山脉的两年多里,达奇弗兰特及附近的华工大军,是当地的常住居民。本地历史学家罗塞尔·塔霍在其编写的《达奇弗兰特编年史》中指出,正是华人沿着从达奇弗兰特到弗吉尼亚城的货运马车道建设了中央太平洋铁路。

根据中央太平洋铁路公司的记录表明,火车铺轨到达奇弗兰特的时间是1866年7月5日,刚好是美国独立日的第二天。

当火车敲开了达奇弗兰特这个古老驿站之门,淘金城进入了铁路时间,更加兴旺起来。达奇弗兰特火车站上并排建起三个建筑:火车站候车室、法乐宾馆和牧荣商店，一时人来人往，热闹非凡。

1898年7月22日，这是一个让达奇弗兰特人刻骨铭心的日子。当日清晨4:30，达奇弗兰特火车站上空传出一声剧烈爆炸声，划破了宁静的山谷，也把达奇弗兰特人从梦中惊醒。一辆开往科尔法克斯方向的南太平洋铁路第1993号蒸汽火车自东向西经过达奇弗兰特火车站，当时的火车时速大约为每小时16公里，由于蒸汽阀门被卡住，火车突然发生爆炸。在火车头工作的3个铁路工人在爆炸中死亡。《科尔法克斯哨兵报》说工程师被炸飞到270多米外，惨不忍睹。火车站上的法乐宾馆也被炸毁，所幸彼时正在宾馆里的四个人都跑了出来，其中宾馆老板娘和她的两个孩子只受了点皮外伤，另外一人后背关节脱臼，一直没有完全康复。

虽然不幸发生了这次意外事故，但这一时期的达奇弗兰特仍处于繁

19世纪的达奇弗兰特火车站。一辆火车停靠在车站，图中左边的男子叫埃德·都夫，他是达奇弗兰特著名的报务员和语言家，能讲流利的中国话，经常充当中国人和白人之间的翻译。1875年，他受雇于铁路公司，成为一名报务员。（图片：*Dutch Flat Country-A Golden Era in photograhs*，by Art Sommers）

荣时期，火车站依旧人来人往，法乐宾馆很快又重建起来。直到1933年，随着经济日渐萧条，坐火车的人越来越少，达奇弗兰特火车站最终也无法避免被关闭的命运。

如今，从80号州际公路的达奇弗兰特出口，沿着通向达奇弗兰特的山路，就可以看到老铁路，萨克拉门托街穿过铁路。以前火车站的位置上，如今荒草树林遍野。当我们刚要进入小镇时，一辆火车呼啸而过。

西部山区最大的唐人街

1851年，两个德国淘金者约瑟夫和查尔斯·达恩巴奇兄弟俩赶着马车，沿着古老驿道走到熊河最富裕的流域，安下定居点。此地往南的绿谷矿工营里有2000名矿工，内华达县的熊镇还有一个小约克矿工营，西边是哥登朗，这些矿工都是赶着骡子从科尔法克斯过来的，于是赶骡子的人把达恩巴奇兄弟俩的营地叫做达奇·查尔斯营地（Dutch Charlie's Flat），达奇弗兰特由此得名。

那时，大批华人矿工在下游的峡谷淘金，因为达奇弗兰特和哥登朗的沙砾量多质高，加上沿河的旧矿区已经被挖空，于是华人就组织起来到达奇弗兰特附近的河谷一带采矿。所以，当达奇弗兰特"出生"的时候，中国人已经在那里淘金了。

达奇弗兰特以水力采矿著名，水力采矿需要大量的水以形成水压。通常水力采矿的方法就是把厚厚的沙砾堆炸开，然后把巨砾、沙子、黏土和金子混合在一起的稀泥浆导入泄水盒里，待金子沉淀下来。泄水盒是一种很典型的木槽：宽度和深度都是约1.2米，但是长度超过305米，被清洗出来的金子沉积在水槽底部。

罗塞尔·塔霍在《达奇弗兰特编年史》中提到勤劳刻苦的华人修建

了一条运河,将河水引入达奇弗兰特。运河对于达奇弗兰特的意义,从当时的庆典场面可见轰动非凡。1859年10月11日,普雷希尔县举行盛大的庆祝运河竣工庆典,达奇弗兰特和附近地区都沉浸在节日的狂欢中。上午10点,街道开始披上节日盛装,达奇弗兰特及附近的人们陆续聚集到达奇弗兰特市区,矿工们欢呼雀跃,共同见证这一历史性时刻。大约中午时分,分散的人群陆续汇集到布鲁卡特宾馆对面,领头的旗手高举星型闪光横幅,后面紧跟着乐队和举着横幅的各矿业公司队伍,欢乐的巡游队伍穿过整个城市,到达庆典现场。《萨克拉门托联合日报》对矿业公司欢天喜地的情景作了如下报道:

在大量的矿业公司的横幅中,我们注意到这样一些横幅:英格兰公司:"鼓起勇气,美好的时代正在来临。"……富兰克林公司:"趁热打铁。"亚美利坚公司:"愿亚美利坚河长流不息。渴望的人们一起来干杯吧。"圣尼古拉斯公司:"我们靠工业繁荣兴旺"……达奇弗兰特俄瑞卡公司、波士顿公司、布鲁卡特公司:"老拓荒者"……

所有矿业公司都在为即将奔涌而入的"黄金水"欢呼沸腾。10月15日的《普雷希尔先驱报》写道:

淘金者们已经做好了准备,不久就会用水力管道将沙砾堆撕裂。让我们一起喝彩!美好时代就快到来了!

正当矿主和达奇弗兰特人为运河开通彻夜狂欢之时,华人的贡献却无人提及。从当时报纸的报道以及报道摘录的联邦、加利福尼亚州、县各级官员讲话中,均未提到华人的贡献。这与当时报纸大量报道铁路建设进展却不愿提及华人劳工,其白人优先的种族歧视立场是一以贯之的。

1864年，液压（水力）监控器在工作中。这是达奇弗兰特的液压矿开采方式。（图片：*Dutch Flat Country—A Golden Era in photograhs*，by Art Sommers）

对于达奇弗兰特人而言，运河就是一条"黄金水道"，源源不断地将熊河、亚美利坚河北部支流、尤巴河的河水引至达奇弗兰特矿区，数以吨计的金子从古老的沙砾中被提取出来。直到1884年，当地法庭宣布禁止水力采矿，这成为加利福尼亚州第一个环境保护法令。

达奇弗兰特唐人街在这股狂热的淘金热中催生，并在铁路的刺激下迅速成长起来，在相当长时间里成为西艾拉内华达山区最大的唐人街。

据记载，19世纪50年代，达奇弗兰特的唐人街开始形成，到19世纪60年代后期的铁路建设时期，达奇弗兰特成为旧金山之外最大的华人社区之一。1853年，达奇弗兰特的人口为6000人，其中华人有3500人，占总人口的比例高达58%，换言之，每两个人里面就有一个华人。根据美国统计局1870年发布的美国第九次人口普查统计数字显示，1870年，普雷希尔县总人口6167人，其中华人有2401人，占38.5%。在普雷希尔县，奥本和达奇弗兰特是两个华人聚集的城市，华人人口主要分布在这两个地方。根据1894年官方人口统计显示，普雷希尔县有1627名出生在

第七章 达奇弗兰特：华工大本营

太浩兄弟木材公司是内华达山区最大的木材公司，拥有自己的窄轨铁路，并雇佣华工伐木。（图片：*Dutch Flat Country-A Golden Era in Photographs*.by Art Sommers）

中国的华人，其中361人已在达奇弗兰特注册登记。在加利福尼亚州最大的木材公司太浩兄弟木材公司雇佣的200名雇工里，就有50名华人伐木工，在公司拥有的800多万平方米土地上，还有一条55公里长的窄轨铁路。

我们沿着萨克拉门托街走走停停，路边一间朱红色A字型屋顶的小屋吸引了我们的目光。这是一间用夯土垒成的土坯房，残旧的木门用一把铁锁紧锁着，已被加了涂层的外墙掩不住浓重的沧桑。墙上钉了一块历

建于1877年的土坯房，位于第一个唐人街。（翻拍于Golden Drift Museum）

本地人将土坯房修葺保留至今，这是中国人留在达奇弗兰特的最后一个记忆。（摄影：吴薇）

史地标牌,是普雷希尔县历史协会标记的,上面的文字写着:"这间土坯房店铺是中国人在19世纪70年代建造的,取代了他们以前采用的一种坚硬的砖墙建筑。"听一位老人说,他从来没有见过有人住在里面,也不知道这屋子是用来做什么的,只知道这是中国人在一百多年前建的,当时这个区域是最早的唐人街。

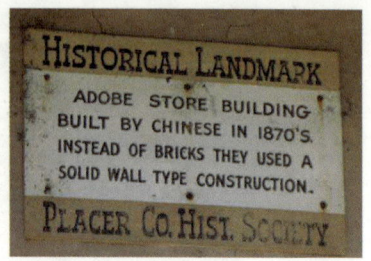

普雷希尔县历史协会将土坯房作为历史古迹加以标记(摄影:吴薇)

虽然山里雨雪多,但因为屋顶是铁皮的,雨水顺流而下未能侵蚀到土墙体,后来,业主为了保护这个历史建筑,在外墙上用油漆涂了一层保护层。

据载,这间土坯房是中国人在达奇弗兰特留下的唯一看得见的历史,于是,我们的寻访便从这间土坯房的故事开始。

没有想到小山村会有一间博物馆。金色漂移博物馆虽小,里面却别有洞天,特别是陈列了不少关于达奇弗兰特华人的历史图片,而且他们试图去还原神庙的场景,这让我们很惊讶。博物馆馆员是位热情的志愿者,她好像是第一次见到中国人,指着展品不停地问这问那,对中国人的风俗充满了好奇。我们顿时亲近起来。

志愿者告诉我们,以前镇上有个居民收集了很多华人历史文物,他在搬离达奇弗兰特前把这些文物捐给了一个机构,可惜很多都遗失了,留下来的文物都放进这个博物馆了。

墙上挂着的一张照片很眼熟——那是老唐人街土坯房的"老宅",只是它的故事有点扑朔迷离。照片上的土坯房其实是很久以前达奇弗兰特社区俱乐部发行的一套明信片中的一张,这套明信片展示了老城的各种旧貌,不过现在这套明信片已经不再印刷了。1877年,老唐人街被一场大火彻底烧毁之后,中国人马上又在原地垒砌了这间土坯房。没有人

第七章 达奇弗兰特：华工大本营

知道中国人是否真的用过这间房子，或者白人地主是否把它用作仓库。土坯房现在的业主在数年前修缮了这间房子，从而将这个1877年的建筑持久保存下来。这间土坯房可能是19世纪加利福尼亚州为数不多的中国人用夯土垒起来的建筑。当华人被驱赶到新的唐人街，为什么又会在老唐人街上垒起这间房子，成了一个永远的谜。

19世纪50年代形成的老唐人街就位于这间土坯房一带。1877年的一场大火毁灭了老唐人街，镇上的权贵们做出决定，不允许中国人在原址上重建唐人街，他们不能容忍唐人街与市中心靠得这么近。中国人被迫迁移到城南的铁路之外，在一片荒地上又建起一个新的唐人街。这个新唐人街，本地人称之为"第二个唐人街"，地址正好位于萨克拉门托街穿过铁轨下坡的一片洼地，现在这里长满了茂密的白杨树林。

新唐人街有一条中心街，街道两边各有大约45间木屋和土屋。那个时期是达奇弗兰特唐人街的

达奇弗兰特的"第二个唐人街"曾经非常兴盛，每年中国春节热闹非凡。（图片：*Dutch Flat Country-A Golden Era in Photographs*. by Art Sommers）

到19世纪30年代，"第二个唐人街"日渐衰败。（翻拍于Golden Drift Museum）

铁路对面的凹地曾经是"第二个唐人街"所在地，如今只是一片山林。（摄影：吴薇）

鼎盛时期。唐人街的土地是向白人租借的,但是唐人街上的建筑和私人财产归华人所有,唐人街上的华商比在市中心的白人商人多,商业气氛更浓。

达奇弗兰特所属的普雷希尔县是加利福尼亚州的大县。有学者指出,到19世纪90年代,达奇弗兰特是普雷希尔县华人人口最多的城市,也是普雷希尔县和内华达县这一区域的华人活动中心。唐人街上有神庙、堂口、日用品商店、赌馆、妓院、鸦片馆、酒楼、药店、洗衣店等等,一应俱全,吸引了附近城镇的居民。其次是格拉斯法力和奥本,这两个城市的华人社区也很活跃。19世纪70年代,普雷希尔县的很多城镇都将华人赶走了,而达奇弗兰特的唐人街,依旧活跃。

在老达奇弗兰特,"中国新年"(春节)是法定假日,唐人街用喜庆的方式庆祝中国新年,周边居民也兴致勃勃地来看热闹,可谓人山人海。

合记(Hop Gee)是一个赶骡子的华人,他正拉货到位于亚美利坚河北支流河谷的矿区。(图片:*Dutch Flat Country—A Golden Era in Photographs*. by Art Sommers)

第七章 达奇弗兰特：华工大本营

1895年2月1日，位于达奇弗兰特以西科尔法克斯的《科尔法克斯哨兵报》刊登了达奇弗兰特唐人街过中国新年的特别报道。对策划这次报道的原因，该报说，因为1月24日是中国新年，华人的假期要持续13天，直到2月5日结束，考虑到写一篇关于庆祝中国新年风俗的文章可能有助于提升读者的兴趣，于是专门派记者到达奇弗兰特采访普雷希尔县最大的唐人街。该报道现场感很强，从中可以了解唐人街过春节的很多细节以及本地人对华人的态度，记者写道：

在和邮差的交谈中我们发现，华人努力奋斗，为了在中国新年到来前还清所有债务。众所周知，华人在假期的第一天不办理生意业务：他不跟你做买卖。

华人在每年新年要做的第一件事情是刮脸剃须、重新编辫子、饮酒、掏耳朵、洗脖子，有些人还洗澡。一个谄媚的天朝人告诉我们他"很干净"，不管是否需要，他每3个月都要洗一次澡。

中国新年的第一天，华人热衷于设宴，他们把地球上好吃的东西都弄来吃。他们穿上最好的衣服享受纯粹的快乐。

我们访问的第一个地方是阿喜夫人（Mrs.Ah Hee）的家。她的丈夫以前是个商人，并且离开那个封建国度很久了。我们发现她正虔诚地烧着无聊的东西和檀香木。

我们参观了所有商铺，这些商铺的名字很相似，如荣安和（Wing On Wo）、毛记（Mow Kee）、阿解（Ah Kite）、余成（Yee Sang）、福华（Fook Wah）、荣程（Wing Ching）、戴记（Duck Tai）、魏记（Wee Kee）等等。每个商铺都用卷烟、糖果、坚果和橙子招待我们。几乎所有商铺都装饰得让人眼花缭乱。墙壁上挂了很多格言，其中一些格言要翻译过来难度相当大，比如"没有一个地方像家一样""没有母亲的家是什么""天道酬勤"……

这里不纵容赌博,仅仅把赌博作为一种娱乐和消遣,一些未开化的人热衷于一种叫"番摊"的中国式掷骰子赌博游戏,还有一些文明开化的人热衷于无害的纸牌游戏。我们发现很多居民在吃东西或悠闲地坐着,他们中的许多人正拍打着鸦片烟斗,梦想着在中国的妻子和情人。

我们也参观了神庙和华人共济会大楼,这两个都是非常显赫的建筑。

但是,该篇报道最后竟然这样评论道:"作为一个种族,他们已经沉溺于鸦片、酒精和烟草。如果他们有美国人的勇气,那么他们和4亿人民一起并且用中国皇帝拥有的金钱,将会很容易并且能够征服世界。但是一小部分来自日本的小男人已经致力于打垮并征服地球上人口最多的国家。"

这篇报道一方面对达奇弗兰特唐人街的春节做了详细介绍,说明当时这个唐人街已经具有很大规模并且声名远播,唐人街的中国新年也成为这一地区最大的节日之一,甚至成为媒体吸引读者的一个噱头。但是,另一方面,报道里面用"天朝人""未开化的人"来称呼华人,带有明显的种族偏见和歧视。这种舆论导向对传播和煽动公众的排华情绪具有非常大的推波助澜作用。

从1910年至1920年,随着唐人街人口老龄化,老华侨先后离世,年轻人纷纷到山外去寻找更多的机会,达奇弗兰特的华

在达奇弗兰特的金色漂移博物馆里,有"神庙"(致公堂)里的文物,可能从前供奉的是关公,后来遗失了,本地人就用观音代替了。(摄影:吴薇)

人人口严重萎缩。到1930年，新唐人街上的建筑只剩下街道西边的一部分，其他房子都在岁月的侵蚀中倒的倒，毁的毁。1933年，达奇弗兰特的最后一个中国人阿胡（Ah Woo）在旧金山去世，当时他和家人正在旧金山旅游。在阿胡去世后不久，他的家人搬离了达奇弗兰特。

据博物馆志愿者介绍，新唐人街一带过去有过一个华人公墓，后来华人社团把公墓里的华人尸骨挖出来装运到旧金山去了。

从19世纪50年代至20世纪30年代，中国人为达奇弗兰特多元文化的贡献持续了80多年之久，跨越了美国历史上著名的淘金时代和铁路时代。在辉煌年代里，达奇弗兰特把每年的7月4日国庆和中国新年作为特殊的法定节日来庆祝，激励人们珍惜这些比黄金更贵重的记忆。

100多年过去了，大山外的世界已经发生翻天覆地的变化，而这一切，似乎与大山里的达奇弗兰特无关。小山村里的居民，依然悠然自得，过着老派的生活。而老唐人街上那间谜一样的土坯房，承载了达奇弗兰特人割舍不去的情感。从一个多世纪前的繁华锦绣到如今"半鬼城"的断崖式衰退，达奇弗兰特的命运，令人唏嘘不已。

第八章 唐纳峰上的"中国长城"

伟大的西艾拉内华达隧道:在这块纪念碑下面,第一条跨州铁路横贯强大的西艾拉内华达山脉。中国人用了15个月,用体力和汗水打通了506米长的唐纳峰隧道。勤劳的中国人先用双手钻眼,接着用黑炸药和新发明的硝化甘油炸开坚硬的花岗石。从唐纳峰垂直往下打的通风井足足用了85天才完成,这就使得隧道建设工程可以从中间和入口共四个方向同时推进。中央太平洋铁路面临的最大障碍是要在1867年8月完成隧道工程。1868年6月18日,第一列载着乘客的火车通过这个隧道。1993年,最后一列火车驶过该隧道。

——特拉基酋长公司NO.3691,E.Clampus Vitus,
1999年8月7日立碑

距离萨克拉门托约169公里。从未见过雪的华工遇上西艾拉暴风雪,他们用生命打通绝顶隧道,铸就"中国长城"。

第八章 唐纳峰上的「中国长城」

80号公路上空荡荡的，看不到什么车，两边的群山渐渐变成无边无际的松林。我们在大自然的氧吧里，满怀着期盼和忐忑，向着西艾拉内华达山脉的制高点——唐纳峰，挺进！

当汽车从80号公路转入林肯纪念公路，我的心似乎快要跳出来，赶紧将脑子里所能搜索到的关于唐纳峰、唐纳关和绝顶隧道的历史镜头快速扫描一遍，希望即将看到的，能跟我为此次探险所做的准备工作吻合。

我为此次重走中央太平洋铁路所定下的最重要的目标，就是要尽一切可能找到唐纳峰—唐纳关—唐纳湖区域的华工史料，完成一次也许是不可能完成的田野调查。

我的唐纳峰之行，由此展开。

行者无惧，因为心中有梦想。

没想到的是，当我二度上山，真的实现了原以为不可能实现的愿望。

有一种气候叫"西艾拉风暴之王"

西艾拉内华达,这是一个西班牙语名字。而关于它的传说和故事,在当地家喻户晓;关于中央太平洋铁路在此遭遇的困境和中国人创造的史无前例的伟大奇迹,也都因它而变得波澜壮阔。

根据当地气候历史档案的记录,2.2亿年前,在中生代海洋地壳运动的作用下,西艾拉内华达山脉的最高峰海拔达4348.8米。1776年,神父佩德罗·冯将西班牙统治下的加利福尼亚东部边缘至海岸山脉南部之间的一大片山脉叫做"西艾拉内华达"。早期西艾拉内华达山脉的面积近乎是法国、瑞士和意大利阿尔卑斯山面积的总和。在西班牙语里,"西艾拉"的意思是"群山","内华达"的意思是"冰雪覆盖"。"西艾拉内华达"就是指冰雪覆盖的群山。事实上,"西艾拉内华达"已成为19世纪加利福尼亚的勘探者用来描述冰雪覆盖地区的一个通用的西班牙语专用名词。

西艾拉内华达之所以令人闻风丧胆,甚至有人说它臭名远扬,因为此山有着被称作"西艾拉风暴之王"的极端气候,以及被困山中酿至靠人吃人幸存下来的唐纳部落。

每年的10月至第二年的5月,西艾拉内华达山脉的暴风雪来无踪影,翻天覆地,要想在这几个月翻过这座山,无疑是在赌命。从19世纪40年代以来,恶劣的极端气候和崎岖复杂的地理环境使得要通过此山的人面临无法预料的挑战。无论是早期的拓荒者,还是铁路工人,抑或今天的旅游者,都必须面对"西艾拉风暴之王"这个可怕的自然之魔。

穿越西艾拉的古老小径有12条,其中最出名的是唐纳关。当地流传着这样一个故事:1844年,派尤特印第安部落首领特拉基首次发现这个通向斯蒂文斯部落、位于海拔约2206米的山关。1844年5月22日,斯蒂文

第八章 唐纳峰上的"中国长城"

斯部落的马车队共50名男人、女人和孩子,离开爱荷华的悬崖向加利福尼亚迁徙。这是第一批通过西艾拉内华达山的马车队,自此打开了通往加利福尼亚特垃基的通道。这个马车队成员主要来自四户人家,斯蒂文斯被推选为首领。在马车队沿着古老迁徙小径到达爱达荷边界后,他们改变路径,离开了那条为人熟知的迁徙小径,而向西进入不熟悉的内华达沙漠。一个派尤特印第安部落首领告诉他们如何从西艾拉内华达山脉抵达特垃基河。于是,马车队克服重重困难,沿着特垃基河一路走到西艾拉盆地。其中6个成员坐在马背上继续沿着特垃基河向西,最终于1844年12月10日,安全抵达萨特的新赫尔维蒂。留下的6辆马车由两个男人负责,马车队从特垃基河也就是现在的唐纳湖附近,踏着0.6米深的雪地,于1844年11月25日穿越唐纳峰。积雪迫使他们在尤巴河南边的大弯角扎营,留下负责马车的两个男人和妇女儿童,其余17名男子继续往新赫尔维蒂前进。约翰·萨特设法劝说他们加入他的队伍。最后,这个部落的家人重新团聚了。1845年3月初,这个马车队的所有成员包括在路上出生的两个婴儿均安全抵达萨特要塞。斯蒂文斯部落由此成为第一批穿越西艾拉的美洲移民,自此打开了通向加利福尼亚的这条"探险者之路"。

两年后,即1846年初冬,当另一个印第安部落——唐纳部落在万圣节到达西艾拉内华达山脉时,山顶的积雪已有1—1.5米厚。他们被困在山顶东侧数月,饥寒交迫,于是出现了可怕的"人吃人"。81人中几乎一半人在看到加利福尼亚的阳光前就已经死在了营地。暴风雪堵塞了关口,迫使唐纳部落困在那里等待从加利福尼亚萨克拉门托来的救援队伍。从1846年10月至1847年4月的那个冬天,西艾拉下过10场大暴风雪。12月中旬的一场风暴有些减弱,于是,幸存的15个人穿着自制的雪地鞋走出关口,他们所带的食物仅能维持一周,他们用了33天时间才到达位于西艾拉西侧斜坡的第一个大牧场。

金钉
——寻找中国人的美国记忆

唐纳关关口

唐纳关海拔2175米

唐纳关,因这个唐纳部落,而得名。

迁徙者派翠克·布里恩留下一本日记,他在日记里记录了从1846年11月20日直到他们一家人大约于1847年3月被营救期间的天气情况。1846年11月29日,布里恩在日记里写道:"积雪还有大约0.9米深,西风。今天把最后一头牛杀了。明天剥皮。很难找到木头。"第二天,他又写道:"大雪。西风。积雪大约1.2—1.5米深,没有漂移物。看样子要继续下雪。无翅膀的生物无法走动。"从日记里可以看出,当时积雪覆盖西艾拉,地面没有可以走动或爬动的生物,他们找不到食物,只能将运输工具——牛宰了吃,直到后来,牛也没了,于是出现了人吃人的可怕一幕。这些迁徙者直到3个月后还被困在唐纳关,他们栖息的木棚被积雪淹没,被他们砍下的树桩足有4.5—5.5米长,成为这里独特的大雪场标志。

1849年,淘金热浪潮席卷美国,大批矿工、商人、冒险者从唐纳关涌入西艾拉西侧斜坡的矿区。唐纳关因蜂拥而入的人群变得热闹起来。

那么,几百年来,是谁在唐纳关"走西口"?他们用什么交通工具穿越西艾拉?唐纳关彩虹桥右侧竖立的一块石碑,告诉我们唐纳关的迁徙者足迹:

1. By Foot——步行走过唐纳关。在欧洲拓荒者发现这条小径之前,这里是美洲原住民的走廊。沃肖印第安人拉着牛车从大盆地的家到加利福尼亚山麓的途中经过这里停留，在这里采摘栎实。他们拉着盐、黑曜石、兔子皮和松子等物品去和加利福尼亚的印第安人做买卖，换回食物、动物皮和海洋贝壳。

2. By Wagon——马车拉过唐纳关。

从古到今，唐纳关上的交通变化。

1844年，艾里萨·斯蒂文斯带领第一个马车队通过这个险要的山关，从此世人知道了这条迁移小径。这意味着西方移民时代的到来！在这场大篷马车运动中，近30万人翻越西艾拉内华达山脉，这中间包括1846—1847年的唐纳部落。与这条迁移小径合并的部分，就是1864年完工的达奇弗兰特——唐纳湖马车路，这条马车路向这一地区的永久居住点开放。

3. By Train——火车开过唐纳关。1866—1868年，几千名劳工包括中国人，在坚硬的花岗岩悬崖峭壁上用钻子钻、用炸药炸，为第一条跨州铁路——中央太平洋铁路开路。从唐纳关望出去，可以看到劳工付出巨大努力的成果。由于铁路连接了东西部，现在要穿越东西大陆旅游变得快捷方便。这吸引了更多人往西部去，标志这一地区旅游经济的开端。

4. By Auto——汽车驶过唐纳关。到1909年，汽车从唐纳关驶过，当时这里还没有铺柏油路。1913年，西艾拉的这条干道与林肯公路合在一起，成为第一条连接东海岸和西海岸的汽车公路。1926年，40号公路取代林肯公路的一部分，成为穿越唐纳关的主要汽车公路，直到1964年80号州际公路完成。

位于唐纳关上的彩虹桥建于1926年8月，桥上的这块主题为"谁走

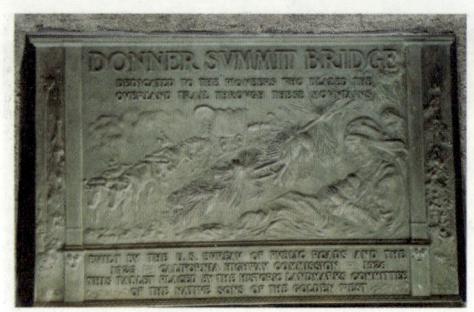
彩虹桥上的这个纪念碑是复制品

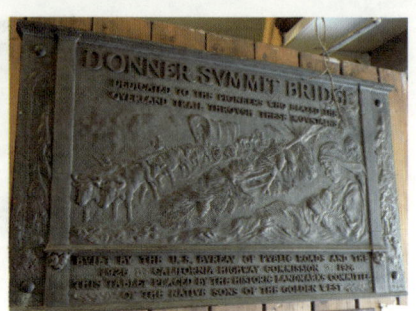
纪念碑原件悬挂在唐纳峰历史协会里

过这里"的碑记，记载的就是唐纳关的历史。在40号公路于1926年开通前，这里还是砂石路，即便是在40号公路开通后的几年，这条路仍然是砂石路，没有铺柏油。在1863—1926年的63年间，这条路由铁路公司维护，40号公路开通后，才转为由国家和州政府来管理。

现在悬挂在彩虹桥上的纪念碑"唐纳峰桥"，讲述的就是第一个穿越唐纳关的斯蒂文斯部落的故事。有意思的是，我后来在那姆老人那里看到一个同样的纪念碑，这才是真品，桥上的那个只是一件复制品。原来，在几年前，真品在彩虹桥上被人偷走了，那姆老人就做了一个复制品挂在桥上，后来老人又很神奇地把真品找了回来，并收藏在唐纳峰历史协会里。

徒步8号隧道步步惊心

傍晚，我们到达唐纳关。

此时，太阳还挂在天上，月亮也爬了上来。

此时，唐纳关上，只有我们四个人，来自中国广东，铁路华工的故乡。

唐纳关海拔2175米。由于后来公路修得越来越好，唐纳关其实已经是40号历史公路的一部分了，这段路现在叫唐纳关路。

从停车场直接爬上山坡，满山遍野都是坚硬的花岗岩石，天空飘着零星雪花，山风吹得耳朵有些刺痛，积雪还未融化，艰难地走在崎岖不平的山石上，脚下不时打滑，令人感到冷清和心慌。

然而，当我们爬上山坡，放眼远眺，却是无限风光。夕阳下的唐纳湖史诗般壮美！落日的火烧云将山上的花岗岩映射得火红火红，在亮白的残雪映衬下，就像一颗颗燃烧的鸡血石；青翠的松林把唐纳湖装点得鹅蛋般精致，碧绿的湖面上波光粼粼。

多么美丽的天池！

这就是我在老照片上看过无数次、结结实实印刻在脑子里的唐纳湖！如今，这里是行者的天堂。然而，在150年

19世纪60年代的唐纳湖，右边为8号隧道口，防雪棚还未完全建好。（图片：斯坦福大学提供）

2014年5月，正午时分的唐纳湖。（摄影：吴薇）

2014年5月，夕阳下的唐纳湖（摄影：吴薇）

前,这里却是中国铁路工人的"人间地狱"。

站在石坡上,视野是极开阔的。湖岸峭壁,便是华工开凿的被称作"无法完成的工程"的隧道,6号、7号、8号隧道清晰可见,虽已成"文物",但气势犹在。这个场景,正是广为流传的华工开天辟地炸开唐纳关隧道的老照片所在地,在萨克拉门托加利福尼亚州铁路博物馆里陈列的华工开凿隧道仿真场景,也正是此地。

我想,到唐纳关的游客中,肯定也有中国人,只是人数不会多,他们未必知道唐纳关上这段跟中国人有着密切关系的伟大历史,也不会有多少中国人会专门为了追寻这段中国人的历史而来到此地。到此一游者,陶醉的是这里与众不同的湖光山色。而我,从万里之遥的中国专程来此,希望能带走这段沉默了一个半世纪的历史,并将这段历史介绍给中国的朋友们。

眼前的一切,虽然已经无数次在我脑海里闪现过,但当我身临其境,仍倍感震撼。这一刻,时间静止了。我呆呆地望着那几个时光隧道,几乎忘了太阳就快下山了。

此时,传来同伴的声音,原来是在对着我大喊,叫我加快节奏,下到8号隧道拍摄老照片。

随着喊声的方向,我赶紧手脚并用地往下走。因为隧道口的山上积雪正在融化,我的装备不够专业,脚下猛一打滑,一个趔趄摔倒在积水潭,手磨破了皮,出了点血。

西艾拉就是一座大雪山。虽然已是5月,居然让我体验了一回爬雪山的滋味。

我和同伴一前一后,走进8号隧道。隧道里黑乎乎的,顿时从白天掉进了黑夜,才真正体验到伸手不见五指的极度恐惧。我们靠着手机自带电筒微弱的光线往前走。"滴答,滴答",融化的积雪从隧道顶上掉下来,我全身神经紧绷,直打哆嗦,脚踩着水坑无法控制地拼命往前走,

第八章 唐纳峰上的"中国长城"

心里只有一个念头：找到出口！我的脑子一片空白，心里异常害怕，一边喊着同伴的名字，一边循着回音往前走，那个时候，除了恐惧，还是恐惧。当见到前方出现一堆白光时，我兴奋得差点要哭出来，到跟前才发现是一堆小山似的冰雪，我几乎手脚并用地爬了过去。

150年前，隧道外暴风雪疯狂肆虐，被压在积雪下的隧道暗无天日，仅靠煤油灯照明，几千名华工打通西艾拉隧道的惨烈场景，我不敢去想象，不忍去想象，根本无法想象。

夕阳下，冰雪覆盖的8号隧道口

已经记不清在漆黑的隧道里走了多久，只记得见到出口重见天日时的欣喜若狂：活着，真好！

出口就在8号隧道连着的防雪棚一侧，那其实是一个很不起眼的小门洞，可能是用来吸引徒步者到此探险的。我走出门外，却见一片白雪皑皑，积雪大约有10厘米深。当我艰难地越过一堆堆废弃的枕木、枯树和乱石，才猛然发现，我已经站在了刚才从唐纳关上望见的防雪棚外，眼下就是唐纳湖。

先到的同伴戴着牛仔帽，扛着枕木，正站在一堆被积雪掩盖的枕木上，扮作当年华工的模样。而身后的背景，就是我们此番要拍的一张老照片场景：一名华工担着茶水送到隧道工地。这是一张著名照片，只是很少有人知道这是8号隧道施工工地，我也是很偶然地在一位美国学者的文章中发现了这张照片，照片说明是8号隧道的华人运茶工。

而这个隧道口，的确就是老照片上的8号隧道口。因为老照片上华工

金钉
——寻找中国人的美国记忆

8号隧道的华人运茶工。华工每天三班倒施工,厨师煮好凉茶或茶水送到工地。（图片：斯坦福大学提供）

防雪棚连接8号隧道口,远处山顶上的树弯了。积雪很深,由于踩在废弃的枕木上走,要站在与老照片完全相同的位置上很难。

身后悬崖上的那颗松树居然还在！防雪棚入口处的山口也可以对上号,我们所站立的位置,几乎与老照片的拍摄角度一样。大自然是多么神奇啊！一个半世纪,无论西艾拉的风云如何变幻莫测,老树依旧坚强地矗立在悬崖上,孤零零地守护着这些沉默的道钉。

老照片是由中央太平洋铁路公司的专职摄影师拍摄的。照片上,一个华工戴着斗笠,身着宽松棉质长袖长裤,裤脚扎得紧紧的,用扁担挑着两个木桶,这是给工地送茶水的厨师。从照片看,当时还没有进入冬季。

而我们现在要拍的这张照片,角度基本一样,但隧道已披上了银装,一眼望不到尽头的防雪棚,宛如一件华丽的超长版羽绒衣,将隧道紧裹着。只是防雪棚已不是松木棚了,1983年,64公里长的防雪棚被改造成钢筋水泥结构,徒步者在水泥墙上描绘了很多色彩斑斓的涂鸦,俨然一条艺术长廊。

这个64公里长的防雪棚,也是勇敢的中国人与"西艾拉风暴之王"

第八章 唐纳峰上的"中国长城"

决战的战场。在攻克西艾拉山脉的两年多时间里,他们不仅要与地斗,还要时刻与天斗。从未见过雪的广东人,第一次看见雪便是说来就来的大雪和防不胜防的雪崩,故事饱含悲惨血泪,却也淋漓尽致地展示出广东人的智慧和难以置信的创造力。据载在8号隧道挖掘期间,隧道被冰雪封住了入口,华工只能把隧道和雪棚当成生活区,居然在积雪下面挖了一间铁匠铺。对于徒手开山劈石的华工来说,唯一可以用来"移动山脉"的工具是铁钻和铁锹,所以,用冰雪建造铁匠铺——如此魔幻而现实的事情竟也发生了。

1866—1867年的那个冬季,44场暴风雪席卷西艾拉内华达山脉,唐纳峰上的积雪厚达13.4米。最大的一场雪在13天内下了3米厚。一场雪崩横扫了整个华工营,当第二年春天人们发现这些华工的尸体时,他们已冰冻的手里仍然紧握着作业工具。不久,9号隧道附近的另一场雪崩吞噬了20个华工的生命。第二年冬天气候也没有变好些。1867年12月,副热带风暴席卷西艾拉,降雨量超过1米,引起了严重洪涝灾害。虽然1868年1—3月上旬天气显得诡异地安静,但是仍然有一场暴风雪在5天内下了3米的降雪量。《弗吉尼亚城地方事业报》这样描述:"这个冬季对于铁路沿线的中国人来说是残酷的,他们中的许多人死了,也有很多人在各种事故中致残。"

巨型铲雪车在铲雪,铲雪车需要几个火车头才能拉动。图中车前可见一华工。(图片:斯坦福大学提供)

181

由于大雪越积越厚,铁路公司用火车将大功率铲雪机运到工地,铲雪机装有9米大铲,犹如庞大的军舰一般,但是,仍然移不动这些高密度积雪。这些用最好的木材做成的枕木在积雪重压下"啪"的一声就断裂了。劳工们的邮件都是邮递员坐着雪橇横穿大陆送达的。

在如此残酷的气候下,刚铺下的铁轨,顷刻间就被暴风雪和雪崩淹没,铁路建设遇到了难以逾越的天敌。铁路公司不得不决定给铁路建个严实的"房子"——搭建防雪棚,保护铺好的铁轨不被突如其来的暴风雪和雪崩吞噬,从而保障中央太平洋铁路继续向东推进。

1867年夏天,第一条8公里长的实验性防雪棚建成,但是仍然不堪雪崩重压。于是在1868年夏天,对先前的防雪棚进行了两种结构改造:一种是建在山坡上的有A型木屋顶的防雪棚,另一种是有砖石结构墙体的防雪棚,直到1869年,64公里长的防雪棚工程才竣工。工程总共耗费的木材排在一起达2万公里,用作螺栓和钉子的铁达900吨,大约2500名工人参加了这项工程建设,工程项目费用空前,约在200万美元以上。光是铲雪,就是一项艰巨工程。在建防雪棚之前,华工要用铁铲铲除积压在铁轨上的

最早的防雪棚是A型屋顶,因无法承受积雪重压,很快改成平顶。(图片:Donner Pass: Southern Pacific's Sierra Crossing, by John R.Signor)

8号隧道防雪棚,成了涂鸦长廊。

第八章 唐纳峰上的「中国长城」

冰雪。往雷诺方向有一个11.3公里长的沟壑，这个沟壑累积了9米厚的积雪，华工硬是用铁铲一铲一铲地将积雪铲除掉。隧道和防雪棚连成一个封闭长廊，变成了一个实质性的"地下城"，华工在这个漆黑的冰城里艰苦地生活和劳作。

而当年建造这个防雪棚的模拟场景，现在就搭建在萨克拉门托的加利福尼亚州铁路博物馆里，和唐纳湖上的华工施工仿真场景紧挨着。

因为天色渐暗，我们从8号隧道往回走，这一次因为是四个人同行，又有了刚才的经验，不多久就回到了隧道口。

暮色中，我们赶下山。

首次唐纳关之行，我们虽然只停留了两个半钟头，还有很多历史遗迹未来得及寻找。然而，这次体验却是刻骨铭心的，对华工用双手打通唐纳关隧道的艰险有了深切体会，至今记忆犹新。

建设中的防雪棚（图片：Central Pacific Railroad Photographic History Museum）

现在，山上的防雪棚只剩下唐纳关一带。

与守山老人的一个约会

西艾拉的天，说变就变。白天盛产阳光，夜晚盛产暴风雪，一天四

183

季，冰火两重天。

当我第二次上唐纳峰，已是一周后。

这一次，吴薇和她的先生蒋炎尧教授一起陪我上山。蒋教授是内华达州立大学机械系终生教授、力学专家。有如此难得的高级向导，我对完成唐纳峰上的田野调查充满信心。

一大早，内华达的骄阳似火燃烧，我们从雷诺出发，自东往西进入西艾拉内华达山，从内华达州进入加利福尼亚州。其实，内华达州和加利福尼亚州的分界线很难分得清，太浩湖一半在加利福尼亚州，一半在内华达州，在山里转，这一刻在内华达州，那一刻又到了加利福尼亚州，兜兜转转又回到了内华达州。

蒋教授亲自开车，我们从80号公路转入40号历史公路，寻找唐纳峰"20英里博物馆"走廊上的"中国长城"。

车在上唐纳峰的途中停了下来，蒋教授说从这里看西艾拉山上的防雪棚和隧道是最好的角度。果然，当我抬头远眺，跃入眼帘的竟然是一条"天路"——中央太平洋老铁路从西艾拉山顶如长虹般穿过，直上云

我们从雷诺上山，前方的雪山就是通往加利福尼亚州的西艾拉山。（摄影：吴薇）

第八章 唐纳峰上的"中国长城"

远眺天路，直插云霄。

霄。我和吴薇同时惊叫起来——不可思议！无与伦比！

想起了一句老话：不识庐山真面目，只缘身在此山中。距离产生的冲击力，有时候是超乎想象的。

这是一条神奇的天路。

因为事先已约好与唐纳峰历史协会的那姆先生会面，我们只好看着天路在我们的视野里渐行渐远，径直赶往苏打斯普林斯。

苏打斯普林斯离唐纳关不远。我们在山顶的一间小屋前停了下来。屋顶上醒目地写着：唐纳峰历史协会。这就是吴薇说过的那个令我想象了无数次的地方：唐纳峰上有一间简陋的房子，房子是唐纳峰历史协会，有一位当义工的老人，蒋教授从老人那里了解了不少关于铁路和中国人的故事。

其实小屋并不简陋，只是简单，这样的小屋在美国西部山区到处可见，很典型的西部风格。只是管理这间小屋的主人，是个有故事的人。

那姆·泰勒，一位慈祥豪气的老人，特别喜欢滑雪，20岁时从旧金山来到西艾拉，被唐纳峰的天然大雪场吸引，从此留在了山上，一晃过去了60年。老人住在特拉基，每天的工作就是帮山上的建筑工地打工，比如拆房子、平整路基、运输材料、清理工地，等等，从20岁到现在，每天都开着他的小货车在山里转。所以，唐纳峰这一带的事儿，没有他不知道的，唐纳峰这一带的很多历史照片，是他拍的。松木防雪棚，也是他参与拆掉的。

老人开着他的小货车从工地专门赶来见我们。我脑子里原本勾勒的场景是：一间破旧的小木屋在西艾拉山巅飘摇，一位瘦弱的老人每天在风中煮着咖啡，门口放着一些旧书籍，上山的游客在这里喝杯咖啡，淘几本好书，和这位孤独的守山人聊聊唐纳峰的传奇。

直到见到这间小屋，看到那姆老人，我才笑自己想入非非。眼前的这位老人1米85的个头，红光满面，身壮如山，声如洪钟，丝毫看不出已80高龄，而且老人冬季还在滑雪，每天还在建筑工地上干活。老人非常热情，很健谈，也很幽默，不时发出朗朗笑声，让我对这个"山寨王"一下子变得亲切起来。

蒋教授和那姆是老朋友了，而我这个不速之客的到来多少令老人有些惊讶。当他听说我是专门从中国广东省来的，马上说道："修建唐纳峰铁路的劳工是来自广东的中国人。"因为第一次见到有中国人专门为寻找唐纳峰上的中国人历史而来，老人显得特别兴奋，侃侃而谈。

小屋大概四五十平方米，几乎就是他的收藏室，陈放的物品都是跟唐纳峰历史有关的，特别是铁路和伐木的各种作业工具，尤其以伐木工具最多，拥挤地悬吊在墙上和屋顶上。墙上贴满老照片，有些是中央太平洋铁路的官方照片，老人配了文字说明；有些是老人自己拍的照片；有些是老人收藏的老铁路明信片。靠墙的桌上摆放着很多关于铁路的书籍，老人说这些著作都是唐纳峰历史协会的专家们写的。我随

那姆先生向我们介绍唐纳峰上的铁路历史

手翻了几本,美国学者研究的课题很细,比如有一本专著是专门研究华工究竟是坐在篮子里,还是坐在舢板上吊到悬崖下放炸药爆破的,作者认为是舢板,写了厚厚一本工程技术类专著。我很敬佩这种做学问的态度,抓住一个问题,锲而不舍,不断追问。而且,篮子还是舢板,这是长期以来在中央太平洋铁路研究中争论不休的一个问题,至今还没有找到相关史料或照片。

蒋炎尧教授和那姆先生各持一根铁钎。一根尖嘴,一根扁平,不同功用。

小屋里的古董都是老人60年来的私人收藏,他说唐纳峰一带的工地他都参加清理了,看到那些记载着历史的文物被扔掉很不舍,于是就有了收藏文物的爱好。老人特别骄傲地给我们看一件宝贝,是华工用过的铁钎,总共有两根,很不起眼地靠在门口。铁钎很重,长约1.5米,我要用两只手才能拿着它稍微离地。老人说这是他在清理山顶隧道时捡回来的,并且非常肯定地说这是中国人用过的铁钎,当年中国人就是用手紧握铁钎一锤一锤地

我和那姆先生在唐纳峰上留下难忘的合影

第八章 唐纳峰上的"中国长城"

在坚硬的花岗岩上凿出洞来。老人得意地让我们看铁钻上的刻字，清晰可见五个字母"CPRRC"，这是中央太平洋铁路公司的缩写。这是我第一次看到华工打通唐纳峰隧道的实物工具，兴奋之下，马上问老人可以卖一根吗？老人笑笑摇摇头。我想，可能是老人已经把唐纳峰上中国人创造的奇迹视作唐纳峰历史不可分割的一部分，他才会这样舍不得。

想到自己专门为寻找唐纳峰上的中国人历史而来，原以为美国铁路华工至今还是沉默的道钉，当地人民至今不知道华工对美国的贡献。而事实上，我们一路走来，所见所闻，美国民间协会发起的在铁路沿线所立的纪念碑，有的更是专门为华工而立，都说明了一个现实：道钉开始不再沉默。

既然买不到这个珍贵文物，我和老人一人拿一根铁钻，在西艾拉内华达山脉的最高点——唐纳峰，拍下了一张难得的合影。

有一个问题我特别想跟老人了解，就是打通6号隧道通风井的原址在哪里？"通风井"在很多史料里都提到过，为保证铁路建设速度，克劳克决定从6号隧道顶部垂直往下打一个通风井，之后工人从四个方向同时开凿隧道。对此我很好奇。

老人说通风井就在唐纳关上，那里立了一个纪念碑，通风井用一个盖子盖了起来。

这时，进来一个路人，买了杯咖啡，老人很快冲好咖啡给他，快得我几乎没发现那里有咖啡机。

在跟老人交谈过程中，有一个问题始终在我脑子里飘来飘去，对老人、对唐纳峰历史协会越发觉得好奇。蒋教授告诉我，像唐纳峰历史协会这样的民间协会很多，政府不给经费，协会的所有开支都是自筹的。唐纳峰历史协会正在努力筹建一个博物馆，但是目前还没有足够费用。到唐纳峰来的人一般都是本地人，都会到老人的小屋里买杯咖啡、书或其他纪念品，通过这种方式支持这个历史协会。说话的功夫，蒋教授已

第八章 唐纳峰上的"中国长城"

沿着特拉基河的老铁轨有些已经拆掉了,然而,岁月的印记深深地烙在了这片土地上。

买了几本书。老人很高兴,连声道谢。

离开的时候,老人说他还要去工地干活。看着他健步走进小货车,我们朝他挥挥手,相约再会。

寻找绝顶隧道"第一锤"

从苏打斯普林斯到唐纳关的路上,有一块很大的空地,面向特拉基河,蒋教授说对面有一个天然大雪场。唐纳峰的雪场分天然的,也就是原生态的大雪场和作为旅游项目的滑雪场。不过,教授专门停下车来叫我看的,当然不会是看大雪场。

原来眼前是中央太平洋铁路老路基,铁轨和枕木都已拆除,然而,岁月留痕,沿着特

中央太平洋铁路沿着特拉基河铺了113公里,这是1870年前后拍摄的西行的一段铁路,现在山上的铁路有一部分已改道。(图片:*Donner Pass: Southern Pacific's Sierra Crossing*,by John R.Signor)

189

拉基河呈弧形环绕，新铁路就在老铁路后面，掩映在绿色松林之间，绿海之上是一片白雪，白雪之上是一片湛蓝的天空。阳光下，清风徐来，这样近距离俯视老铁路，别有一番沧桑之美。

很快，我们到达6号隧道口。这是中央太平洋铁路贯通西艾拉的15条隧道中第一条打通的隧道——著名的"绝顶隧道"，通常也叫唐纳峰隧道。隧道上面，就是唐纳关。

6号隧道口的积雪已经融化，这样我们便可以零距离触摸绝顶隧道，猛烈的阳光反而为我们提供了高清的可视环境。

6号隧道全长506米，是15条隧道中最长的一条隧道。隧道两端都有出口，打着手电筒走在隧道里面，可以依稀望到出口处的微弱光点，让人感觉前方仍有一线希望，不像连着防雪棚的8号隧道，一望无际的黑。

之前，那姆老人给我们看过几张他和同伴拆除6号隧道防雪棚时拍摄的照片，照片是1995年拍的。老人说，1993年新铁路改道后，松木结构的防雪棚开始大规模拆除，到1995年，64公里长的防雪棚只保留了唐纳峰一段，并且用水泥代替木头，因为那时候大型铲雪机已经投入使用，不再需要防雪棚，而且封闭的防雪棚不仅影响游客观赏自然美景，火车的烟雾也散不出去。照片非常珍贵，记录了他们当时的作业环境，特别是6号隧道顶部唐纳关的环境。由于当时我只顾着翻拍照片，来不及仔细打量隧道顶部，否则后来我们找通风井就不会找那么久了。

1995年拆除6号隧道防雪棚现场（图片：那姆·泰勒提供）

亲眼见到西艾拉内华达山的

花岗岩山体，才知道什么叫坚如磐石，才知道什么叫"不可能完成的工程"，才知道为什么这条铁路会被誉为"19世纪工业文明的七大奇迹之一"。那是150年前，没有大型机械，华工们仅凭两只手，一敲一敲，一锤一锤，硬生生地雕刻出这样一个人类奇迹！

聆听着积雪融化的"滴答"声，阳光下可以清清楚楚地看见隧道口周边发黑的岩石，岩壁上满是黑烟的印迹。蒋教授说，这些应该就是当年用黑炸药爆破留下的痕迹。令我们万分意外的是，在离隧道口两三米的岩石间，一根铁钻一半插入花岗岩中，一半裸露在空气里，稍稍有点弯曲。黑色的铁钻夹在黑色的花岗岩间，几乎不会引起人们的注意。再仔细端详，这根铁钻和那姆老人收藏的那两根铁钻一模一样，是华工用来开凿花岗岩

我们无意中发现的这根铁钻，可能是迄今可以看得见的太平洋铁路遗址上极少数"在场"文物之一。

的铁钻。这个发现让我们兴奋不已，因为这个"现场"足以证明：150年前，中国人是怎样用双手和简陋的工具在坚硬的花岗岩山体上开山劈石，打通隧道！

置身在这样一个特殊情境里，凝神细看，我仿佛闻到了150年前的硝烟。

据载，"四巨头"曾到唐纳峰考察，从山顶往下望去，按照"疯狂的朱迪"设计的方案，铁路将会往下铺设305米直到唐纳湖。在一阵可怕的沉默之后，亨廷顿说："我会告诉你我们将要做什么，克劳克。"他说："我们就在这里建一个巨大的升降机，火车开着能上能下。"克劳克长叹一声说道："噢，劳德，这是不可能实现的。"

但恰恰是克劳克，后来从中国人建造万里长城中看到了希望，竭力主张雇佣中国劳工，并通过招募近两万名华工，实现了不可能实现的梦想。

打通唐纳峰隧道，是一项挑战人类极限的工程。隧道海拔2100多米，全长约506米，隧道两端自西向东落差达9米，山体为花岗岩。要用双手而不是机器来完成这样一条隧道，没有人相信可以变成现实。

1865年10月14日，总部位于奥本的《普雷希尔先驱报》报道："中央太平洋铁路公司已经开始进行在西艾拉内华达山唐纳峰一带隧道的开挖。该隧道总长达487.7米，这项工程将夜以继日地进行，直到隧道完工。"当中央太平洋铁路于1866年秋天铺进西斯科后，华工大军马上被运送到唐纳峰加入6号隧道开挖工程，虽然一年前这条隧道已经开始动工，但是因为遇上史无前例的暴风雪，工程进展极其缓慢，这让"四巨头"焦虑不安。

华工用铁锹、铁钻和黑炸药开凿6号隧道（图片：Alfred A.Hart）

于是，越来越多的华工集结到唐纳峰，开始了挑战人类生存极限的"绝顶隧道"——6号隧道的挖掘工程。

啃，啃，转动……啃，啃，转动……一周7天，一天24小时，华工分成三人一组，三班倒开工，争分夺秒，日复一日，钻山打石的重击声和爆破声在唐纳湖上空足足响彻了两年多。每天，唐纳峰上到处是这样的场景：一个华工紧握铁钻，另外两个华工用铁锤用

力锤击，在无比坚硬的花岗岩上打一下，转一下，不停重复着同一个动作，凿出直径约3.2厘米、深约0.76米的小孔，这些小孔用来安放硝化甘油。后来，因为使用黑炸药，这些小孔的直径达到6.35厘米。华工把黑炸药粉末填满小孔的1/3，然后放入黏土、干草和沙，插入导管，压实小孔，点燃导火线，瞬间跑开。稍有差池，他们就会粉身碎骨。当爆炸的硝烟还未完全散去，其他华工已走过去用手将碎石搬走。

1867年4月22日，《萨克拉门托联合日报》记者发自唐纳关的报道说：

> 567米长的唐纳峰隧道又宽又高，它远远超出了工程技术可以攻克的最艰巨最困难的难题。隧道要通过最坚硬的但对工业而言是最好的花岗岩，去年9月跨州铁路在离萨克拉门托174公里海拔最高的这个地方，第一次遇到了屏障。大家首先想到的是，要在坚硬的花岗岩上打洞，没有至少两年时间不可能挖通隧道。

该报道中的隧道长度超出实际长度约61米，可能是因为当时报道采集的数据有误。

由于从一个方向开挖隧道速度太慢，于是同时从两端相向开挖，但是速度仍然缓慢，一天只能推进几厘米。在这种情况下，铁路公司决定从隧道中间位置上方自上而下垂直开凿一个通风井，然后再向两边开挖。这样，6号隧道的开凿就同时有了四个方向。挖掘通风井就像一件永远做不完的事情，有时候一天挖不到2.54厘米。事实再一次证明：只有中国人，才会有这种坚韧的意志力。

华工的刻苦耐劳得到了克劳克的赞赏。在隧道挖掘工程刚开始时，克劳克从内华达州的弗吉尼亚城招募到一批康沃尔郡矿工来挖掘隧道一端，而隧道的另一端由华工负责开挖。克劳克后来如此评价道："中国人总是领先于康沃尔郡矿工,从未失败。那就是说,中国人比康沃尔人在一周内可以劈开更多的岩石。这是一项艰苦的体力劳动,需要稳定地敲打岩石。最后,康沃尔人愤然离开,并发誓不和中国人一起工作。"于是,很快"中国人拥有了所有工作"。

克劳克的回忆,证明在贯通西艾拉的隧道工程建设中,几乎所有建筑工人都是华工。由此我们可以得出这样一个推论:在中央太平洋铁路建设工人中占90%以上的华工大军,在1866—1867年穿越唐纳峰的两年多时间里,华工比例接近100%。

《萨克拉门托联合日报》1867年4月22日的报道也证明了以上推论,报道说:

在花岗岩上打孔的工人都是中国人,他们拥有最杰出的双手,他们3个人一组,可以在12小时内钻出3个直径约3.2厘米、深0.76米的小孔。

但是,这个对绝顶隧道的贯通起关键作用的通风井遗址究竟在哪里?那姆老人说,就在唐纳关上,那里立了一块纪念碑,纪念碑附近就是通风井,井口盖了一大块铁皮。

我们在唐纳关停车场上寻觅,终于在一个太不起眼的角落发现了一块纪念碑,上面写道:

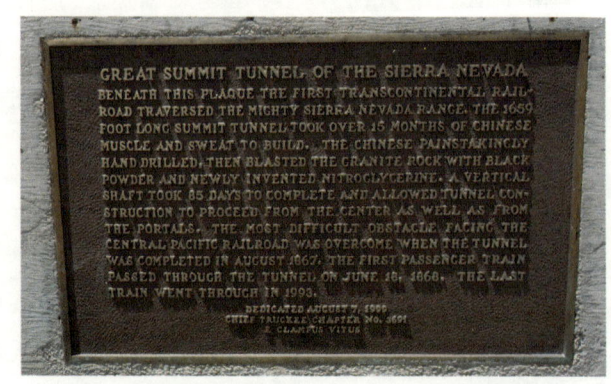

6号隧道通风井纪念碑

第八章 唐纳峰上的"中国长城"

伟大的西艾拉内华达隧道：在这块纪念碑下面，第一条跨州铁路横贯强大的西艾拉内华达山脉。中国人用了15个月，用体力和汗水打通了1659英尺（506米）长的唐纳峰隧道。勤劳的中国人先用双手钻眼，接着用黑炸药和新发明的硝化甘油炸开坚硬的花岗石。从唐纳峰垂直往下打的通风井足足用了85天才完成，这就使得隧道建设工程可以从中间和入口共四个方向同时推进。中央太平洋铁路面临的最大障碍是要在1867年8月完成隧道工程。1868年6月18日，第一列载着乘客的火车通过这个隧道。1993年，最后一列火车驶过该隧道。

——特拉基酋长公司NO.3691，1999年8月7日立

我们都惊呆了！打通这条位于海拔2100多米、长506米、宽4.88米、高7米的绝顶隧道用了15个月，其中打通风井足足用了85天，费时3个月，占了五分之一时间。

我脱口而出：这才是"绝顶隧道第一锤"！

因为6号隧道是穿越西艾拉山脉15条隧道中最长的一条隧道，是第一条挖掘贯通的隧道，是工程难度最大的一条隧道！

我们继续往纪念碑后面寻找，因为底下正是6号隧道位置。在凹凸不平的花岗岩中间，有一块平地，平地中间有一口四方井，井的周围全是废弃的枕木，井口盖了一块锈透了的铁皮。我们都很兴奋，仔细察看周围环境，比照纪念碑上的记载和那姆老人的描述，一致认为，这里就是6号隧道的通风井。

绝顶隧道第一锤，便是从这里打响。

通风井位于6号隧道中央，呈90度，井口大小约8.6平方米。华工们从唐纳关上垂直往下打井，一边打眼爆破，一边清理碎石；炸开一些岩石后，第一件事情便是用手把碎石全部拖上来运走，接着再锤敲。因为徒手搬运碎石进度太慢，于是铁路公司从萨克拉门托峡谷运来加利福

6号和7号隧道正在施工中,正前方远处可见6号隧道通风井外的白色烟团,蒸汽机正在运转,将井下面的碎石吊上来。(图片:斯坦福大学提供)

6号隧道通风井遗址

尼亚州第一辆蒸汽火车头,虽然火车头很旧,但还可以使用。这样,通过蒸汽机的功力,把井下的碎石吊上来,大大加快了清理碎石的速度。

通风井挖通后,6号隧道工程建设便有了相反、相向四个方向同步进

行。隧道里的华工被分成三四十个队伍，每个队伍由一名白人监工。每一个方向都有12—15名华工同时作业，有的负责钻孔，有的负责清理碎石，用手推车或篮子把碎石搬走。隧道里的作业环境极其恶劣，仅靠煤油灯照明，空气无比污浊，敲凿岩石产生的滚滚粉尘几乎让人窒息，炸药爆炸后四处飞溅的花岗岩碎片随时危及生命。

虽然工程速度是原来的两倍，但是华工一天也只能从四个方向推进0.36米，平均每个方向推进9厘米。为赶工程进度，会用炸药的中国人用上了炸药，工程进度最快的一天推进了0.69米，一天总共使用300磅黑炸药。

决战通风井，成了打通唐纳峰第一条隧道——6号隧道的关键一役。

这更像是一个传奇。如果不是亲眼看到唐纳峰地理环境之险恶，难以相信这是一个真实的故事。

6号隧道口，一名华工正在搬运石头。（图片：斯坦福大学提供）

华工打响绝顶隧道"第一锤"两个月后，等于在通风井下挖出了一个施工城。山体塌方和雪崩使得华工随时面临无法预料的生命危险，数以吨计的泥石流从山上滚落到已经铺好的铁轨上，堵塞了隧道两端入口，导致华工窒息而死。在1866年的圣诞节，《达奇弗兰特调查报》报道：

被铁路公司雇佣的一群中国人……被积雪淹没，其中有4人或5人在被挖出

6号隧道口，铁轨已拆除。

来之前已经气绝。积雪太厚以至于一夜之间整个华工营的中国人被积雪覆盖,直到我们的爆料者离开时,圣诞夜都在挖掘华工。

有时候雪崩扫荡华工营后连华工的尸体都找不到,等到第二年春天积雪融化,铁路公司才发现华工的尸体仍然直立着,冰冷的手里紧握着铁镐和铁铲。而这样的雪崩,在西艾拉山上很常见,因为山上的冬季很长,从每年10月直到第二年5月。

华工营是移动的,铁路修到哪里,华工营就建在哪里。所谓的华工营,也就是在铁路施工地附近用松木临时搭建起来的极其简陋的棚屋,每间棚屋大约1.2米高、1.8米宽、2.4米长。1867年10月7日,一位联邦铁路视察员从唐纳峰回去后向内政部长汇报6号隧道一带的情况时说:

这些劳工营通常建在离工地约1.6公里的地方,劳工营里有储物房、供电房、铁匠铺、厨房、吃饭和睡觉的房间,以及喂养骡子、马和公牛

6号隧道东口,以及从7号隧道过来的马车队,隧道口两边的小木屋就是华工棚屋。(图片:斯坦福大学提供)

我们在6号隧道东口勘察地形

的棚子。这些棚屋很小,是中国劳工搭建自用的,就像一个村庄。

这样的棚屋,本身就不牢固,经不起震动和摇晃,更不用说抵御暴风雪、雪崩和山体滑坡。

冰雪中,华工不得不把营地从地面搬到积雪下,在12米厚的积雪下面挖掘"雪下通道",每个通道的长度15—61米不等,通过这些雪下通道往返施工工地。雪下通道是华工生活的"棚屋区",俨然一个地下城,华工不仅在雪道里挖出一个个房间,还挖窗户和烟囱,通过窗户把垃圾扔到外面,通过雪烟囱和雪梯爬回地面。这些地下城必须经常维护,因为屋顶随时会凹陷。所以,华工不仅要挖隧道,还要不停地挖雪道。每天,他们在雪道里生活,在隧道里施工,用灯笼照射的微弱亮光步履艰难地在迷宫似的地下城里来回挪动。他们经常连续几个星期见不到阳光,分不清白天黑夜,与世隔绝。他们要忍受漫长的黑暗、严寒、暴风雪、雪崩、山体滑坡、爆炸、事故、疾病等危险。

流产的罢工

与白人劳工相比,华工的工作时间更长,干的活更艰辛,但是领到的薪水更低,每月的薪水刚开始为28美元,接着提高到30美元,后来虽又提高了,但也只有35美元。华工必须自己负责食宿费用,而他们的薪水只是白人劳工的三分之二、白人工头的四分之一,甚至是喂养马匹的饲料配额也比华工月薪高出20美元(每匹马的饲料配额是每月55美元)。更加糟糕的是,华工还要忍受白人监工的鞭打,在白人眼里,华工都是苦力。

斯特劳布里奇在1887年8月9日太平洋铁路委员会听证会上的答词

7号隧道很短,水泥防雪棚变成了涂鸦走廊,正前方的隧道口即6号隧道东口。

证明了华工当时的薪水状况。在被问到付给工人的薪水是多少时,斯特劳布里奇回答:"我们付给中国人的月薪是35美元。"不过,几分钟之后他又说:"我现在回忆起来了,我们付给白人工人的月薪是35美元。付给中国人的月薪是30美元。"白人劳工的伙食由铁路公司每天补贴0.75美元,华工的伙食是在公司支付的薪水里扣的。后来,华工的月薪提高到35美元,但是他们仍然要自己负责伙食。

结果,在忍无可忍之下,1867年6月,在西艾拉山上的大约2000名华工举行了罢工。华工罢工很文明,他们委派头领向斯特劳布里奇出示一份诉求清单,包括要求月薪增加到40美元、在户外白天工作10个小时、在隧道里工作8小时。他们也在华工中间印发中文传单,说明华工的权利。中央太平洋铁路公司迅速作出回应,勃然大怒的克劳克联系招工代理机构,试图招募10000名刚刚获得自由的美国黑人来代替中国劳工。他停止向华工付薪,中断了华工的食物供应,让华工因无法忍受饥饿而回到工地干活。由于大多数华工不会讲英语,无法另外找工作,又没有返回加利福尼亚州的交通工具,罢工仅仅持续了一周,以失败告终。但是,这次流产的罢工也取得了一个小小成果,为华工争取到每月增加2美元薪水。

多年以后,铁路公司高层表达了对华工的赞赏。克劳克说:"如果这是一次相当人数的白人劳工的罢工,很可能会出现暗杀、酗酒和无序状态,但是中国人的罢工,就好比是星期日。这些中国人待在华工营地,他们出来散步,但一言不发,什么事情都不做,全程没有任何暴力。"

第八章 唐纳峰上的"中国长城"

就是这些沉默的道钉，用双手开凿了15条隧道，创造了19世纪工业革命史上的第七大建筑奇迹。

正如克劳克一直坚定地相信：中国人建造了万里长城，他们不是世界上最好的工匠吗？！

然而，华工的代价是惨烈的。

施工中，华工随时随地面临西艾拉自然之魔的挑战，还要面对炸药爆炸夺去生命的危险。平均每两英里枕木下埋葬了3名华工，1000多名华工被夺去生命，20000磅尸骨被运回中国。

1867年11月30日，《萨克拉门托联合日报》刊登唐纳峰隧道即将通车的报道：

昨晚，中央太平洋铁路铺到了唐纳峰，今天上午早些时候，铁轨将通过隧道，这预示着铁路工人最艰巨的工作已经完成。这跟后面的剩余

1867年8月30日的6号隧道，2个月后，第一列火车通过6号隧道。（图片：*Donner Pass: Southern Pacific's Sierra Crossing*，by John R.Signor）

现在，近距离看6号隧道，仍然令人震撼

铁路建设相比,铺到盐湖城的铁路工程就没有值得一提的障碍了。第一辆火车通过唐纳峰隧道的那一天将标志着一个新时代的来临,这不仅仅在加利福尼亚的历史上,同样在美国历史上,都进入一个新的时代。

1867年11月30日,第一列中央太平洋铁路火车驶过6号隧道。1868年6月18日,第一列客车通过6号隧道。1993年,最后一列火车驶过6号隧道。1993年以后,一条新铁路线代替了老铁路。1995年,唐纳关一带的隧道关闭,铁轨被南太平洋公司拆除,64公里长的防雪棚只保留下唐纳关段。

唐纳峰隧道永远关闭了,唐纳湖上的硝烟已成追忆。只有矗立在6号隧道口花岗岩石间的铁钻,依然默默地向着东方,提醒人们一个不该被忘却的名字——华工!

中国墙

很少有人知道,在西艾拉内华达山上顶,有一堵"中国墙",而且是唐纳峰历史地标之一。

然而,内华达州和加利福尼亚州的本地居民都知道,山上有一堵"China Wall"。

我在山上偶遇一位来自内华达州斯巴克斯市的女士,她说,她小时候在上海静安路上的一间教会学校上学,后来随父母回到美国,很多年前她又回上海去寻找曾经住过的小洋楼,圆了梦。她主动问我是本地人吗?我说我从中国来,专门来西艾拉寻找中国人建造中央太平洋铁路的历史资料。她听了特别高兴,说山上的这条铁路是中国人建造的,中国人用两只手而不是机器,创造了这么不可思议的奇迹,山上还有一堵中国墙，也是中国人的智慧创造出来的。她叫我一定要去看看。言语之间，向中国人表达了真诚的敬意。

这样的偶遇，我在去弗吉尼亚城的路上又遇到一回。当时我们正在路边休息，四个骑山地车的本地人在我们身边停下来，他们也去弗吉尼亚城。言谈间，我们又说起中央太平洋铁路，他们说曾经骑车去过唐纳关，那条铁路是中国人修建的，很多中国工人为修铁路而牺牲了生命，他们为美国作出了贡献，唐纳关上还有一堵China Wall，中国人创造了一个不可思议的奇迹。

"不可思议的奇迹"，这是本地人评价中国人修建中央太平洋铁路时最常用的词汇。

在西艾拉内华达山上，有一条由唐纳峰历史协会等民间力量打造的"20英里博物馆"历史长廊，从埃米格兰特加普位于80号公路上的尼亚克出口开始，沿着40号历史公路，穿过唐纳关，一直到彩虹桥下方，全长20英里（32公里），沿线共设立34个历史地标，每个历史地标都竖立纪念碑，讲述这里发生过的一个又一个独一无二的故事。

中国墙，就在这条"20英里博物馆"历史长廊上，34个历史地标背后的故事跟华工有关的有好多个，但是唯一以"中国"命名的历史地标，只有"中国墙"。以"中国墙"为圆点，一边为6号、7号隧道，和

"中国墙"将6号、7号、8号隧道连接起来。连接这3个隧道的防雪棚已拆除，游人可以零距离感受150年前中国人徒手创造的世界工业文明奇迹。

唐纳关上的6号隧道通风井遗址;一边为唐纳湖上的8号隧道,和连着8号隧道的防雪棚。从铺满阳光的彩虹桥上放眼望去,便是一幅如"中国长城"般的雄伟画卷。来这里攀登"中国长城"的人,都是徒步爱好者或探险家,他们或来摄影,或来攀岩,或来穿越隧道,或来寻找老故事,他们在徒步体验的过程中,感知唐纳峰上的中国人故事,以及中国人在唐纳峰上创造的美国梦。

彩虹桥是"20英里博物馆"历史长廊上一个颇具传奇色彩的地标,离唐纳关也就是拐个弯的距离,40号历史公路从桥上穿过。站在彩虹桥上,可以正面尽收唐纳湖全景,视觉是极美的。当我从桥上遥望"中国长城"

加利福尼亚州铁路博物馆内展示的华工施工模拟场景,与实景正好相反。

唐纳湖和6号、7号、8号隧道

贯通西艾拉山脉,从而赢得与自东而来的联合太平洋铁路在犹他地界的普罗蒙特雷合拢的比赛。这是这条铁路保存下来的墙体,这座墙是用西艾拉山脉的花岗岩填充而成的。此纪念碑静静地伫立在唐纳关上,向这些亚洲"优秀的建设者"致以最后的致敬,他们在加利福尼亚和西部历史上留下了不可磨灭的印迹。

——特拉基唐纳历史协会,特拉基酋长公司NO.3691,E.Clampus Vitus,1984年8月11日立

保存完好的"中国墙",是老铁路的一段路基。在铁路建到唐纳关之前,"中国墙"所处的位置是一个很深的地堑,位于7号隧道和8号隧道之间。如何让铁路从地堑上飞越过去?建过万里长城的中国人再一次表现出了令人惊叹的智慧:用建长城的方法填平地堑!没有砖怎么办?就地取材!于是,华工把花岗岩敲成砖块,然后用手一块一块地把花岗岩砖垒成一座无缝墙体,在7号和8号隧道之间砌出一条平整的路基,接着在路基上铺铁轨。这座墙体是裸露的,一眼看过去,俨然中国长城的城墙。所以,本地人以"中国墙"命名之。

现在,来唐纳关探险的人,喜欢从"中国墙"上走过,因为从8号隧道口进入,便可徒步体验连着防雪棚的8号隧道,然后从侧门出来体验老历史。也有很多人喜欢打着手电筒穿越6号隧道,走到昏暗的隧道中央,举头寻找通风井。在没有身临其境之时,我一直想象着这种体验会是刺激的,但做梦都没想到体验到的是恐惧和害怕,直到现在,每每想起,仍会后怕,佩服当时自己穿越8号隧道的勇气。

不过,也只有在西艾拉的冬季去走老铁路的隧道,才会有如此刻骨铭心的记忆,才能更深地理解当年华工修建铁路所承受的血泪和艰难。

离"中国墙"不远处,面向唐纳湖,有一颗粗壮的松树,树上吊了一个秋千,在这样并不宽阔的地方荡秋千,是需要勇气的。我坐到秋千

第八章 唐纳峰上的"中国长城"

上,当秋千荡起来的时候,心快要飞出来。不知道是谁在这样一个独特的情境中安装了这个让人浮想联翩的秋千,也不知道安装秋千的人是有意还是无意于唐纳关上的故事。在这样的气氛里,我更愿意联想到那个著名的关于篮子和舢板的故事:华工用绳子束紧腰身,绳子一端由山上的几个华工拉住,另一端拴着一个芦苇编织的篮子或松木做成的舢板,华工坐在篮子里或舢板上,慢慢地降到悬崖下,钻眼、打洞、放黑炸药,压实炸药,点燃导火线,瞬时被同伴拉上来……

唐纳湖上的秋千,为唐纳峰上史诗般的"中国长城",倍添了几分神秘色彩。

左边松树下吊着一个秋千。唐纳湖上的秋千和远处的老铁路,令人不由自主地联想起当年华工坐着吊篮或舢板到悬崖下爆破的情景。

第九章 特拉基：在绿色金山上

> 以下这个药草园让人想起从前这个历史建筑里的华人居民种植的传统中药园。这些药草被用于医药目的，另外还有紫松果菊、黑升麻、菊苣、蔓越橘、西洋参、山葵、大蒜、西芹、缬草、接骨木、薄荷、洋葱、亚麻和薰衣草。
>
> ——特拉基唐人街最后一个建筑药草店碑记

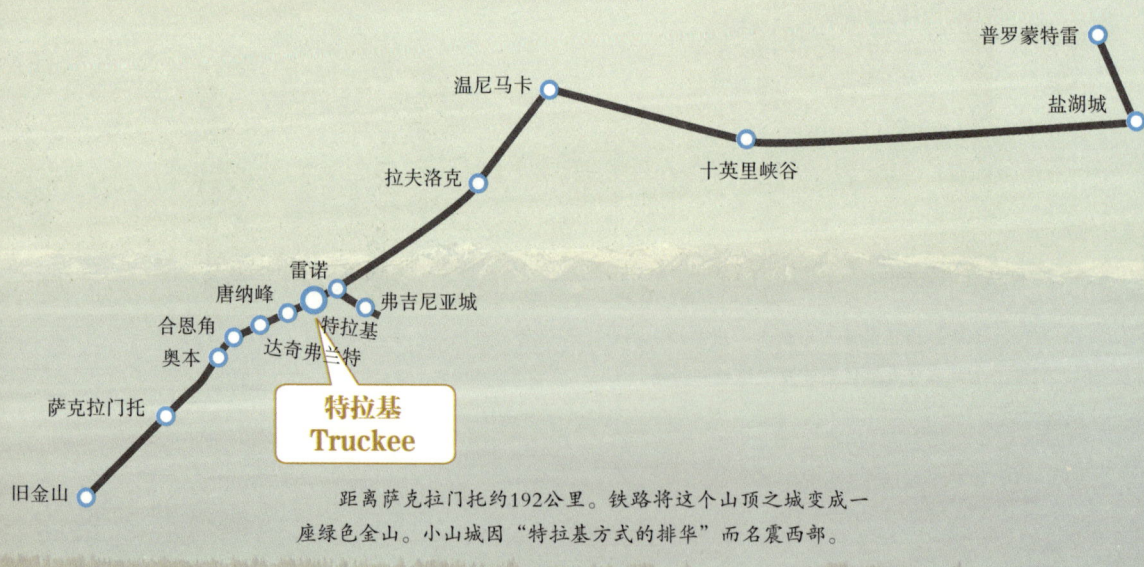

距离萨克拉门托约192公里。铁路将这个山顶之城变成一座绿色金山。小山城因"特拉基方式的排华"而名震西部。

第九章 特拉基:在绿色金山上

沿着40号公路从唐纳峰下山,一路与风景如画的唐纳湖做伴,加州阳光把湖光山色照耀得如金子和翡翠般迷离,美得让人目眩。

大约30分钟车程,我们便从唐纳关路进入特拉基市中心。

特拉基位于加利福尼亚州,稍不留神以为它是内华达州的小城,因为它离内华达州和加利福尼亚州的州界线实在很近,海拔约1773米。根据2010年官方人口统计,小城人口为16180人。在美西群山里的众多小城镇中,特拉基是个例外,它没有像其他小镇那样变成一座"古城"。现在,这里是美国著名滑雪胜地,1960年在斯阔谷举办过冬季奥运会,发达的旅游业吸引了四面八方的游客。这里有历史的记忆,也有新的城市生命。

一个把铁路视为灵魂的城市

在古老的太浩城，有一个100多年历史的水闸，水闸有17孔，从这里开始，跨加利福尼亚州和内华达州的浩瀚的太浩湖，清澈的湖水从水闸汇入太浩湖唯一一条支流，这条支流叫特拉基河，盛产鳟鱼。

太浩湖是在数千年前因地壳运动形成的一个高山湖，特拉基河的河

大山里的太浩城

从前，沃肖人的夏季临时屋棚。

作为文化景观的沃肖人的屋棚

第九章 特拉基：在绿色金山上

水也就有了"高山泉"的珍贵。特拉基河绕群山蜿蜒而下，向北经过特拉基，再往东北流向内华达山脚下的第一个城市——内华达州的雷诺，河流横穿雷诺市中心，直到雷诺东北64公里、位于内华达州和犹他州边界的特拉基河盆地汇入金字塔湖，全长大约160公里。雷诺、斯巴克斯等内华达州城市用水，都来自这条"母亲河"。我们沿着80号公路下山到雷诺的路

位于太浩城的水闸

太浩湖水通过太浩城的水闸流入特拉基河

上，一路看见用松木搭建的水渠，一直延伸到山下，水渠的水是用来灌溉花草植物果园的。这让我想起唐纳关一带蜿蜒64公里长的防雪棚。用松木为河水搭一个棚，珍贵的水源就不会被似火的骄阳晒干，也不会被严寒的冰雪冻结。

史料上是这样记载的：随着淘金热从加利福尼亚州主矿脉向内华达康斯托克矿转移，需要有丰富的木材资源来支撑新矿区的发展。在弗吉尼亚城周围的山林被砍光后，伐木工转移到太浩盆地。1872年，太浩盆地出现首次伐木。很快，木材业和交通业迅速发展起来。公路、铁路、输油管道和水槽构成一个复杂网络，源源不断地向康斯托克矿区提供木材和供水保障。在山顶，一年要砍伐165094立方米木材，一天有几百万

金钉
——寻找中国人的美国记忆

特拉基市中心老街，一边是老店铺，另一边是老火车站。

特拉基市中心的怀旧街景

加仑水通过水槽输送到弗吉尼亚城。这在当时是了不起的成就，因为其技术已处于工程和采矿业的尖端。

虽然几天前还是冰雪覆盖，可是当我们到达特拉基时，小城送给我们的见面礼，却是无处躲藏的加州阳光。

跟西部许多小镇不同，"特拉基"这个名字，不是因欧洲淘金者得名，而是跟一个印第安派尤特部落首领有关。一天，第一批穿越西艾拉内华达山的欧洲人遇到这个部落首领，在双方打招呼时，他大声喊道"Tro-kay！"，意思是"一切都好！"不懂派尤特语的欧洲人误以为他喊的是自己的名字，于是这个地方就被叫成了"Truckee"——特拉基，并一直沿用下来。

特拉基城里有两条河：一条是特拉基河，一条是它的支流鳟鱼河，铁路在特拉基河和鳟鱼河之间形成一个半圆弧形状，鳟鱼河在离267号公路附近的铁路下穿流而入特拉基河，这个区域，是特拉基的老城区，老特拉基的历史还在。

市中心有条老街叫东河街，全长大约四五百米，街上的建筑都是100多年前建的，现在是条旅游街，老火车站就坐落在老街上。老街与铁路平行，马路很宽，一

第九章 特拉基：在绿色金山上

特拉基火车站

边集中了宾馆、商店、餐馆、咖啡馆，另一边是老火车站和铁路。因为视野开阔，老街显得老而不古，老店、老火车站、老铁路，还有加州的阳光、湛蓝的天空、松林环绕的群山、敞亮的马路……这一切，让古老的特拉基顿时变得生动起来，令人感到一种复古和时尚之间的游动。

坐在老街上的老店里喝杯咖啡，吃块牛扒，是件很惬意的事情。老店弥漫着古老驿站的味道，恍惚看见驿马从远处飞奔而来，却望见火车从眼前长啸而过，瞬间，从过去，又被拉回到现在。

老火车站也是汽车站，处于老街的中心地段，这在中央太平洋铁路沿线的老城中是难得一见的。火车站里有一个游客咨询中心，里面有一个小候车室。候车室也就十几平方米，但室内的陈设很有历史感。两张供旅客小憩的松木长椅背靠着，一个厚重的旧铁柜注有"加

火车站游客中心也是候车室，这个注明"加利福尼亚州旧金山"字样的大铁柜年龄不小了。

利福尼亚州旧金山"字样,估计是个保险柜或者信箱之类的东西,明显都是有年头了。墙上钉有一块指示牌,上面写着"第一条跨州铁路——特拉基,向前400米即为历史地标第780-6号"。指示牌下面贴了一张铁路网和列车时刻表,并注明火车票需预订但前往萨克拉门托的大巴票无需预订的提示。

走出候车室,一片望不到尽头的铁路和山峦,有一种海阔天空的宏大感。而我的视线,在努力搜索这个城市和中国人的故事。

1860年,朱迪在勘测完西艾拉山内华达山地形后,决定铁路从唐纳关沿着特拉基河到达内华达。

当华工大军集结在大雪山里用生命挑战绝顶隧道时,中央太平洋铁路公司同时在位于唐纳关—唐纳湖之下的特拉基先行开始铺轨,等待与走出唐纳关的铁路相连接,最重要的是要在与联合太平洋铁路的竞赛中赢得时间。这段历史在中央太平洋铁路建成100周年时以历史地标形式记录下来,这块纪念碑就坐落在老火车站候车室外,面向铁路,上面的文字如下:

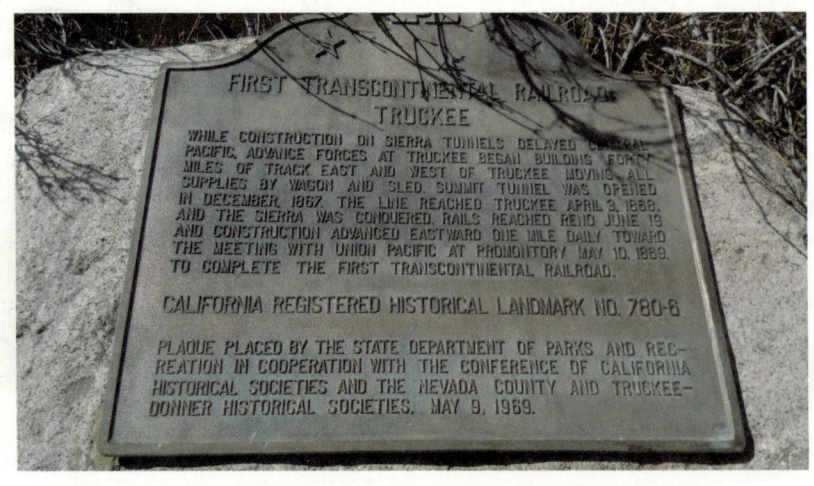

特拉基铁路纪念碑

第一条跨州铁路——特拉基：当西艾拉山上打通隧道的工程延误了中央太平洋铁路建设进度时，在特拉基的先行劳工大军开始在特拉基以东和以西铺筑了约64.37公里的铁轨，用马车和雪橇运送铁路建设所需的所有物资。1867年12月，山顶隧道开通。1868年4月3日，铁路通到特拉基。西艾拉山脉被征服了。1868年6月19日，铁路到达雷诺。铁路建设以每天1.6公里的速度向东推进，于1869年5月10日与联合太平洋铁路在普罗蒙特雷汇合，第一条跨州铁路完成。

　　这块纪念碑于1969年5月9日，由加利福尼亚州政府部门与加利福尼亚州历史协会、内华达县历史协会、特拉基唐纳历史协会联合设立。

　　中央太平洋铁路沿着特拉基河绵延约113公里，铁路铸就了特拉基。当从192公里外的萨克拉门托出发的时代列车豪迈地驶入特拉基，山上的特拉基从此走向山外。

　　特拉基人把对铁路的感情，通过老火车站拧在了一起。从最早勘测第一条跨州铁路线路，到繁忙的铁路木材运输；从坐着火车跨州旅行，到货运列车东去西来川流不息，铁路已经融入到特拉基的城市血液里。

1870年，特拉基火车站。（图片：*Donner Pass: Southern Pacific's Sierra Crossing*, by John R.Signor）

特拉基火车站依然生机勃勃

紧挨着火车站旁边有一节火车车厢，原先是南太平洋铁路货运列车车厢，现在被特拉基唐纳铁路协会改造成为特拉基铁路博物馆。博物馆于2010年5月8日开馆，至今已接待了约2万名游客。走进这个时光隧道，你会感受到铁路对特拉基以及周边地区有着多么重要的影响。博物馆里的陈展多方位聚焦同一个主题，那就是铁路对于特拉基很重要。在特拉基人眼里，保存铁路这段活的历史，是他们今天的行动，也是对未来的责任。

于是，以老火车站为中心，老铁路、铁路博物馆、老街，聚合成一条关于"铁路与特拉基"的时光轴线，特拉基人想告诉你的，就是这样一个"铁路和特拉基的故事"。

站在铁路边，凭栏远眺，我仿佛听到唐纳湖上空黑炸药的爆炸声在群山里回荡，仿佛听见伐木工高亢的哨声和大松树倒下的嗖嗖声，仿佛看见第一辆蒸汽火车嘶鸣着向市区驶来，还有，正在映入我眼帘的来来往往到特拉基旅行的游客……

和其他铁路城市相比，特拉基的老火车站还在忙碌着。每天，由美

特拉基铁路博物馆，由火车车厢改造而成。

第九章 特拉基：在绿色金山上

国国家铁路客运公司运营的"和风号"列车从东部城市芝加哥出发，一路向西，游客在旅游胜地特拉基上落，列车继续开往科尔法克斯、罗斯维尔、萨克拉门托，直到旧金山湾区的埃默里维尔。当列车穿越唐纳关时，你会听到列车员深情地讲述中国人创造人类奇迹的故事。

追寻绿色金山的足印

我们沿着铁路走进老城，这里的景象与市中心老街截然不同，有些破败，有的房子残旧得有些不堪。山坡下有一间监狱博物馆，是一栋几十平方米的两层砖楼，从前这里是一间监狱，被称为特拉基的"巴士底狱"，历史上颇有名气。监狱后面的山坡就是最早的唐人街。

令人想不到的是，这个监狱博物馆里陈列的是一些老特拉基的历史片段，里面也有华人在特拉基的活动，虽然这方面的资料不多。

从监狱博物馆往前步行几十米有一个白色滚石塔，这是老城最有名的地标。滚石塔最早建于1895年，是为保护被当地人视为神奇的滚石而建的。一说滚石是冰川形成的自然现象；一说滚石是很久以前部落用来祭祀

监狱博物馆里陈列的华人历史（摄影：吴薇）

特拉基老监狱建于1875年9月，1964年关闭，现在改造成了博物馆。

的祭台。虽然滚石的真正成因已无从考证,但是,1960年冬季奥运会的火炬恰是从这里点燃的。

我们登塔远眺,老特拉基全貌便尽收眼底了。老城被铁路包围着,围绕在滚石塔下面的一片山坡,就是最早的唐人街,本地人又称之为"华人坡"。

铁路刺激了特拉基,为特拉基架起了经济起飞的发射台。随着特拉基和威尔地设立火车站,太浩盆地和特拉基盆地的浩瀚林海很快变成了一座"绿色金山"。特别是弗吉尼亚城康斯托克矿的兴起,极大地刺激了特拉基木材业的井喷式发展,木材工业迅速成为经济支柱产业。

滚石塔

这一地区的木材工业有两个繁荣时期。第一个繁荣时期从1859年至1877年,发生在康斯托克矿及其附近矿区发现金银矿之后。第二个繁荣时期始于19世纪60年代的铁路建设,特别是跨州铁路建设以及从1864年直到20世纪初的窄轨铁路建设。康斯托克矿在鼎盛时期对木材的需求量是"天文数字"。根据木材大王杜昂布利斯记载,从1875年8月1日至1876年8月1日一年间,运往康斯托克矿区的木材达21945600米,木头达320000捆。1860—1881年,康斯托克矿区的木材使用量约613207.5立方米。

所以,铁路和矿业公司是木材业的两个最大用户,这一地区的伐木业兴衰与这两个行业有着直接关系。铁路华工与伐木业的渊源,也由此而起,伐木业成为特拉基华人的主要职业。这在美国西部华人社区中是一个独特现象。

当时,水槽是木材的主要运输方式,从太浩盆地直达卡森城。西艾拉山区的水槽和木材厂很壮观,华工负责看管水槽,以保障木材漂移到更远距离。水槽的终点位于今天卡森城的内华达州铁路博物馆所在位置。卡森太浩伐木和水槽公司将木头运到水槽码头,经水槽运到雷诺,通过弗吉尼亚—特拉基铁路以及与它连接的中央太平洋铁路运到康斯托克矿和其他地方。

康斯托克矿区在全盛时期,弗吉尼亚—特拉基铁路每天有44趟木材运输专列将木材运到矿区,西艾拉山上的森林被砍伐殆尽,这除了伐木原因,也有火灾等因素。

在1868年春天火车开进特拉基后,大约有1000名华工决定留在特拉基,许多人的职业身份也就从铁路工转变为伐木工。华人伐木工都是中央太平洋铁路公司的子公司西森沃力斯公司的雇工。从19世纪60年代至90年代,华人在西艾拉内华达山区伐木业中扮演了重要角色,并且在19

1872年,太浩盆地开始森林砍伐,木材全都运到康斯托克矿区。(图片:*The Chinese in Nevada*, by Sue Fawn Chung with the Nevada State Museum)

1888年,威尔地的木材厂。华工把木头装上火车运到水槽码头,卸下扔进水槽,看管木头漂移到卡森城。当时威尔地被称作"伐木者的天堂"。(图片:*The Chinese in Nevada*, by Sue Fawn Chung with the Nevada State Museum)

世纪70—80年代约占该地区伐木工人人口的70%—80%。

很快,华人人口增长到1400人左右。在这座绿色金山上,很自然地出现了一个"山顶唐人街",这可能是美国西部海拔最高的唐人街之一。早期唐人街是一片拥挤的临时棚屋,位于布雷克尔街和高街之间的山坡上,即白色滚石塔下面的那个山坡。

据资料显示,特拉基华人中有11名杂货商,他们是最富裕的华人,拥有价值6500美元的土地,占华人土地拥有量的96%,他们还拥有价值10200美元的个人财产。1875年,蔡黄(Toy Wong)花200美元购买了主街上的一块地。1876年2月1日,张龙堂(Loon Tong Chung)购买了主街上的另一块地。1876年9月23日,广胜隆(Quong Sing Lung)又买下主街上的两块地。两宗最大的土地交易记录分别是两个28329平方米的地块,其中一个位于唐人街后山坡上。特拉基华商协会的余氏公司(Yeck Yu Company)以600美元价格购买了这两个地块。

被称作"绿色金子"的伐木业,主要是为内华达矿区和铁路建设供应木材。康斯托克矿区的木材供应大部分来自太浩湖盆地、特拉基草

从白色滚石塔望出去,左边山坡即最早的唐人街,又叫"华人坡"。右边的铁路从老城穿过。

地、特拉基河峡谷、东卡森河上游,所以,华人的伐木活动范围很大,流动性很强,形成了多样化的不同工种。

19世纪70年代,特拉基唐人街是以伐木工和铁路工为主的社区。随着本地排华运动不断升级,很多华人被迫离开特拉基,到19世纪80年代,特拉基的华人人口大幅度减少,人口结构也发生了明显变化,但伐木业仍然是华人选择的第一职业。根据当时人口统计数据显示,在特拉基及其附近地区的295名华人中,有3名商人、1名簿记员、2名劳务承包商、15名厨师、8名儿童、1名妻子(8名儿童中4名儿童的母亲)、2名佣人、2名医生、3名洗衣工、2名屠夫、17名男性铁路工人、10名女性铁路工人、8人开赌馆、3人开鸦片馆、8名赶牲畜者、19名劳工、23名锯木厂工人、30名木材垛板机工、137名砍木工。这个统计的职业划分很细,其中赶牲畜者可能是用驴装运木头的华工,而女性铁路工人可能在登记时有误,如此的话,加上锯木厂工人、木材垛板机工、砍木工,仅这四个工种的华人伐木工人数已达198人,占华人人口的67%,构成了特拉基华人职业的一个独特特征。

太浩湖盆地松木品种极其丰富,成为康斯托克矿区的木材供应基地。

中央太平洋铁路公司的子公司西森沃力斯公司既是一家木材业大公司,又是一家劳务公司,旗下有华人劳务承包商,负责提供华人劳工。那时候,砍伐一捆木头的收入是1.5美元,而一捆木头在火车站可以卖到3.75—4美元。本地商人不能容忍外来者分割他们的巨大利益,更不能忍受廉价华工对本地白人造成的就业竞争,他们把华人当做攻击目标,想方设法寻找赶走中国人的方式。

和西部其他唐人街一样,特拉基唐人街也是一个封闭的"光棍城",唐人街上有妓女、赌馆和鸦片馆。据说有22个妓女,只有两名妇女从事看护小孩这类家政职业从而构成了华人女性中的"体面妇女"阶层。当特拉基及附近华人人口增长到近2000人时,反华情绪开始快速发酵。《特拉基共和报》持续放大华人吸食鸦片、卖淫以及在唐人街和吉布姆街(Jibboom Street)发生的轻微犯罪活动,竭力将华人妖魔化。此时,恰逢西森沃力斯公司刊登整版广告供应廉价华人劳工,这更似火上浇油,加剧了华人与白人之间的紧张关系。

1872年,唐人街发生骚乱,最后发生枪战,打死了两名男子。

1874年,唐人街又发生一场骚乱,也是由反华情绪所激起的。

西森沃力斯公司是中央太平洋铁路公司的华工劳务代理商,也是中国商品批发零售商。这是公司刊登的广告。(资料图片)

第九章　特拉基：在绿色金山上

　　1875年5月29日，唐人街中心地带发生火灾，导致华人遭受的损失达50000美元。

　　但是，每一场大火之后，华人又在原地重建家园。

　　19世纪70年代的一个夜晚，一群特拉基的"头面人物"参加了一次秘密会议，会上成立了"601治安队"，又称"特拉基治安委员会"。他们和白人联盟一起，誓言要把中国人从特拉基赶出去。

　　1878年8月31日，《特拉基共和报》报道说前一个季节的锯木产量减少了50%，并且有5间本地锯木厂关闭了，白人联盟再一次采取行动。10月，500个暴徒将唐人街夷为平地，命令华人离开特拉基，他们为华人无家可归而欢呼。可怜的华人扛着所剩无几的家当从街上走过，一旁的小孩对着他们扔石头，而成年人则幸灾乐祸地旁观。就算有本地人有心想帮助华人，他们也不敢站出来，因为怕受到威胁。旧金山的报纸使用"完全无政府状态"这个词汇来描述特拉基人对华人居民的残暴无情。如果不是一些华人想尽办法搞到来福枪和弹药来保护自己，事情可能会变得更加糟糕。

　　但是，这次暴乱后，唐人街被禁止在原地重建。冰天雪地里的华人饥寒交迫，他们被迫迁到河南边的荒地上重新安家，这块地属于中央太平洋铁路公司。另外，4名比较富裕的华人捐赠了粮食、食物和消防龙头等物资，帮助同胞共克时艰。特拉基的第二个唐人街就这样诞生了。

　　特拉基的反华气焰并没有因华人一再沉默退让而有所减弱，他们变本加厉，要彻底把中国人赶走，一个不留。治安委员会在1885—1886年期间联合抵制并最后摧毁了特拉基的华人经济。他们发布通告，要求特拉基的每一个商人必须保证自己绝不与中国人做买卖，并且在唐人街附近的吉布姆街上建造了一所耐火监狱，即现在的监狱博物馆。1886年1月，驱赶华人的"特拉基方式"开始实施。

　　1886年2月3日，《特拉基共和报》的评论继续煽动反华情绪，叫

嚣道："让喜欢中国的人们滚到一边去……要教育小孩憎恨中国人。要让婴儿嘴里发出的第一句话就是'喜欢中国人会让你丢脸'。"

由于排华气焰越来越嚣张，很多华人被迫离开特拉基。1886年1月，特拉基华人人口从700人降到500人再降到97人。西森沃力斯公司虽然坚持雇佣华工，但遭到反华势力号召联合抵制该公司在加利福尼亚州、内华达州和亚利桑那州的所有生意，最后，公司只得取消与华人承包商的合同。

1886年6月，唐人街又发生了一场可怕的大火，烧毁了所有建筑，只有一间砖墙结构的药草店因阁楼地板有一个0.6米厚的泥土层可以隔热防火，才幸运地逃过一劫。几乎同时，在五周之内，留在特拉基的几乎所有华人都被迫离开了这个山顶之城。全城居民为庆祝胜利举行了大游行。

在美国西海岸并不出名的特拉基，却因成功赶走了中国人而名声大噪。

到1900年，居住在特拉基的2050个居民中只有2名华人。到1909年，由于木材销售疲软，在特拉基的几家大公司停止在特拉基盆地砍伐森林。华人从此结束了在特拉基的历史。

特拉基唐人街只有20几岁，如昙花一现，但它以全部华人同时离开特拉基的结局告终。这样的命运，在美国华人历史上是罕见的。这恐怕也是后人对这个在绿色金山上的"山顶唐人街"几乎一无所知的主要原因吧。

然而，唐人街毕竟还是幸运地留下了最后一个印记——药草店，所以，寻找老唐人街的唯一记忆，成为我此次特拉基之行的一个期待。

我们穿过铁路，沿着267号公路前行，很快便看见一座桥，桥下是一条河，桥头有一个A型屋顶的红砖建筑，恰好位于东南河街和布鲁克维街交叉路口——这个建筑物就是从前的药草店。1878年，华人在河边的

第九章 特拉基：在绿色金山上

这片荒地上建起了第二个唐人街。

根据资料介绍，从1878年起，这个建筑一直作为药草店，直到1886年唐人街被大火毁灭。药草店的阁楼是一间储藏室，地下室被一分为三，包括鸦片馆、赌馆和妓馆。自1886年以来，药草店至少被改造过7次，最大一次扩建是用作瓶装苏打水公司的仓库，曾经也有位艺术家租下此店做油画生意，并且一直经营了26年。

现在，这里被一家设计公司租用，室内格调前卫时尚，和古老沧桑的老格局相映成趣，感觉像一个创意工

以前的药草店，现在由一家室内设计公司租用。

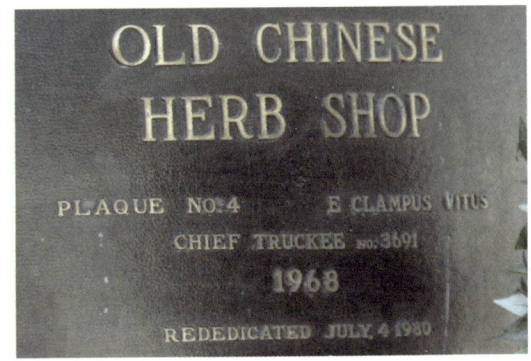

华人药草店纪念碑

场。房子的主体结构百年未变，红砖墙有43厘米厚，沉重的钢板防火门已锈迹斑斑，窗户都装上了百叶窗。两个年轻的设计师也不阻拦我们，听我们说明来意后，任由我们自由参观。

根据历史上的人口统计，特拉基有过4名华人医生，他们给华人看病，也给白人看病，中医在老特拉基很受欢迎。

据介绍，从前药草店里售卖的药草和蔬菜都种植在另一边的花园里，也有华人在自家院子里种植罂粟。

我走到屋外，想找找从前的中药园是否还留下点印记。窗户外有一

金钉
——寻找中国人的美国记忆

药草店内部结构未变，防火门和防火墙一如从前。

本地人象征性地设立了一个中药园

个很小的花园，稀稀落落地长了几棵花草，准确地说，这是一个长方形花基。窗台下钉了一块纪念牌，上面的文字恰好记载了药草店主人曾经种植过的草药和蔬菜种类：

以下这个药草园让人想起从前这个历史建筑里的华人居民种植的传统中药园。这些药草被用于医药目的，另外还有紫松果菊、黑升麻、菊苣、蔓越橘、西洋参、山葵、大蒜、西芹、缬草、接骨木、薄荷、洋葱、亚麻和薰衣草。

显然，这是为纪念中医而设的象征性中药园。看着刚刚冒出地面的幼苗，虽然我分辨不出是些什么草药，仍无比感慨于中国人对乡土的执著。中国人无论走到哪里，都会带着老祖宗流传下来的好东西，就算走到天涯海角，也会把种子播撒在那里，开花，结果，生生不息。

第九章 特拉基：在绿色金山上

鳟鱼河惨案

与广东人的大多数埠仔相比，特拉基的华人社区原本隐匿在深山里，外界对它了解不多，但是，因为它成功实施了特拉基式的排华暴行，而在美国西部引起轩然震动。

我在寻找特拉基华人历史的过程中，意外地发现了这个令人发指的暴行真相，历史学家称之为"鳟鱼河惨案"。这是美国排华运动的一个缩影，是华人血泪史的真实写照。我想，只有更加细致地了解包括铁路华工在内的美国早期华人历史，我们才能更好地理解和认识美国华人为争取平等权益而进行的长期不懈的艰苦奋斗。

这是一个被尘封了一个多世纪的排华血案。

19世纪70年代，特垃基的反华势力开始采取针对华人的行动，他们继成立"特拉基治安委员会"后，在1876年又成立了一个白种人联盟团体，这个团体在特拉基有300多名成员，每周六都公开集会，主要目的就是要不择手段用"特拉基的方式"将华人赶出特拉基。

特拉基火车站站台

金钉
——寻找中国人的美国记忆

1876年6月18日，午夜刚过，7个持枪白人悄悄沿着特拉基河北边的古老小径，朝着西北方向大约2.4公里处的两间小木屋包抄过去。此时，小木屋里有6个华人伐木工正酣睡着。一周前，华人伐木工被这里的几个白人劳工警告要求离开特拉基，华工没有理会。

大约凌晨1时，这7个人包围了其中一间小木屋。两人将煤焦油倒在房顶上点火燃烧，然后藏身等待。就在华工惊恐万状地从屋里逃出来并试图浇水灭火之时，这几个白人向华工开枪了。一个叫阿林（Ah Ling）的华工左腹部中枪，其他几个华工也受了伤，他们逃到树林里躲起来，直到天亮。现场一共有11颗子弹，小木屋也被烧成灰烬。

这几个白人又对另一间小木屋进行射击，所幸的是，华工逃得快，没有受伤。

第二天一早，幸免于难的华工抬着受伤的同伴走到城里，雇佣这几个华工的伐木场老板叫来医生，但是阿林还是去世了。伐木工阿福（Ah Fook）会说英语，他把事情经过告诉警官，但他不能确定谁是罪犯。警官马上到火车站向内华达城发了封电报，第二天调查便开始了。这一案件的审判在特拉基乃至整个加利福尼亚州和内华达州都被传播到了极致。

当这起谋杀案成为加利福尼亚州各大报纸头条，很多特拉基人感到非常惊讶。《弗吉尼亚城地方事业报》指出，这是"历史上最冷血的无缘无故的谋杀之一"。《斯多克顿先驱报》谴责了特拉基人，称之为"特拉基战争"。由于受到媒体的谴责，《特拉基共和报》不得不在6月21日作出回应说，特拉基居民谴责这种残酷的暴力行为，认为这是懦弱的表现。虽然很多特拉基人可能早就知道谁是罪犯，但他们选择了沉默。

被派到特拉基调查案件的内华达城的侦探几个星期都没有进展，最后，一些有同情心的商人筹集1000美金，华人社区又筹集200美金，悬赏罪犯。

负责这起案件调查的科恩斯塔波尔·克劳斯收到匿名威胁，警告他

第九章 特拉基：在绿色金山上

如果再继续调查下去就会有人身危险，但是这反而更加坚定了他查出罪犯的决心。此时中央太平洋铁路公司送来了最好的侦探莱恩·哈里斯，来帮助克劳斯开展调查工作。

案情在两个白人自首后有了转机，导致对他们及其他5个同伙的刑事起诉。警察在对吉布姆街上一家叫多明戈·雷德（Domingo Reed）的店铺搜查中，发现一支双管猎枪，这支枪不久前才使用过。

1876年9月5日早晨，案件审判在内华达城进行。虽然7个白人都被起诉，但是只有一个叫奥尼尔的白人被控以谋杀罪，他是中央太平洋铁路雇工，在案发前不久才到特拉基，而其他6人只以纵火罪起诉。其中詹姆斯·雷德是特拉基的名人，他精通枪械，一个月前还"偶然地"用猎枪在唐人街射伤了一名华人的左腿。但是，因为没有足够证据证明他向阿林开了致命的一枪，所以他逃避了谋杀罪的起诉。

特拉基最好的律师组成庞大的陪审团。数百人从特拉基来到内华达城，全加利福尼亚州的记者纷纷涌向内华达城，导致宾馆爆满，还有很多人不得不在法院外面露营。

9月27日，此案公开宣判。两名自首的白人转变成检方证人，他们详细讲述了事件经过，证实事件是由白种人联盟策划发动的，目的是在火烧小木屋后等待华工跑出来射杀他们，给华人一个"恐吓"。他们描述了雷德怎样将他的双管猎枪装满金属子弹后和其他6人一起去华人小木屋，之后又怎样教他们将煤焦油倒在屋顶上并纵火烧屋，在黑暗中一直等到阿林抱着水桶跑出来，当阿林浇水灭火时，所有同伙一起开枪。

阿福是阿林的同伴，他证实当晚被大火惊醒后，和同伴们浇了3桶水试图灭火，眼见无法将大火扑灭，阿林便抱着水桶跑出小木屋奔向河边，才跑了几步就中枪了。子弹"嗖嗖"地从阿福头顶上飞过，阿福冒着危险把阿林拖回燃烧着的小木屋里，其他同伴用毯子掩护他们不被烈火烧到。他们用毯子盖住阿林，抬着他穿过小河，躲在树林里，直到天

金钉
——寻找中国人的美国记忆

亮。阿福回忆说一共有六七个持枪的人，全部穿着黑色衣服，从距离小木屋大约七八米的地方向他们开枪。

辩方找到约50个证人出庭作证，检方证人被他们压倒性地反驳，每一个牵涉此案中的人均被提供了不在犯罪现场的证明，总共有75个证人被调查询问。

为保护两名检方证人不被袭击，两人均被毯子盖住。陪审团在考虑9分钟后，反过来裁定检方证人奥尼尔无罪，同时原告撤回对其他6人故意纵火罪的起诉，所有被告具结释放。

宣判无罪的新闻引起轰动。

10月3日，《萨克拉门托联合日报》写道："一般性结论已经出来了，也就是说，已确定白人犯下了暴行，虽然这些被告被宣告无罪，特拉基人并不能这么容易地撇清责任。"

10月3日，《内华达城每日副刊》报道：在特拉基，一群人"搬出大炮鸣炮欢迎"这个审判结果。

10月5日，《雷诺晚报》发表评论指出："我们被迫思考这样一个问题，即整个交易是被有敌意地组织和策划好的，我们更倾向于相信，这场交易将被载入历史，它将揭露人类腐败和贪婪的一面，即投射出为罪恶遮蔽的黑暗面。"

这起有组织有策划地将华人当活靶子射杀的"鳟鱼河血案"，以全部凶手无罪释放告终，虽然舆论一片哗然，但这样的审判结果在排华时期并不少见。特拉基不是第一个发生排华血案的地方，排华运动在一片"赶走中国人"的呼声中，不断升级。

当华工用生命打通唐纳峰隧道，将特拉基变成一个绿色聚宝盆的时候，焉能预知自己的命运呢？解密特拉基历史上这段鲜为人知的黑暗历史，不只是为了纪念那些沉默的道钉，更是为了让历史不再重演。

第十章　弗吉尼亚城：在银山上

这是一个三面连片环绕的木屋区，共有十几间松木搭建的木屋，均为低矮平房，每间木屋约六七平方米，结构式样统一整齐，门梁上有一块横匾位，可能当时是洗衣店或其他店铺的店名。有一间木屋前有一个泵压水龙头和一个长近2米，宽约1米的木槽，用的是地下水，表明这里曾经是一个洗衣区，华工的生活用水也取自地下水。这很可能是世界上唯一现存且保存完整的淘金时代的唐人街遗址。

——本书作者田野调查手记

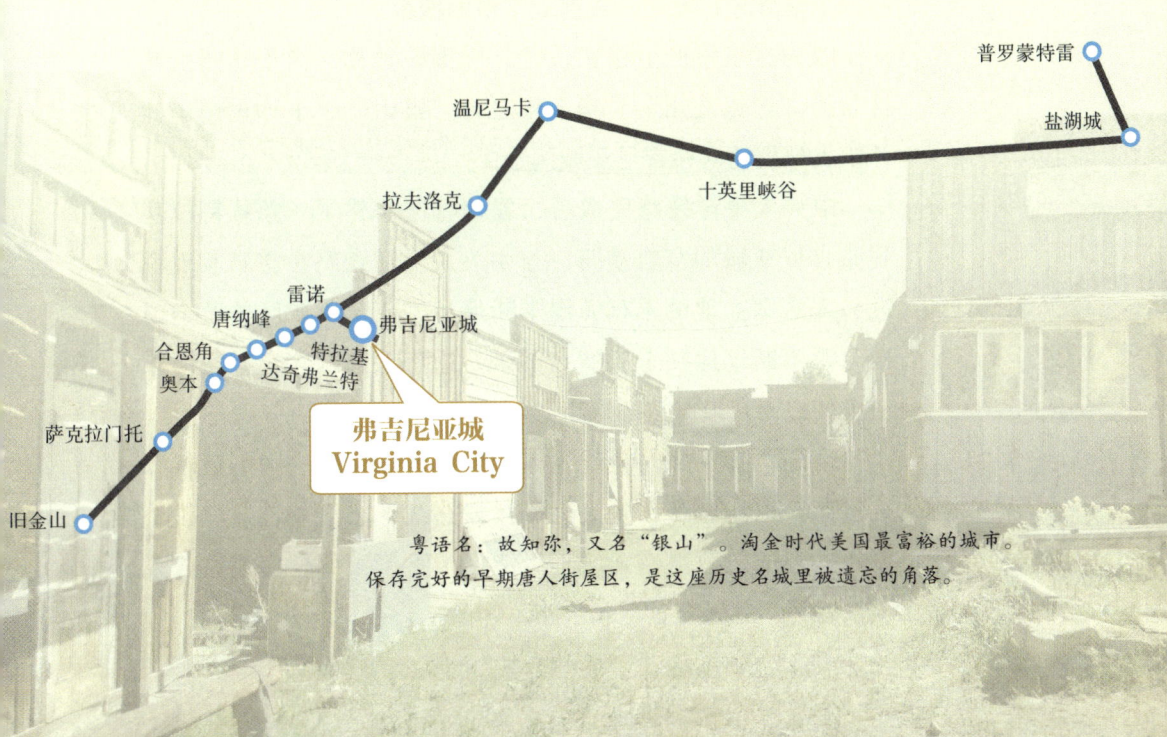

弗吉尼亚城　Virginia City

粤语名：故知弥，又名"银山"。淘金时代美国最富裕的城市。保存完好的早期唐人街屋区，是这座历史名城里被遗忘的角落。

金钉
——寻找中国人的美国记忆

在老西部,若提及淘金和铁路,弗吉尼亚城是不能绕过的一个地方,它曾经是美国最富裕的城市。

因为这里盛产金银矿,尤其以银矿著称,内华达州由此得名为"产银之州",华人称之为"银山",于19世纪中叶开始大规模涌入弗吉尼亚城淘金。

中央太平洋铁路完成后,紧接着便修建了一条从特拉基到弗吉尼亚城的窄轨铁路,与中央太平洋铁路在雷诺实现联运。太浩湖盆地的木材源源不断地运进矿区,矿区的黄金白银源源不断地运到卡森城和雷诺,这条铁路的含金量之高以至于被誉为"最富裕的铁路"。

可是,我在国内较难找到有关弗吉尼亚城的华工资料。虽然弗吉尼亚城不在中央太平洋铁路线上,但是,这样一个轰轰烈烈的老西部淘金城不可能不留下华工的任何痕迹。直觉告诉我,哪里有黄金和铁路,哪里就会有"金山伯"。

第十章 弗吉尼亚城：在银山上

原野牧歌：雪山、戈壁和野马。

我想去碰碰运气。虽然心里没有丝毫把握。

我和吴薇从雷诺出发，往东南方向，沿着395号公路盘山而上，再转入341号公路。大约30分钟车程，便远远看见前方山顶有一个小城，当我们的车行至小城路口处，只见右手边竖立着一块大标牌：弗吉尼亚城海拔1875米。

弗吉尼亚城到了！我们直接进入主街道C街。

美国最富裕的淘金城

弗吉尼亚城是斯托里县的县治。整座弗吉尼亚城都是淘金时代留下来的遗址，1961年被指定为国家级历史保护区，在美国非常有名。

1859年6月8日，内华达发现康斯托克矿。该矿因盛产金银矿而成

金钉
——寻找中国人的美国记忆

1880年，1吨金砖放在路边等待富国银行捷运公司从弗吉尼亚城运到卡森城，这吨金砖当时价值为256000美元，相当于2001年的4608000美元。（图片：翻拍自C街店铺墙上的老照片）

康斯托克矿纪念碑

为美国西部最著名的矿区，也是美国最大的银矿区。在1859年之后的20年间，康斯托克矿开采了价值10亿美金的金银矿，并助力内华达于1864年成为美国联邦的一个州。康斯托克矿就在弗吉尼亚城内，弗吉尼亚城因此而成为19世纪中叶美国西部最著名的淘金城，也是美国最富裕的城市。

马克·吐温在其半自传体作品《苦行记》中写道，他在《弗吉尼亚城地方事业报》工作时连每周的薪水都懒得去领，因为有不少矿主送股票上门，请他写写他们的金矿，股票收益足够让他赚得盆满钵满。

马克·吐温博物馆和《弗吉尼亚城地方事业报》

第十章 弗吉尼亚城：在银山上

虽然我是第一次到弗吉尼亚城，但这里的一切似曾相识——那是在好莱坞电影里经常看到的西部牛仔城，除了街上的路变成了柏油马路，其他的一切，原汁原味。

作为文化遗产的弗吉尼亚城，还是马克·吐温

弗吉尼亚城金银矿产值达10亿美金。华人称之为"银山"，以与加利福尼亚州的"金山"区别开来。

笔下的那个淘金城。在城市入口处有一个淘金公园，非常显赫地张扬着淘金城的城市名片。各种开矿工具被艺术地展现出来，牢牢地吸引了游客的眼睛。这正是这个城市的灵魂和荣耀。

弗吉尼亚城依山而建，街道按地势从高到低平行排列，地势最低的那一片区域就是康斯托克矿。联合大街自上而下从几条街道垂直穿过。

C街是主街道，游人最多，因为淘金记忆都印刻在这条街上。

1880年的C街北向景观（翻拍自C街店铺墙上的老照片）

现在的C街

淘金热中的宾馆、酒吧、银行、赌场、射击场、五金店、火车站、消防局、邮政局等等，都集中在C街上，马克·吐温博物馆以及他所供职的弗吉尼亚城第一

街上处处飘溢着淘金色彩

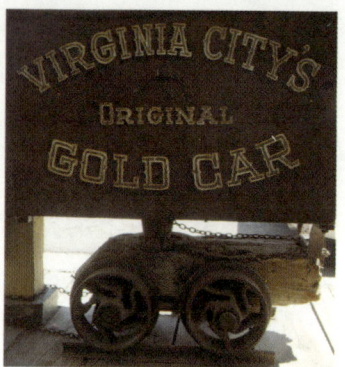
康斯托克矿第一代淘金车

份报纸《弗吉尼亚城地方事业报》也在这条大街上。街上各种旅游商店鳞次栉比，除一家木雕店是华人开的，其余都是本地人开的。

走在写满岁月的走廊上，不经意地一瞥，看见鼓风机、开矿车这些古董随意摆放在街边，时刻提醒游人辉煌的淘金记忆。

街上的每一栋建筑，外观残旧，有的甚至可用"破败"两字来形容，但外墙上标示的年份和名字却足以宣示其曾经的霸气。这些老建筑内部都已重新装修成酒吧、赌场、牛扒店或各种旅游纪念品商店，但墙上仍然挂满很多关于这个古城或这栋建筑的历史照片，俨然一个个独立的小型博物馆。据说，在这个人口只有约800人的古城里，居然有17家博

建于1862年的老沃肖俱乐部

淘金时代的太浩宾馆

物馆，可见本地居民对历史的尊重和留恋。

从C街沿着联合大街上坡，就是B街，街上有两栋著名建筑，一栋是县法院，一栋是歌剧厅，还有其他屈指可数的零星几间木屋。

弗吉尼亚城最早的建筑之一：歌剧厅

从C街沿着联合大街下坡，依次是D、E、F、I街。这几条街上还有一间高耸的教堂和一所学校。根据D街上的一块石碑记载，D街以前是红灯区。

从1859年至1875年16年间，弗吉尼亚城发生过5次严重火灾，其中1875年的火灾最大，损失最惨重。位于县消防局门口的碑记详细记载了这场悲剧：

1875年10月26日清晨，凯特沙尔公寓发生大火，一股强风快速将大火蔓延开来，消防志愿者试图扑灭这场大火，但所有的努力都无济于事。至上午11时，城市的大部分建筑被烧为灰烬。至下午2时，横扫康斯托克矿区的最大火势被扑灭了。在这场大火中，约2000栋建筑被烧毁，估计损失达10000000美元。

这场大火影响之大，连周边地区也关注到了。1875年10月28日波特兰《俄勒冈早报》在头版

内华达州消防博物馆

237

弗吉尼亚城的建筑都是1875年大火之后重建的

用了几乎半个版面刊登标题为"弗吉尼亚大火!"的报道,特别突出了几个关键词:"城市的商业区烧毁了!""采矿机械和轴承都烧毁了!""1万人无家可归!""经济损失达200万美元!""因挨冻遭受苦难和死亡!"等等。

现在城里的主要建筑,都是在1875年大火后重建的,主要是在1875—1876年重建的。

淘金城里的康斯托克矿,现在是一个历史旅游景点,游人可以坐着观光车去触摸和遐想这座银山上曾经有过的极度奢华。

有意思的是,我们走遍几条街,没有见到一个中国游客。

遇见淘金年代的唐人街

寻找老唐人街记忆,是我每到一个地方都要做的功课。

第十章 弗吉尼亚城：在银山上

二埠的华埠、奥本的神庙、达奇弗兰特的土坯房、特拉基的药草店……

我要去弗吉尼亚城寻找的记忆，是一间老洗衣店和一间中国酒楼——这是我找到的唯一有图有真相的线索。

我们的寻访便从C街开始。

根据这些天的经验，我们首先把希望投向C街上的游客中心。游客中心其实就是这个城市的"前台"或"窗口"，美国的小城镇一般都有游客中心，工作人员对当地历史也很了解，游客可以在游客中心免费领取各种导游资料，因此很有可能找到线索。

淘金城的游客中心果然金碧辉煌，我们拿着洗衣店和中国酒楼的照片向工作人员打听。幽默风趣的工作人员得知我专门从中国来，热情地答道：洗衣店在B街，中国酒楼就在C街上，现在是一间牛扒店。

正当我们要离开时，他说城里还有一个老唐人街，就在联合大街下面，现在只剩下几间破房子，成了放养马匹的地方。

这个消息太意外了！以至于连一向从容的吴薇，也有些不淡定了。

离开游客中心，我们边走边寻觅。闪念间，我突然瞥见街边有一张小桌子，桌面上印着一张地图，地图上有几个建筑，凭直觉猜可能是城市老地图。于是，我们试探地问站在桌边的一位男士，地图上是否标有唐人

弗吉尼亚城游客中心

街边的一张小桌引起了我们的注意

239

街位置,并告诉他我们是专门来这里寻找华人历史的。

男士是本地人,很热情,他说沿着联合大街往下走可以看到几间破房子,那就是老唐人街。他笑着问我们是来淘金的吗?可能是看到我们疑惑的表情,他解释道,前几年真有人去那几间破房子里淘金子和玉器,因为华人离开此地时很匆忙,有可能落下点金银玉器。他还说中国人很聪明,他们被禁止到矿区淘金,于是就在旁边开了很多洗衣店,然后在自己店里冲洗金粉。据他介绍,山上曾经有一个华人公墓,很久以前中国政府有组织地把公墓里的华人尸骨都迁走了。

看来,弗吉尼亚城还有几间早期唐人街遗留下来的破木屋已毫无疑问,不过,说有人在这几间破屋子里淘到金银玉器,听起来多少像个传奇。至于很久以前中国政府有组织地将华人公墓里的华人尸骨迁走的说法,并不准确,组织迁移华人尸骨回中国的是华人会馆。一般而言,有唐人街的地方,都会有华人公墓,后来,旧金山的华人社团有组织地将各地华人公墓里的遗骨收集起来,然后集中运回中国落叶归根,现在位于广州市和江门市新会区的几个华侨义冢,就是100年前从旧金山运回来的无名冢。

2010年,中国酒楼又叫文华花园。(图片:*The Chinese in Nevada*, by Sue Fawn Chung with the Nevada State Museum)

现在,牛扒店取代了中国酒楼。

第十章 弗吉尼亚城：在银山上

我们决定先易后难，先找到照片上的洗衣店和中国酒楼，再找唐人街。

很快，我们根据照片上的文字说明和房屋样式，顺利找到了位于C街和联合大街十字路口的中国酒楼——现在这里是间牛扒店，门面比较新，估计后来装修过，不过外墙和屋后看起来还是老样子，尤其从屋后面看，残破得令人难以置信，倘若在我们国内估计要列入危房了。不过，这座城里像这样的破房子真不少，位于C街的门面大都进行了装修，从屋后看却都像危房。至于从前的中国餐馆是什么景象，只能靠想象了。

接着，我们找到B街上的县法院，法院正对面有一间黄色木屋跟我们手上的照片一模一样——这是从前的华人洗衣店。刚好，一位美丽的女士开门出来，一问才知道现在这间房子是她的私人住所。顺着她手指的方向，我们才发现这间房子其实就坐落在B街和C街之

从前的华人洗衣店，现在是私人住宅。

间，很深。她说房子位于C街的部分是一个中国人经营的商店。后来，我们绕回到C街上，发现这家商店主要经营中国木雕。这也是我们在弗吉尼亚城见到的唯一一家中国人开的店铺。

在康斯托克矿鼎盛时期，C街和B街上集中了行政机构、矿业公司和娱乐场所，堪称这座城市的CBD。所以，100多年前能在这两条街道上开店的华人，必然拥有不一般的实力。

完成了预定目标，接下来的任务就是要找到老唐人街。

因为不熟悉路况，我们开车沿着联合大街一路下坡，行至一片开阔的荒野之地，路牌显示"I街"，左侧是一个变压电所和一大片破败的

241

沿着联合大街下坡,站在与I街交汇的十字路口看到的唐人街遗址。

木屋区,一阵微风吹过,空气中弥漫着刺鼻的马粪味道。我们仔细勘察后,确定这就是老唐人街。

只是展现在我们眼前的并非只有几间破屋子,而是一片完整的唐人街遗址!如果不仔细寻找,不可能找到这个地方,因为这里没有任何标识。

这是一个三面连片环绕的木屋区,四周杂草丛生,共有十几间松木搭建的木屋,均为低矮平房,每间木屋约六七平方米,结构式样统一整齐,门梁上有一块横匾位,可能当时是洗衣店或其他店铺的店名。有一两间木屋有改造过的痕迹,可能在华人离开后还有人住过。有几间木屋的窗户已脱落。一间木屋前有一个泵压水龙头和一个长近2米,宽约1米的木槽,用的是地下水,表明这里曾经是一个洗衣槽,华工的生活用水也取自地下水。根据县消防局的记载来分析,这个唐人街应该也是在1875年的大火后重建的。

循着这一大片荒野望开去,就是康斯托克矿,这片木屋区距离矿区不远。

第十章 弗吉尼亚城：在银山上

每间屋子很小，有的窗户已经脱落，地上放着新窗户，本地人说前些年还有人住过。

这很可能是世界上唯一现存且保存完整的淘金时代的唐人街遗址。

虽然这是个无人区，但凭借这些天的寻访经验，我们猜想肯定有碑记记载这段历史，但转了几圈都没找到。吴薇马上上网搜索，终于找到一张唐人街纪念碑图片，并且提示老唐人街位于距离纪念碑两个街口处。也就是说，距离我们所站立的位置两个街口的某处，有一块唐人街纪念碑。

可是我们找了几条街，仍然没有发现这块纪念碑。只好又回头再去游客中心打听，结果还是令我们失望。

我们走进马克·吐温博物馆，向一位老人打听，他也摇摇头说不知道，但告诉我们这块纪念碑可能在代顿，离弗吉尼亚城大约二十多分钟车程。根据老人的说法，我

水泵和水槽，这间屋可能是洗衣店。

243

金钉
——寻找中国人的美国记忆

位于C街和联合大街十字路口的唐人街纪念碑镶嵌在一小堵墙上，几乎不能引起人们的注意。

内华达州建州100周年时设立的唐人街纪念碑，以纪念华人对内华达的贡献。

们估计在代顿可能也有过一个唐人街。

弗吉尼亚城就这么几条街，都走遍了，疲惫不堪的我们只好放弃寻找。

就在我们再次驱车驶出D街，沿着联合大街上坡行至与C街交界的十字路口，烈日下，忽然有一块墙砖反射出刺眼的光芒，直戳我的眼睛，我大叫一声，吴薇被我吓到，赶紧刹车，差点倒着滑下坡。待车停好，我们俩冲到前面定睛一看，竟然是块纪念碑，碑名是"Chinatown"！

真是踏破铁鞋无觅处，得来全不费工夫！那种失望后的喜出望外，只有此刻才真切体会到。与城里的其他纪念碑比起来，这块唐人街纪念碑的位置实在太不显眼，虽然它就在C街上。

纪念碑上写道：

从此地向东经过两个街口，曾经有一个约2000人的华人社区。他们在早期开矿时期来到内华达，做了大量艰苦工作，帮助建立内华达州。此碑记谨向那些在内华达早期历史中发挥主要作用的华人先驱致敬。

——内华达100周年（1864—1964）标识第26号

根据碑记记载,在弗吉尼亚城全盛时期,华人人口达2000人,那么,我们找到的这个唐人街遗址,肯定只是其中一小部分,I街周边这一片荒野地带,曾经有一大片华人区。

后来,我在查阅弗吉尼亚城历史资料时发现,弗吉尼亚城唐人街曾经是美国西部山区人口最多的唐人街之一,它在全盛时期拥有内华达州最大的华人聚居区。华人遍布整个康斯托克矿区,从事铁路工、淘砂矿工、磨坊工、洗衣工、医生、店主、理发师、牧师、厨师、公寓经理等各种职业,为华人和白人提供各种服务。可见,100多年前位于银山上的这个唐人街,是一个人口庞大、经济繁荣、服务业活跃的华人社区。

至于对唐人街洗衣业兴旺的推断,除本地居民的介绍,以及在唐人街遗址上发现的水泵,还可以从马克·吐温的作品里找到案例。1862年8月,年仅27岁的马克·吐温受聘担任《弗吉尼亚城地方事业报》记者和专栏作家,他经常接触华人,曾经将华人洗衣工的生活记录在后来出版的半自传体小说《苦行记》中,也曾和他人合作写过以华人洗衣工为主

偶遇淘金时代的唐人街,让我们兴奋不已。(摄影:吴薇)

角的戏剧《阿洗》。

出于好奇,我又查阅了代顿的历史资料,惊奇地发现那里与弗吉尼亚城同时期存在着另一个唐人街。1882年1月1日的《里昂县时报》报道:

到1851年春天,在代顿的黄金峡谷附近居住了200名矿工,到

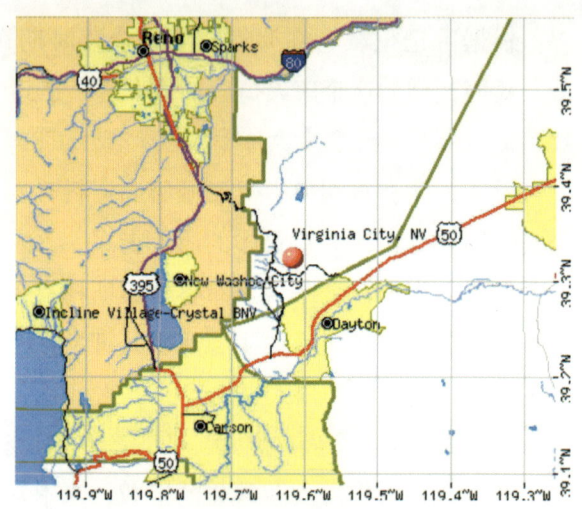

卡森城到代顿的黄金峡谷。1852年,广东人已经在那里挖渠淘金。(资料图片)

1856年,这个社区被普遍认作是唐人街,因为有一大批华人在此矿区干活。1861年11月,该地居民投票重新命名该地名为"代顿",以纪念勘测此城址的约翰·代。

内华达现存的19世纪中期的早期华人建筑,位于代顿。(图片:*The Chinese in Nevada*, by Sue Fawn Chung with the Nevada State Museum)

根据这个报道,1851年在代顿附近的黄金峡谷已经有一个至少200人的唐人街,这在当时已经是很大的华人社区。此时正是加利福尼亚淘金热,加利福尼亚州华人人口开始进入高速增长期,而内华达的淘金热,时间上也很接近。

这是一个有趣的发现。

更有意思的是,根据记

载,在淘金热中,有一群华人矿工从卡森河到代顿附近的黄金峡谷之间挖了一条水渠,这使得在沙漠地区采矿成为可能。华人把中国传统的水利技术应用到矿区采矿,这样的例子屡见不鲜,也赢得了当地居民的好感。

当我把这些丝丝线线缝合在一起,惊喜地发现:内华达是广东华侨史的一颗遗珠。

银山上的华人世界

华人大规模移民内华达始于康斯托克矿被发现之后。华人在这座"银山"上创造的辉煌丝毫不亚于在加利福尼亚州的"金山"上。

当然,银山上的华人还是以广东四邑人为主,所以,弗吉尼亚城的粤语名字叫"故知弥"。

1876年,弗吉尼亚城人口已达28000人。(翻拍自C街店铺墙上的老照片)

康斯托克矿区的矿工来自世界各地,绝大多数是康沃尔人和爱尔兰人,1870年亚裔矿工人口占7.6%。1859年,弗吉尼亚城人口超过15000人。1875年大火之后,弗吉尼亚城迅速重建。到1876年,人口达28000人。1880年以后,随着矿区衰退,人口开始逐年下降。到1898年以后,人口急剧萎缩,到2010年的人口统计大约只有855人,而斯托里全县人口也仅有4000人。

在19世纪70年代,一个2000人的唐人街迅速在这座银山上拔地而起,其他族裔的矿工虽然排斥华人,但唐人街对他们有着某种神秘力量,他们到唐人街购买食品和药品,也会去唐人街赌博和吸鸦片,也有极少数人和华人结婚。

跟其他矿区或铁路城镇一样,只要有华人的地方,就有各种中国商品。弗吉尼亚城的唐人街同样是一个中国商品展销区,各种精美的陶器、食品和其他生活用品琳琅满目。在铁路开进弗吉尼亚城以前,中国商品只能通过早期的移民迁移小径用马车拉进来,华人对中国式生活方式的执著丝毫没有因为山高水长而有所改变。

银山上的华人职业之多元,丝毫不逊色于加利福尼亚州的"二埠"沙加缅度。根据当时的人口登记,华人的职业包括:厨师、洗衣工、劳工、家佣、医生、伐木工、运木工、牧师、酒吧侍从、服务员、洗碗工、酒店主、药店主、茶叶商、神庙(会馆)看守人、教师、拾荒者、理发师、椅子修理工、蔬菜店店主、鸦片馆店主、屠夫、搬运工、银行主、鞋

弗吉尼亚—特拉基铁路咨询处。后面是铁路遗址。

第十章 弗吉尼亚城：在银山上

这是仅有的几张1875年大火前弗吉尼亚城唐人街照片之一（图片：*The Chinese in Nevada*，by Sue Fawn Chung with the Nevada State Museum）

匠、木匠、裁缝、公寓经营者等等。值得一提的是，在弗吉尼亚城曾经有一群华人中医郎中、药草店经营者和看相师，他们不仅为华人提供服务，还吸引了白人也来看中医。在唐人街遗址上还发现了西医药瓶，说明当时的华人医生并不局限于传统中医疗法。

由于康斯托克矿区需要巨量木材，不少华人当起了伐木工和运木工，也出现了木材经销商。根据1864年11月19日的《冶金科学出版社》报道：

> 每天，华人驱赶着成群的驴子穿过帕尔迈拉附近的陡峭山坡通过埃尔多拉多峡谷，傍晚时刻，小动物们又被赶回到弗吉尼亚城……背上驮着100—200磅重的树枝……

木材的价格是变化的,在1863年夏季的几个月里,雪松的价格每捆在13—18美元间,矮松每捆16—18美元,到了冬天,在康斯托克矿区又上升到每捆20—30美元。在1867年那个极度严寒的冬季,华人木材小贩从约1.8米深的积雪下挖出树根,按每头驴运载的木材量为一个计量单位,每头驴载木材量售卖价格在1.75—2.5美元,或者每捆售价60美元。

华人头脑灵活在弗吉尼亚城是出了名的。据说华人引水灌溉菜园和树根,也时常将锡罐压平用作屋顶以抵抗暴风雪的重压,他们聪明地把锡罐改造成厨房用具,如蒸锅和油罐,尽可能将能利用的废品转化成可二次利用的再生资源。本地人至今都在流传华工在自家洗衣店里冲洗金粉的故事,说明勤劳智慧是华人的一种特质。

有海外学者专门对弗吉尼亚城唐人街旧址进行过考古,结果发现很多器皿跟"吃和喝"有关。资料显示,唐人街的大多数食物是从中国进口的,或者由华人在当地种植或购买。大米是华人的主要食物,茶叶是从中国进口的,有些大米是在美国种植的。华人的食物清单包括:鸡、鸭、鱼、猪肉、鸡蛋、腊肠、贝壳类食物、橄榄、坚果、甜瓜、西洋菜、小萝卜、马铃薯、生菜、洋葱、胡萝卜、玉米、鲜薄荷、卷心菜、水果,还有各种汤料。华人喜欢喝酒,包括香槟、杜松子酒、白兰地和葡萄酒。唐人街旧址上还发现了锡罐,锡罐食品为白人喜爱,这表明100多年前弗吉尼亚城的华人向白人供应西式食品。

住在弗吉尼亚城附近代顿的老霍利(Old Hully)每天挑着扁担到弗吉尼亚城卖货(图片:*The Chinese in Nevada*, by Sue Fawn Chung with the Nevada State Museum)

第十章 弗吉尼亚城：在银山上

　　同时期的其他唐人街亦如此。广东人对"吃"总能想出很多法子，比如腌晒咸鱼、烧乳猪等等，弗吉尼亚城的唐人街也不例外。甚至连随着铁路建设工程移动的华工营里的"吃"，也都如此。广东人讲究烹饪的"wok"气（wok，粤语，即炒菜的镬），用镬炒菜时，通常把镬放到石头或砖头里，这样镬下面的火就不会引起火灾了。

　　弗吉尼亚城唐人街有各种社团，致公堂是最有名的堂口，本地人称之为"神庙"。

　　在排华大潮中，弗吉尼亚城唐人街也是一个典型的"光棍社会"，男女比例悬殊。根据美国人口普查办公室公布的人口统计数据，1870年，内华达华人男性和女性人口分别为2817人和306人，男女比例为9∶1；到1880年，华人男性和女性人口分别增加至5102人和314人，男女比例上升为16∶1；到1890年，华人男性和女性人口急剧萎缩，分别为2749人和84人，男女比例上升到33∶1。这一数据说明华人女性移民美国几乎是不可能的。

　　寂寞之下，赌博成了华工最喜欢的解压方式。跟其他唐人街一样，"白鸽票"很流行，有人说大约每3个华人中就有一个人在等着开奖。华工对内华达博彩业产生的深远影响至今可见，在拉斯维加斯和雷诺的赌场里流行的"keno"，就是直接复制了"白鸽票"这种彩票游戏。

　　然而，本地人不喜欢赌博，因为棚屋里传出来的喧闹声影响他们的生活。蒙大拿的一位编辑抱怨入夜之后出现的这种噪音，写道："我们不知道也不关心他们会出没于这个地球上多少年，这是他们的权利，仅仅希望他们可以像举止得体的人们那样上床睡觉，停止玩弄他们那种地狱般的'Foo-ti-hoo-ti'游戏，这样就可以让人打个盹了。"当这种抱怨之声渐渐被利用来作为排华借口，华人就成了牺牲品。

　　到19世纪后期，内华达的排华运动变得越来越暴力。1869年4月，曾经在中央太平洋铁路工作的450名华工被弗吉尼亚—特拉基铁路雇佣，9

月，350名康斯托克矿工涌到华工营地，将华工赶走，并且破坏了华工生活区，直到铁路项目负责人向白人矿工承诺在他管辖下的这些华工不会成为矿工后，才暂时平息了这场暴力。

排华运动的升华和康斯托克矿的衰退，使得弗吉尼亚城的华人人口急剧减少，唐人街日渐衰败。银山上的唐人街，如今也只剩下在岁月长河中飘摇的十几间木屋，慢慢地被人遗忘。

第十一章 温尼马卡：戈壁上的东方牛仔

当我还是个孩子的时候，我和家人住在波特街上的唐人街。唐人街大约有400个华人，他们几乎全是铁路工人。令人惊讶的是，400人中只有4个妇女。当1869年5月太平洋铁路完工时，很多华工不得不到其他地方去寻找工作。

——华工后代赵福源的回忆文章

温尼马卡 Winnemucca

粤语名：委林陌埠。距离萨克拉门托约523公里。华工用铁轨闪电般铺出这个沙漠之城。邻近的十英里峡谷，东来西去的火车依然忙碌。

金钉
——寻找中国人的美国记忆

从雷诺开始,我们便从雪山进入沙漠,从爬山模式进入了平面模式。

汽车在80号公路上飞驰,一路上看不到其他车辆,天地之间,只有一望无际的戈壁山川。风从对面吹过来,呼呼地从耳际划过,开着小黄花的低矮灌木丛被吹得左摇右摆,龙卷风忽隐忽现,声东击西,看似离我们很近,其实还很远。

这种感觉是奇妙的。

当我们在一个服务区作短暂休息,又远远地望见龙卷风迎面席卷而来时,我已没有了之前第一次见到龙卷风时的惊吓,竟然像欣赏一幅画一样,静静地看着它飞沙走壁。

穿越内华达沙漠,才真实感觉到走进了美国西部,记忆里的西部印象呼啦啦地一下子在脑海里涌动起来,我甚至幻想,我们会夜宿在一个像"龙门客栈"那样的旅店。

中途,我们特地转入一个叫拉夫洛克的小城,因为这里

第十一章 温尼马卡：戈壁上的东方牛仔

有一位对中国有着浓厚感情的拉里先生，他一直守护着当地一个无名华工墓。

我们到火车站时，一列火车刚好驶过。火车站候车室也是游客中心，原先的候车室离铁轨更近一些，后来整体搬移到现在这个位置。走进游客中心，墙上的两张地图一下子吸引了我的目光，一张是美国地图，另一张是世界地图，地图上方写着"你从哪里来？"游客来到这里，都会在家乡所在位置上插上五颜六色的小图钉。我们在世界地图上寻找中国，发现地图上的中国版块很干净，于是，便在广州、杭州、北京和天津四个点上插上彩钉，代表我们来自那里。

拉夫洛克是一个有故事的小城，虽然十年前最后一个华人去世，从此结束了华人在这里的历史，然而小城居民对遥远的中国似乎并不陌生，甚至还在延续前世奇缘。这让我倍感意外。

在县法院附近的草坪上有一个"爱之锁"公园，铁链上层层叠叠挂满了各种连心锁，有一种似曾相识的中国特

拉夫洛克老火车站

游客中心墙上贴着两幅地图，一幅美国地图，一幅世界地图，我们在广州、杭州、北京和天津位置上插上彩钉。

金钉
——寻找中国人的美国记忆

拉夫洛克的"爱之锁"公园,灵感来自中国黄山。

拉里先生对中国很有感情,在自家旅馆里设立了一个微型中国博物馆

色。当我看完说明,才恍然大悟。原来故事发生在2006年,拉夫洛克市政府官员到中国长城和黄山访问时,看到很多情侣将象征爱情的连心锁锁在铁链上,很受启发,因为"Lovelock"城市名本身就代表了"爱之锁",于是,他们回国后仿照中国的古老风俗,在Lovelock建了一个迷你"Lovers Lock"公园,让相爱的人们来这里锁上一把连心锁。就这样,中国与拉夫洛克的万里奇缘从中央太平洋铁路时代一直延续到今天。

因为要赶路,我们只能在拉夫洛克做短暂停留,在拉里先生陪同下专程去拜祭华工墓,然后继续向前方跋涉。

1个多小时后,当看到前方霓虹灯闪着"温尼马卡"字样时,疲惫不堪的我又满血复活了。一路前行,经济型旅店和汽车旅馆鳞次栉比,可见来这里夜宿的过路客不少。旅馆前的霓虹灯虽无法用绚烂来形容,却也给小城增添了些生气。这条街应该就是主街了。只是兴奋的热度刚刚升起,便感到了阵阵凉意。此时才晚上7时,街上已见不到一个人,安静地只听到自己的呼吸声。

我们在街上兜了个来回,最后入住一家汽车旅馆。旅馆很简陋,早餐简约到了只有一杯咖啡配一块小饼,而且还要告诉服务员房间号后,他才从窄窄的窗口递给你。

第十一章 温尼马卡：戈壁上的东方牛仔

这里，就是内华达州北部洪堡县的温尼马卡，人们还给它起了另一个名字"沙漠中的绿洲"。

没想到的是，汽车旅馆的服务员告诉我们，后面街上有一家中国人开的餐馆。

当我在黑暗中朝着远处透着灯光的餐馆奔去时，心里一阵迷茫，我不知道在这个城市能够淘到什么有价值的华工历史。但此时也顾不得想那么多，头等大事是把肚子填饱驱寒。

我的担忧是多余的。第二天上午，我们原计划去洪堡博物馆参观一下，接着便去第二个站点。未曾料想，这一转，却改变了我对广东华侨史的认识。

洪堡县位于内华达州北部，离雷诺267公里，拥有丰富的黄金矿，农业比较发达，旅游业特别是博彩业也是该县经济的重要支柱。温尼马卡是洪堡县县治所在地，刚好处于内华达州北部交通枢纽，从俄勒冈州和爱达荷州过来的95号公路与横贯内华达州北部的80号公路在此交汇。温尼马卡的面积只有21.4平方公里，虽然处在一个高度沙漠化的地理环境中，但是，这里有黄金矿，有洪堡河，有耕地，于是人们使用"沙漠中的绿洲"来形容它。

而广东华侨史与美国西部沙漠的连接，就是因为铁路华工和这个沙漠绿洲。所以，当我一层一层地剥开温尼马卡的面纱，赫然发现，在美国的老西部，有东方牛仔，他们创造过至今仍被当地人铭记的辉煌。

华工空降内华达沙漠

洪堡河的名字，是为纪念德国著名博物学家亚历山大·冯·洪堡而命名的，洪堡县也同样因此而得名。

金钉
——寻找中国人的美国记忆

洪堡河是早期西部拓荒者的一条迁徙小径。在离温尼马卡东南方向几英里的洪堡河岸,有一个"碎石浅滩",对于西行的马车队来说,这里是一个很受欢迎的食物补给站。历史上,在此地露营的唐纳部落发生过一场斯内德尔—里德(Snyder-Reed)战争。事情的经过大致是:斯内德尔和里德发生争执,斯内德尔鞭打里德时,失手打了里德的妻子。里德杀了斯内德尔后,被驱逐出马车队,身上没有食物,他的女儿偷食物给他,让他能够支撑到加利福尼亚。后来,当唐纳部落被积雪阻隔在唐纳湖时,里德返回来营救了唐纳部落。

早期的这条迁徙小径,被后来的中央太平洋铁路替代了。中央太平洋铁路横穿内华达沙漠,在犹他州的普罗蒙特雷与联合太平洋铁路合拢,将横穿美国大陆的行程从6个月缩短到7天。

1868年7月19日,当中央太平洋铁路攻克西艾拉内华达山脉后,铁路大军如空降般出现在西艾拉山脚下内华达州的第一个城市雷诺。内华达州和犹他州本是一片无垠的戈壁沙漠,虽不像西艾拉山脉那样崇山峻岭险阻,但是,温差极大,有时气温可以骤然下降到零下50°,地面结成冰,只能用炸药炸开一条路,冰块宛如石头瞬间飞上百米高,若不小心,一样危及生命。

与在淘金热中发展起来的加利福尼亚州许多城镇相比,当时的内华达州除弗吉尼亚城以外,很多地方还处在城市发展的幼年期——在一片片荒地上搭建起棚屋区或帐篷镇。随着中央太平洋铁路铺进内华达,在铁路周边地区,一个个新兴城镇拔地而起。

所以,当一夜之间中央太平洋铁路华工浩浩荡荡闪电般疾行在内华达时,当地居民惊呆了。除了新鲜、好奇和欢迎,他们也表现出惶恐和讥讽的复杂情绪。1868年8月22日,《雷诺新月报》引用《萨克拉门托联合日报》的报道说,"500个来自如花国土的国民"正急速登上一列火车赶往前方铁路施工段。该报还刊登了一篇导语为"蒙古人"的报道,

第十一章 温尼马卡：戈壁上的东方牛仔

称一列从西边开来的火车载着12个车厢的华人驶过雷诺，估计是前往中央太平洋铁路前方营地的，"据报道他们共有500人"。这篇报道接着又说，"对我们来说就好似有5000个""这让我们联想起一列满载着生猪的火车向东驶去。这些人来自'如花的国土'，并且正在这个平原上为我们修筑横跨大陆的铁路"。

中央太平洋铁路进入内华达之后铺轨速度之神速，也令当地媒体惊呆了。1868年8月22日，《雷诺新月报》报道说，上星期一，中央太平洋铁路在一天内铺设了9.9公里的轨道。并非在中央太平洋铁路沿线的《弗吉尼亚城地方事业报》在1868年7月19日报道说，铁路已经推进到沃兹沃思以东34公里，即雷诺以东82公里。4天后，该报又报道说，铁路已经到达雷诺以东129公里处。这么快的铺轨速度，使得一些由铁路沿线的荒地刚刚蜕变的城市，还来不及取名字，铁路大军已绝尘而去。

由于中央太平洋铁路在内华达建设期间的铁路沿线报纸只有《雷诺新月报》《洪堡纪事报》和《银报》等几家，所以，要比较清晰地了解在内华达期间铁路建设的速度是比较困难的，但是，从当时的报道可以分析出，华工以平均每天铺轨大约10—13公里的速度向东推进。

1868年在拉夫洛克附近的华工营（图片：斯坦福大学提供）

这张照片与左图位置相近。左前方白烟为龙卷风。

259

1868年8月22日，媒体报道中央太平洋铁路"正向北方迅速推进，上星期早些时候到达并通过了距尤宁维尔最近的地点"。中央太平洋铁路在内华达的走向是从西南向东北延伸，因此，可以推算出铁路铺到洪堡县尤宁维尔的时间大约在8月15日前后。

1868年8月19日，中央太平洋铁路在洪堡火车站附近铺轨约10公里。

1868年9月16日，中央太平洋铁路铺到温尼马卡，10月1日正式通车。第一列开进温尼马卡的火车叫"冠军号"。当时温尼马卡没有举行庆祝仪式，铁路建设继续向东推进。从这天开始，温尼马卡自然而然地成为陆路交通的重要供给中心，这不仅仅是因为继续往普罗蒙特雷施工的装备需要在这里补给，也因为这座城市后来也变成向

1868年10月1日，温尼马卡正式通车，这是当时的火车站。（图片：斯坦福大学提供）

西到旧金山、向北到俄勒冈和爱达荷州的交通枢纽。

1868年11月底，铁路横贯洪堡县。

1869年5月11日正午，第一列载着4节车厢的火车从温尼马卡经过，火车上坐着铁路委员会委员和中央太平洋铁路公司的巨头们。《洪堡纪事报》对那天的庆祝场面做了描述：

这是温尼马卡的一个重大时刻，我们庆祝铁路贯通温尼马卡。这一

天，人们鸣枪、吹哨、响铃、钉道钉、喝香槟。当一群男孩还沉浸在庆祝的喜悦之中，另一群人已兴奋地向东走到屠宰场附近。这些牲畜栏在20世纪70年代早期被拆毁了。从19世纪70年代开始，每年都有几千头牛从温尼马卡运到东部和西部地区，直到20世纪20年代末。据说早期旧金山人是吃不到牛扒的，因为他们没有在内华达北部草原生活过。

铁路彻底改变了温尼马卡，使得温尼马卡与东西部连接起来。在1868年以前，温尼马卡是一个人来人往的驿站，因为一个法国商人在这里扎营，所以这一带叫"法国浅滩"。1868年铁路开通后，为纪念本地派尤特部落首领温尼马卡，铁路公司将这个驿站"法国浅滩"改名为温尼马卡。1873年，洪堡县县治从矿城尤宁维尔迁到温尼马卡。

人口统计显示，1870年，温尼马卡的总人口为289人，其中华人有54人，这54人中铁路华工有34人。由于温尼马卡是一个主要车站，铁路公司配备有3名白人售票员、5名部门工头、车厢修理工、消防员、火车维修工、调车场师傅、货运代理、转辙员以及1名华人厨师、1名华人商店店员等等。这几乎是每一个火车站的标准配置。华工负责维护铁路商店、货仓、铁轨和停靠在车站的火车。

在美国人眼里，华工总是温顺的，所以，华工的诉求常常被漠视。1877年，一个大约40人的铁路华工帮遭到排斥，他们在温尼马卡火车站附近的铁路边上躺了两三个月，抗议铁路公司径直向东到卡林继续施工，华工帮的头领说他们已经为铁路公司工作两三年了，他们想往西行，希望返回中国。可见，华工最初受雇于铁路公司时，并不知道他们的目的地究竟在哪里，他们以为修完铁路就可以回家了。

1880年，温尼马卡的白人人口增加到672人，而华人人数降低到81人，占总人口的5%，其中铁路华工人数为32人，但是没有一名铁路华工的名字是和1870年人口统计中的铁路华工名字相同的。这也说明，19世

华工在温尼马卡铺轨（图片：斯坦福大学提供）

温尼马卡火车站

纪美国华人人口统计数据是难以精确的，很多华人并不去登记，或者登记员填写的华人名字不一定准确。我在洪堡博物馆里看到温尼马卡铁路华工后代赵福源（James F.Chew）的回忆文章，他说在他儿时居住的温尼马卡唐人街上住着大约400名铁路华工，那个时间是1900年前后。

现在，横贯东西大陆的火车每天都从温尼马卡来来往往。站在火车站的铁轨上，只见天之高，地之大，极目无穷，铁路笔直地通向远方。

老照片上的镜头定格在这里，只是车站上，空无一人。

我想寻找，在这个车站下车的中国人，去到何方？

十英里峡谷

我们沿着洪堡河，继续往十英里峡谷去重拾那段遥远的记忆。

从80号公路往东，到卡林上278号公路，沿着洪堡河走，路口可见一块写着"艾米格兰特矿山"的指示牌，沿河继续向前，就进入了十英里

第十一章 温尼马卡：戈壁上的东方牛仔

一列火车正经过洪堡湖边

峡谷。很巧，一列火车正经过湖边，色彩斑斓的车厢显得格外惹眼。我拍下了这一难得的镜头。后来在中央太平洋铁路老照片里发现，这里曾经驻扎过一个华工营。

这一带地名叫帕里塞德，很久以前叫帕里塞兹，位于卡林以南10英里（约16公里），所以，人们把"帕里塞德峡谷"又叫做"十英里峡谷"。

帕里塞德在很久以前是个小镇，现在是个"鬼城"，人迹罕至。也曾有一个火车站，现在亦无踪影了。20世纪20年代以来，亚特兰大商人约翰·塞克斯通的亲戚们拥有这个小镇，约翰差不多35年没到过帕里塞德。2005年4月

洪堡湖附近的华工营（摄于加利福尼亚州铁路博物馆）

263

金钉
——寻找中国人的美国记忆

26日,他在旧金山将这个小镇以150000美元的价格拍卖掉。

难得有车辆从十英里峡谷经过。我们仅看到二三辆车,都是护养公路和铁路的车辆,护养工用惊异的目光审视着我们这几个不速之客。

唯有每天穿梭于东西大陆的火车,成了十英里峡谷的"居民"。

中央太平洋铁路行进到洪堡县,大约完成了一半里程,"十英里峡谷"成为阻碍铁路向东挺进的最后一道屏障。峡谷地势险恶,两边山上都是碎石,遇到暴风雪很容易滑坡造成泥石流。那时,印第安人是这片土地的主人。据说在19世纪70年代火车开通后的头几年,每当火车开进峡谷,旅客就会面临一幕幕枪战和抢劫,胆战心惊。在施工过程中,华工不仅要面对诸如水源污染、温差两极分化、泥石流等不可预料的沙漠环境,还要随时防范原住民的破坏和攻击。

夕阳下,十英里峡谷散发出独特的静谧之美,清澈的河水映照山的倒影,像个世外桃源。如果不知道华工修建中央太平洋铁路这段饱含血泪的历史,我定会被眼前的美丽陶醉的。

我们的汽车晃晃悠悠地在十英里峡谷穿行,路是碎石路,有些还是

100年前的十英里峡谷(图片:斯坦福大学提供)

现在的十英里峡谷

第十一章 温尼马卡：戈壁上的东方牛仔

夕阳下的洪堡河。铁路沿着河两岸延伸。

泥路，不太好走。空谷幽幽，小山似的道钉随意堆放着。一辆护道车刚好经过这里，当车上的护道工知道我们来自中国，很友善地提醒我们要注意安全。

洪堡河从峡谷蜿蜒流过，河两岸各有一条铁路，是后来扩建的。虽然中央太平洋铁路的几段老路基早已废弃，但沉甸在泥土里的历史，依

洪堡河从峡谷穿过

265

金钉——寻找中国人的美国记忆

100年前,火车经过峡谷,右边是印第安人的岩壁。(图片:Central Pacific Railroad Photographic History Museum)

火车穿过宁静的峡谷,右边的岩壁依然

山上的石头松动不稳,同伴们爬上去寻找历史记忆。

旧抹不去岁月的年轮。靠近老路基的山壁上有一个石窟,中央太平洋铁路老照片上多次出现过这个镜头,看到这个石窟便可知老铁路的位置了。

沿着山坡可以上到山顶,但是,因为山坡属于私人领地,被铁丝网包围着。山上还残留有早期印第安人居住的岩窟遗迹和废弃的矿洞,洞口布满枪眼,令人毛骨悚然,不由得联想起早期铁路经过峡谷的恐怖传说。

山上的石头是松动的,稍不留神就会滚落下来,还要眼观四方,侦查周围是否有大蟒蛇出没,因为我们在进入峡谷口时已经遇到过蟒蛇。于是,找准稳固的没有灌木遮蔽的裸石踩上去,便成了上山的关

第十一章 温尼马卡：戈壁上的东方牛仔

键。我慢慢地爬到一个稍微平整的石堆上，觉得前方的视野比较宽阔，就不再继续往山上爬了。

顺着我站着的角度正前方，铁路在峡谷中央勾勒出一个半弧形，火车的轰鸣声由远及近，划破了山谷的沉寂。这多少让人觉得有些不和谐。

中央太平洋铁路有一张很有震撼力的老照片，照片上，一个印第安人站在山顶默默地俯视着前方——前方是一条刚铺好铁轨的"钢铁怪侠"，怪侠伸展着望不到尽头的身子，从他原本安宁的家园穿过。

我所处的位置，差不多就是印第安人站着的方向，只是他站在山顶上。

我脑海里挥之不去的是，当年背井离乡到美国西部建设铁路的"东方牛仔"在戈壁荒漠筑造了一个怎样的金山梦，和一个怎样的唐山梦。

温尼马卡发生过这样一个事件：中央太平洋铁路通车后，有一部分

印第安人遥望"钢铁怪侠"从家园穿过（图片：斯坦福大学提供）

同伴几乎站到山顶，前方正好一列火车迎面而来。（摄影：金强）

洪堡河边的铁路工地（图片：斯坦福大学提供）

洪堡河边的铁轨已重新铺设

华工留在当地成为铁路护养工。有一天，在温尼马卡和图尔以东之间的铁路边上发现一具华人尸体，县治安官和验尸官经过调查后做出结论，认为这个华人巡道员是被火车撞死的。铁路华工帮拒绝接受这个结论，认为是一起谋杀案，他们拒绝在那个路段干活。铁路公司解雇了这些华工，雇佣了白人。华工被赶出他们生活的区域，被迫迁移到铁路沿线的沙漠地带。然而，铁路公司很快发现白人干不了活，于是，不得不重新雇佣那些华工。

唐人街搬进了博物馆

根据2010年美国人口普查，温尼马卡总人口为7396人，而2000年的人口普查是7174人，十年间人口增长仅222人。不过，这个人口规模，在美国西部戈壁中算是大城了。

可是，就是这么一个弹丸之地，对保留本地历史的态度却令人刮目相看。

沿着中央太平洋铁路一路走来，最没有想到的是，在人烟稀少的内华达沙漠北部，有一个地方，将消逝的唐人街历史搬进了博物馆，并且将之作为镇馆之宝。

这就是位于温尼马卡的洪堡博物馆。在这里，我无比惊讶地发现了温尼马卡唐人街，发现了西部牛仔世界里的东方之韵，虽成历史，却曾无比辉煌。

20世纪六七十年代，本地学者兼专栏作家多瑞斯·卡娃娜芙女士曾经给温尼马卡本地报纸写过唐人街专栏，文章中写道：在温尼马卡曾经流传过一首歌"唐人街，我的唐人街"。那是一个梦一样的唐人街。

这首歌现已无从考证，唐人街因城市建设也在1955年全部被拆毁，现在的温尼马卡城里已找不到唐人街的丝毫踪迹。如非偶然在洪堡博物馆里遇见，我无论如何都不会相信，直到60年前，这个遥远的沙漠绿洲上还存在一个相当规模的唐人街建筑群。

更让人意想不到的是，孙中山先生于1911年到温尼马卡致公堂停留一天，当时，广安隆商店的业主、致公堂主席卢献兴（Low Hee

洪堡博物馆

孙中山在温尼马卡致公堂（图片：《中山市华侨志》）

Sing，或Lew Hay Sing）捐献了3000美元革命经费，这在当时是一个相当大的数字。

洪堡博物馆位于洪堡河附近，地势较温尼马卡市中心高些，这个建筑早年是一个教堂，后来改为博物馆。博物馆是一栋两层土红色建筑，面积不大，却用不少空间来展示唐人街的实物和史料。工作人员告诉我，在1955年唐人街整体拆毁的前几天，博物馆派人专门拍摄了唐人街上的所有建筑，所有相片编号归档。

我们是第一批到博物馆参观的中国人，所以，工作人员对我们特别热情，恨不得把所有馆藏的跟唐人街有关的信息都告诉我们，显然，"Chinatown"之于他们，已经变成了一种荣耀，他们说唐人街是温尼马卡的遗产。他们的热情感染了我，于是，在我一个又一个突发奇想的追问下，工作人员居然总能找到可以让我不断深入追问下去的惊喜，比如，1955年唐人街拆毁前拍摄的照片档案、早期温尼马卡城市测绘地图，还有，这一路走来一直困扰我的"神庙"，等等。我就像打了鸡血似的，越发振奋起来。

在博物馆一楼，几块褪了色的木匾占满一面墙，每块木匾都有几米长，让人有一种密集感，但显然是被当作了"镇馆之宝"。细看之后发现，原来这些文物来自唐人街上的神庙。最与众不同的是，一位儿童时代住在唐人街的铁路华工后裔赵福源将这些木匾和对联上的文字、格式以及时间、署名等都一一作了对应的英文注解，这种解读方式，俨然突破了枯燥的陈列，而变成一种生动的文化传播。

于是，当我一层一层地拨开唐人街的神秘面纱，一个久远的东方传说慢慢地向我们走来……

根据《洪堡纪事报》记载，洪堡县有记载的第一个中国人出现在1863年5月，那时，洪堡县县治在矿城尤宁维尔，就像当时许多淘金华工的命运一样，当地居民联合起来将中国人赶出了矿城。

第十一章　温尼马卡：戈壁上的东方牛仔

1868年，当中央太平洋铁路推进到温尼马卡一带，中国人来到这个"沙漠绿洲"，扎根于此。

19世纪70年代，火车开进温尼马卡才1年多，温尼马卡已经有三个独立的华人区，或者说三个早期唐人街。最早的华人区位于桥街（Bridge Street）的下街，就是现在的东二街科科斯市场（Kirk's Market）附近；第二个华人区位于县法院东边的桥街一带；第三个华人区位于县法院西边的洪堡峡谷一带。

那时，桥街是连接上下城区的主要街道。本地报纸渲染唐人街从庄严的洪堡县法院横穿过去是对法院的侮辱，必须迁移到别的地方去。1870年，温尼马卡居民开始鼓动，要桥街上的唐人街搬走。到1873年1月，这些行动有了结果，一个叫维斯的本地人买下桥街上的唐人街，他给华人两个月时间搬离住地，但是，华人无处可去。此时，中央太平洋铁路公司将桥街后面约37米处十字溪沿岸的一片荒芜之地租给华人。1873年7月，桥街上的华人重新在这里安家。这批从桥街上搬出来的华人

内华达的华人牛仔（图片：*The Chinese in Nevada*, by Sue Fawn Chung with the Nevada State Museum）

成为住在波特街（Baud Street）上的第一批华人。

不久，位于东二街上的华人区也搬到波特街上。

位于法院西边的华人区以香港排屋（Hong Kong Row）出名。关于香港排屋的由来，还有一个故事。据传在温尼马卡有一个华人女性叫傅女士（Madam Foo），她虽然目不识丁，却是温尼马卡最富裕的中国人之一。后来，她回到中国老家，但18个月后又回到温尼马卡，并且和其他几个中国人一起建造香港排屋。排屋位于法院西边，只有有钱有地位的中国人才有资格住那里。引发香港排屋搬迁的导火线，是在排屋后面的老河渠里发现了一具婴儿骸骨，本地居民认为这是个华人女婴并且是被她的父母杀害的，理由是中国人有重男轻女的习俗。在《银报》的煽动下，人们成群结队地去河边围观。随着本地居民的抗议声音越来越大，1876年，这个以"香港排屋"出名的华人区也搬到了波特街上。

就这样，到1876年，温尼马卡的三个华人区全部搬到波特街上，唐人街开始快速成长。

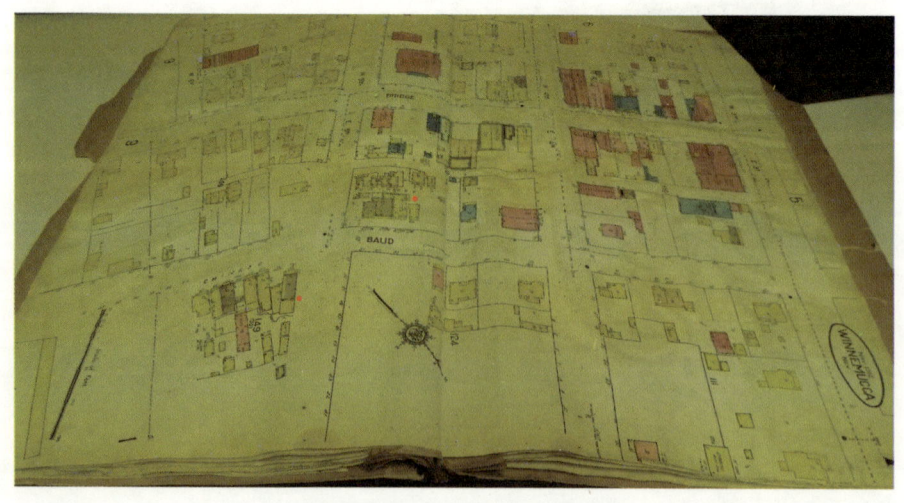

唐人街位于东5街和波特街对角两个地块（翻拍自洪堡博物馆）

第十一章 温尼马卡：戈壁上的东方牛仔

1876年，波特街上的华人人口有多少，无从考证，相比于1910年前唐人街人口400人，那么，这一时期华人人口不少于400人应该是一个保守估算。不过，唐人街上的华人主要是铁路华工，这一点可以从中央太平洋铁路公司的慷慨之举中推论出来，并且后来赵福源的口述手稿也证明了这一点。

1955年，被拆毁前的唐人街。（图片：洪堡博物馆提供）

唐人街上的早期建筑都是棚屋，粗糙简陋，与其他建筑格格不入。后来，二层楼的木屋建起来了，唐人街也就变得越来越热闹了。1892年，《银报》编辑注意到华人正在建新房子，他提到对一栋两层楼木屋印象很好，说"可能异教徒将废弃他们在河岸的独木舟转而建造受欢迎的房子"。

唐人街的变化日新月异，进入19世纪80年代，原先处于城市边缘的波特街已经变成市中心的繁华商业区了。

温尼马卡有两个很有名的铁路华工：赵荣贵（Wing Qui Chew）和詹卢（Jim Low）。据载，赵荣贵很可能是詹卢妻子的亲戚，是查理·赵易（Charley Chew Yee）的父亲，赵易出生在温尼马卡，并于1884年11月3日登记了身份证。赵易和妻子玛丽生有11个孩子，包括赵耀贵（William F.Chew，中文名：Fook Hing），赵福源（James F.Chew，中文名：Fook Yuen），赵福洪（Thomas F.Chew，中文名：Fook Hong）。因为家里穷，父母将赵福洪送给一对华人夫妇领养，这对夫妇将他带到卡森城，养父母去世后，可怜的福洪又被另一个华人家庭领养，并回到中国。二战期间，福洪参加中国军队，而他的哥哥在美国服役，兄弟俩在中国意外重逢。战后，赵家多番努力想把福洪带回美国，但直到1981年，一家人才在美国团聚。赵氏家族从第一代赵荣贵于1870年从中国到美国，并且在温尼马卡当铁路华工，到1910年举家迁往旧金山，在温尼马卡度过了40年光景。

赵耀贵后来成为一名航空工程师，因为对家族历史很感兴趣，退休后潜心研究铁路华工，并于2004年出版《跨州铁路的无名建设者》，为我们留下了研究中央太平洋铁路华工的珍贵史料。

1981年，赵耀贵的弟弟赵福源根据儿时记忆手绘一幅温尼马卡唐人街草图，并且将他于1901—1910年在唐人街度过的童年生活写成一篇优美文章，同时把神庙里的中文对联用英文加以对照注解。他把这些珍贵历史档案赠送给了洪堡博物馆。

在赵福源的文章里，温尼马卡唐人街记忆犹新：

赵福源手绘儿时记忆中的唐人街（摄于洪堡博物馆）

第十一章 温尼马卡：戈壁上的东方牛仔

当我还是个孩子的时候，我和家人住在波特街上的唐人街。唐人街大约有400个华人，他们几乎全是铁路工人。令人惊讶的是，400人中只有4个妇女。当1869年5月太平洋铁路完成时，很多华工不得不到其他地方去寻找工作。

几乎所有建筑都是木头造的，并且是用很粗糙的2.54厘米厚、30厘米宽的木板作侧板，用5厘米厚、10厘米宽的木板搭框架，再用板条盖住裂缝。但有一个例外，有一间独立泥砖房，它的地基是泥砖构造的，因为这间房子就建在小山坡上。为了省钱，近一半的房屋屋顶用压扁的煤油罐代替木瓦板。这是最方便的方法，因为那时所有照明都用煤油，而汽油或电在那时都是不可能的。

草图中，左边第一个建筑物前面是戴来珍的房子（Ti Loy Jan）。这个建筑物的业主是黄杰（Wong Git）先生，他做药草和中餐食品生意，也受托存放黄金粉，这些黄金粉是华人买来存放到他那里保管的。黄金粉用一个小杯子来量，而不是称重。他的儿子黄詹（Wong Jim）常常和卢景福（Lew Gum Fot）、黄品（Wong Pon）玩踢毽子游戏，他后来经营"宝石水晶餐馆"。戴来珍右边的两层楼房业主是谭成林（Tom Sing Ling）先生，他是唐人街上的翻译。谭成林的右边是邝昌（Quong Chong），以及李东超（Lee Dong Chue）先生的商店、旅店和赌馆。

邝昌右边是一间两层楼的旅店和赌馆，是伍傲谦（Ni Ngow Him）和伍傲德（Ni Ngow Due）两兄弟建的。关于这栋楼还有一个幽默的小故事。白天，兄弟俩搭好一楼框架，钉上2.54厘米厚、5厘米宽、4.88米长的侧板作支撑，没想到到了夜间，2.44米长的左侧板和大部分侧板因支撑力不够而被风吹爆裂了。位于唐人街中心的神庙建于1902年，是为华人社区提供祈福、拜神和庆典活动的场所。沿着神庙一侧可见一个烧烤炉，像在先贤诞辰和中国人的传统节日，都会用上烧烤炉，一般要烧烤一两只全猪，然后切下来分给每一个人。"中华民国"第一个总统孙逸

仙博士在1911年曾经到过温尼马卡神庙,停留了一天。

神庙的右边是苏和荣(Soo Hoo Wing)先生的泥砖房,用作旅馆和赌馆。苏和荣的右边是黄成(Wong Sing)的商店,除了赌博和旅店,他也做生鲜鱼和蔬菜生意,生鲜鱼和蔬菜每周从加利福尼亚萨克拉门托的邓宋(Tung Sung)公司通过富国银行捷运公司船运过来;他也会在一些特别节日做中式炸面圈和糕点。从黄成的商店到潘亚章(Pan Ah Jeong)的房子之间,可以看到一群赌客靠右边在继续赌博,这种赌博活动只能连续运营一小时,这是唐人街长者的命令。

其时,麦克德尔米特—温尼马卡驿站马车正耐心地停在赵(Chew)家前面等待祖母卢(Low),因为马车要载着祖母回到麦克德尔米特。艾克(Achie)和海伦·芒甘(Henlen Mangan)是J.P.芒甘医生的孩子,他们正在爬过电线栅栏的洞去和赵家的男孩玩,而赵家的男孩正往波特街下街跑去。吉米(Jimmy)和弗兰克(Frank)、洛夫(Rover)坐在三轮车上。

父亲赵易(Chew Yee)正辛苦地挑着蔬菜,蔬菜是送去洪堡宾馆给吉麦斯先生的。送完蔬菜后,他也许又回到他的菜园里干活,也可能到附近山里勘探黄金。同时,李森(Lee Sum)先生正从与旅店相反的方向走来,他带来了新鲜鱼,这些鱼是他在洪堡河里抓的,蔬菜是从他的菜园子里摘的,菜园子就在桥附近的洪堡河东边,他在那里已经耕种好几年了。似乎罗德福兹女士(Mrs. Rutherford's)的奶牛正在叫着试图引起她的注意。温尼马卡第一国家银行主席查尔斯·斯汉先生(Mr.Charles Sheehan)正站在某处和山姆·伯尼菲尔德律师商议,而他的1904别克车正在等待他回去。

富国银行捷运公司代理商正在运输新鲜商品。他的马车上都是3.7米大小的箱子,箱子用竹子紧箍着,里面装满了糖罐,柳条箱里装满了橙子和柚子,这些水果都是从中国进口的。

卢献兴(Lew Hay Sing)先生,也是人们熟知的广安隆(Quong On

Lung）商店的业主，在我们家搬走后，他把妻子从中国接过来，成为一个很大的家族。连着广安隆商店的右边是一间叫"胜记"的商店，这家商店归甄伟文（Gee Way Mon）和郑松（Jeong Song）两个合伙人所有，这是一家经营东方器皿的小件珍品店。挨着"胜记"右边的是几间旅店，其中一间是李龙（Lee Leong）所有的，另外几间的业主不知道了。在广安隆商店后面是一排房子，第一间房子住着卢景福（Lew Gum Fot）和他的父母，第二间房子住着成任宁（Jenning Sing）先生和他的女儿阿萍（Ah Ping），最后一间住着李蝶（Dip Lee）女士，她是唐人街上的接生婆。

赵福源描述的唐人街画面何其生动！就像在看一部西部电影！我的脑子里瞬间便勾勒出在西部旷野上一个很立体的唐人街"清明上河图"。

根据赵福源的回忆，从1900—1910年的10年间，温尼马卡唐人街上大约住着400人而且都是铁路华工，其中只有4个女人，这4个女人中，一个是他的母亲，一个是卢氏，一个是女孩阿萍，一个是接生婆。显然，唐人街是一个"光棍城"。

广安隆曾经是温尼马卡名店，售卖各种中国货。（图片：洪堡博物馆提供）

李森的中国花园（图片：*The Chinese in Nevada*, by Sue Fawn Chung with the Nevada State Museum）

同样也很显然，唐人街很繁华。

赵福源记忆中种蔬菜的李森，是温尼马卡很有名的"中国花园"主人，也有学者说，"中国花园"的主人叫Lee Sam Melarkey，其实是同一个人。李森在19世纪60年代移居温尼马卡，用一个朋友的名字作为他自己的名字。"中国花园"以种植蔬菜、香料和其他食物出名，他也教其他农场主种蔬菜，比如什么时候播种，该种什么，所以，人们称他是一本"会走动的本地农场主的日历"。中国花园的灌溉采用水轮方法，这种方法在广东农业灌溉中很常见。

在温尼马卡的铁路华工中，还有一位后来在中国铁路建设史上甚为出名，他就是在温尼马卡短暂住过的陈宜禧（Chin Gee Hee）。陈宜禧的活动主要在西雅图，他是西雅图著名劳务承包商，再后来，他回到家乡台山修建了中国第一条民营铁路——新宁铁路。

当然，不是所有铁路华工都继续在铁路线上干活，只有少部分华工继续在铁路公司当铁路护养工。进入20世纪以后，华人铁路护养工这个职业也被其他族裔劳工代替了。

温尼马卡人至今都记得广安隆商店，它曾是唐人街的地标建筑之

第十一章 温尼马卡：戈壁上的东方牛仔

一,于1891年开张,1955年关闭。该店位于波特街西边,6间联排房子中有一间正好位于东5街中央,对于做生意的人来说,没有比这更好的地段了。这家店是本地名店,以售卖炮仗、坚果、生姜、茶叶、糖果和玻璃手镯著称,当然,这些都是中国货。

唐人街上开店铺和旅店的最多,旅店兼营赌博生意。跟广安隆商店一样,唐人街上的商品几乎都是从中国进口的,像桔子和柚子这类广东水果,也要从中国进口。生活在美国西部的华人,他们的生活方式还是离不开"唐山"味道,吃的、用的、玩的东西,几乎无一不是来自家乡广东。他们努力把"唐山味道"像蚂蚁搬家一样搬到金山上。

洗衣店和中餐馆是不可缺少的。在铁路街和桥街上,有几家华人洗衣店。在19世纪90年代,温尼马卡已经有几家中餐馆,其中一家餐馆一直经营到20世纪20年代。

自从来到温尼马卡,中国人创造了许多奇观。本地人常见的一个奇观就是时常漂流在洪堡河上的"华人木橼"。温尼马卡地广树少,木柴稀缺,聪明的华人把洪堡河沿岸的柳树砍下来捆成一捆捆,然后坐在用柳木编成的木橼上顺流而下。华人还在温尼马卡挖掘了第一条城市水

华人公墓建于1868年。20世纪60年代,温尼马卡本地媒体开设专栏追忆华人历史,报道华人公墓。(图片:洪堡博物馆提供)

华人公墓紧邻洪堡博物馆,1962年围栏拆除,后来公墓也不存在了。现在这里是停车场。

279

道。当看到华人用扁担挑着商品走在街上时,本地人对中国人能这么平衡自如地使用物理学原理惊讶不已。

1891年夏天,一场大火将桥街上的第三、第四街区以及往东到第五街之间的建筑陷入一片火海,包括唐人街在内的大片建筑烧成灰烬。勤劳的华人马上组织起来,很快又在废墟上重建家园。

因为唐人街发展得太快,其所在的波特街又变成了一块"肥肉",觊觎这块肥肉的人又蠢蠢欲动了。

从前的温尼马卡市区(翻拍于洪堡博物馆)

从洪堡博物馆远眺温尼马卡市区

第十一章 温尼马卡：戈壁上的东方牛仔

在1955年拆毁前，唐人街已经衰退。（图片：洪堡博物馆提供）

1955年被拆毁前的唐人街，华人自养的鸡还在到处觅食。（图片：洪堡博物馆提供）

1907年，温尼马卡居民将请愿书递到县委员会，要求将东5街一直延伸到波特街。直到那个时候，东5街还只是城市地图上的一条线而已，唐人街的少部分建筑位于这条线上。刚开始，华人并没有在意，他们没有搬走。1908年8月6日一大早，一群人来到这里捣毁房屋，当华人惊慌失措地从屋里奔跑出来看到眼前发生的一切时，他们马上告诉警官由自己动手拆屋。可怜的华人从清晨一直拆到深夜，然后背起家当，又成了无家可归的人。第二天早上，整条东5街上空空荡荡，街又回归为一条冷冷的线。

和其他西部城镇不同，温尼马卡没有出现过反华俱乐部。温尼马卡的主要报纸《银报》位于唐人街附近，在19世纪80年代中期，温尼马卡反华运动达到高潮时，该报编辑决定保持尽可能客观的立场，所以没有像其他西部报纸那样煽动居民反对廉价华工。

进入20世纪以后，温尼马卡华人人口开始萎缩。慢慢地，老单身汉或孤独终老，或回到西海岸唐人街，或变卖家产回到广东老家安度晚年。留在温尼马卡的男子，很难在本地找到华人女性结婚，有的回到广东老家娶妻再申请到美国，但在排华时期，夫妻团圆是一件极不容易的事情。少了香火延续，华人人口负增长，唐人街慢慢萧条了。

金钉
——寻找中国人的美国记忆

1955年拆毁前,当地官员在唐人街勘察。(图片:洪堡博物馆提供)

温尼马卡火车站紧挨着居民区

到20世纪30年代末期,温尼马卡唐人街只有几个华人。

1939年,温尼马卡市议会认为唐人街有碍观瞻,制定了"废除唐人街计划"。他们计划买下唐人街全部地块以及这些地块上残破的建筑物,将这些建筑物推倒后,再把地块转卖出去。1939年7月,唐人街的第一个地块被卖掉,从此开始,人去楼空,唐人街变得越来越破败,直到1955年3月8日,唐人街上最雄伟的建筑——神庙也被推倒了。1965年,在唐人街的最后一个地块上,一座新的洪堡县图书馆拔地而起,这里就是从前的广安隆商店。

从1868年到1965年,中央太平洋铁路完成近一个世纪后,在美国西部的沙漠绿洲——位于温尼马卡波特街和东5街上的唐人街,走进了历史隧道。

温尼马卡至今流传着一句谚语:"在梦一般的唐人街,心看起来是轻松的,而生活看起来是光明的。"

现在,在温尼马卡有两家中餐馆,其中一家餐馆老板是粤侨后裔,会说点粤语,住在洛杉矶。我问他温尼马卡华人人口有多少?他笑笑回答:"不知道,好像听说很久以前有华人来这里修铁路。来我们餐馆的顾客没有华人,这里是沙漠,人很少。"

华人"神庙"

在寻找美国西部唐人街的过程中,有一个问题一直困扰着我,就是几乎每一个唐人街都有一间"神庙"。这是一间寺庙还是其他拜神的地方?我在纠结中寻找答案。

直到在奥本看到仍保存完好的"神庙"——联英公所,我才恍然醒悟:神庙不是寺庙,是华人会馆。踏着西行的脚步,我终于慢慢厘清了"神庙"的真相。

在美国西部,只要有唐人街的地方,几乎都有美国人称作的"神庙",其实就是"致公堂",也有个别如奥本神庙叫联英公所,美国人也常用"华人共济会"来称呼"神庙"。在19世纪的美国西部,不仅"大埠"旧金山和"二埠"萨克拉门托,其他因淘金或铁路兴盛起来的城市,像达奇弗兰特、卡森城、雷诺、温尼马卡、埃尔克、塔斯卡罗拉、盐湖城等,都有致公堂。

那么,为什么致公堂成了"神庙"呢?

铁路华工绝大多数都来自台山、开平、新会、恩平四邑地区,从语系上分,四邑地区属于广府语系,海外广府社团有拜关公的习俗,会馆里敬奉关公像,有的会馆里还摆放祖先神位,每逢重要节日,会馆都要举行隆重的祭祀仪式。

早期到美国西部淘金或修铁路的华工往往被视为异教徒,当时美国西部报纸称"Josh"是中国人的上帝。1868年8月29日,《雷诺新月报》发表一篇社论,肯定了华人对修筑中央太平洋铁路以及加利福尼亚州建

设的贡献,但也对华人的到来表示了担忧,其中提到:

在不久的将来,我们这片美丽的土地将会让位给太阳的月牙眼的子孙,上帝让位给中国人的神(Josh)。许多最靠近我们的邻居将是中国男人和中国女人,他们中有些人吸食我们讨厌的鸦片,还有些人会做些旧约和新约圣经教义不建议人们去做的事。

华人会馆为华人提供举办祈福、拜祭、节庆活动的聚会场所,所以,在美国人眼里,致公堂就是"神庙"(Joss House),而不是"寺庙"(Temple)。

温尼马卡对华人习俗有过这样的记载:华人被传上法庭时必须宣誓,但华人宣誓和用圣经宣誓是非常不同的,他们会要求法庭砍下一只公鸡的头,然后喋血宣誓。法官和治安官为究竟谁该为这只公鸡买单而争吵,因为在19世纪70年代早期,杀一只公鸡的罚单是50美元。

温尼马卡的神庙,曾被称为唐人街最雄伟的地标建筑。根据赵福源

温尼马卡唐人街繁荣时期,中间高企的建筑是致公堂。(图片:*The Chinese in Nevada*, by Sue Fawn Chung with the Nevada State Museum)

第十一章 温尼马卡：戈壁上的东方牛仔

的回忆手稿，这座神庙的中文名字叫"致公堂"。难得的是，本地历史对神庙有一些记载，从而让我们得以将温尼马卡神庙作为一个标本，来解读美国西部早期广府社团与本地社区的关系。

温尼马卡第一次有文字记载的神庙消息来自

华人集资修建公墓，内华达很多埠仔如委路市埠、柯市顿埠、卡伦埠、埃利奇埠等都捐钱。

1878年8月的《银报》。文章说，华人已经把一个建筑布置成服务华人社区的神庙，华人在神庙前竖起旗杆，旗杆上悬挂大横幅，横幅上写了一些神奇的数字。因为不懂这些数字的含义，所以报纸编辑认为某种程度上代表了异教信仰。1885年，神庙前面改为悬挂三角旗，三角旗上有一条很醒目的龙。

1886年，华人又建了一间新神庙，一直到1889年8月，一场大火烧毁了这座神庙。1889年12月，华人再建一间新神庙，但由于只有一层楼，很快就发现神庙太小了。1892年，一间二层楼木结构建筑的神庙建起来了，一直用了10年。

1902年9月，《银报》报道说华人将在唐人街建造一间新神庙，而且将是一栋防火的砖墙建筑，华人计划把神庙建在靠近山顶的地方，再建一条长阶梯一直延伸到波特街。施工建设很顺利，到12月1日，新神庙落成，面积近130平方米，总造价在2500—3000美元，成为唐人街最著名的地标。

不寻常的是，这座新神庙是由白人建造的，两个白人承包商承建了华人神庙。

1902年12月11日,神庙举行隆重的落成庆典,温尼马卡居民从四面八边赶来参加这个从未见过的大派对。《银报》在第二天详细报道了庆典的热烈场面:

昨晚,华人共济会在新神庙里度过了美好时光。来自鲜花王国①的乐队演唱了两首很能够调动现场气氛的歌,一首是"老母牛为什么死了",另一首是"我们直到天亮才回家"。这两首歌的特点之一就是密集的和声……歌中唱到:猪被烧烤时就死了,两打跳跃的小母鸡从此再也不会啼叫了。很多温尼马卡女人免费品尝了中国的杜松子酒,她们很自信地说,喝了这种酒以后可以把昏暗的事情都看成玫瑰色的了。宴会很盛大,人们在灯光下吃着那些用肝脏、砂囊、血和牛肚做成的美味佳肴,喝着米酒,餐桌被扫荡得干干净净。庆祝活动持续两天,两个膝盖都有点僵硬了。由于场面很隆重,有些客人玩得很尽兴,结果后来转着圆圈走回家,但是,第二天也没听说他们出什么事。

神庙成了唐人街的中心,华人在神庙祈福、拜神、聚会,举办各类庆典活动。唐人街上哪家有喜事了,就会在神庙热热闹闹庆贺一番。婚庆的场面更是热闹。大红灯笼高高挂在神庙前,整个城市都可

温尼马卡神庙——致公堂(图片:*The Chinese in Nevada*, by Sue Fawn Chung with the Nevada State Museum)

---

① 老西部媒体常用鲜花王国指代中国。

以感受到这种喜气洋洋的气氛。由鼓、钹、长笛和六孔木箫组成的管弦乐队不停地演奏音乐,差不多会持续演奏1小时。神庙前挂满横幅,每条横幅要25美元,横幅上用中文印上馈赠人的名字。当参加婚礼的宾客和新郎在神庙集合后,新娘就被带进来和大家见面,然后向众人敬茶,宾客向新娘回赠礼物。本地人显然对中国人的结婚场面很好奇。

每逢中国人的重要传统节日,华人在神庙举行祭祖仪式。赵福源对儿时的记忆特别深刻。他说在神庙的一侧有一个烧烤炉,拜神那天烧烤炉会派上大用场,一般要烧烤一两只全猪,然后烧猪就会被切成若干份,分给在场的每一个人。其实,这种习俗在广府地区流行至今。比如每年清明节,同族人抬着烧猪祭祖,之后一起热热闹闹地吃饭,每户分得一份烧猪肉,也有的地方按男丁人口分,每一个男丁分得一份猪肉。这种习俗就叫"太公分猪肉"。海外粤侨用烧猪拜神,之后分猪肉,也是沿用了家乡习俗。

到了每年的中国新年(春节),神庙更是张灯结彩,将温尼马卡照耀成一个不夜城。根据本地历史记载,华人在庆祝新年的各种活动里都不会忘记祖先,他们把烧猪和其他美味佳肴放在露天桌子上祭奠天国的神灵,到下午还要燃放数不清的鞭炮。

1886年,《银报》发表了一篇文章介绍中国新年习俗,写道:

《旧金山报道》说中国新年对迷信的人来讲是一个大好时机,他们通过一些征兆来预示来年是否有好运。从水仙花或者好运花即中国百合的盛开,到投影的方位,都有明显的暗示,并且都

洪堡博物馆陈展的神庙对联

来自于朴素的宗教。为什么中国新年庆祝活动没有被取消？据称华人庆祝中国新年就像我们做礼拜，是作为宗教意义的周年纪念日。也有一些人认为中国新年只是一个社交假日。无论中国新年起源如何，现在它既是一个社交狂欢节，也是一个祈祷神灵保佑的节日。华人一周不用工作，如果可能的话，贸易和其他生意都可以暂停下来。新年期间华人最主要的消遣就是大吃大喝，另外也会制作礼物送给朋友。这是一个适合交际的节日。

本地人对中国人庆祝春节的态度是复杂的，他们一方面抱怨这种习俗与本地文化格格不入，另一方面又渴望看到中国人过节的热闹景象。1875年2月，一家本地报纸编辑有些鄙夷地写道："每一间中国人的房子前都点燃几根棍子（作者注：烧香），一直要燃烧一小时，这是他们出于迷信且异教徒的目的。"但是，到9月份，这个编辑似乎又很享受于报道中国人的节日了，他写道："昨晚的唐人街灯火灿烂，提醒人们距离中国新年约一半时间的9月满月节就快到了。"由于对中国人的风俗不了解，所以报道中用了"距离中国新年约一半时间的9月满月节"这样晦涩的表述，其实就是中秋节，这个报道也说明华人过中秋节很隆重。而本地孩子一听到爆竹声就会飞快地奔向唐人街，因为这表明又有中国糖果吃了。慢慢地，也有本地人到唐人街买鞭炮庆祝每年7月4日国庆节。

进入20世纪，由于经济不景气，温尼马卡华人庆祝春节活动日趋式微。虽然人们还在神庙里演奏喜庆的广东音乐，但华人不像以前那样挥霍了，招待客人的中国糖果、橙子和坚果也少了。1906年的春节庆祝活动在《银报》上只有寥寥几行字体现：

温尼马卡华人在一片炮竹声中开始了他们的新年。昨晚，他们打着手鼓，喝杜松子酒，吃鸡，度过了一个美好的夜晚。今天，他们用糖果招待所有去拜访的年轻人,也会燃放更多鞭炮。这是华人的一个重大节日。

辛亥革命以后,温尼马卡的春节越来越冷清。1913年,《洪堡星》报道:

> 中国政府已经发出命令,从此之后,新年的庆祝活动将安排在1月1日,与其他文明国家相一致。这样的结果就是自温尼马卡唐人街于半个世纪前建立以来,今天第一次开始了没有表演、没有炮竹、没有鼓和钹的中国新年,而且从旧唐人街开始就带有宗教色彩的庆祝风俗也都变成了过去式。

虽然唐人街上的老住户依旧在燃放炮竹,除旧迎新,但已经不像从前那样炮竹声声,锣鼓喧天了。

到20世纪30年代末期,随着温尼马卡唐人街走向衰落,沙漠绿洲上著名的中国新年也就彻底成为西部往事。

唐人街在风雨中飘摇,神庙的命运日益引起公众关注。在市政府于1955年拆毁神庙之前,本地学者多瑞斯·卡娃娜芙女士试图说服政府留下神庙。她在一篇报纸专栏文章中写道:1954年12月,当时致公堂的最

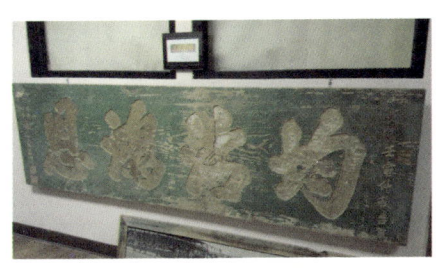

洪堡博物馆对牌匾题字都做了对应的英文注解

1955年，神庙（左一建筑）的最后留影。（图片：洪堡博物馆提供）

后一个会员奥克达（Happy Okada）拿出了神庙的托管契约，但仍旧回天乏力。在孙逸仙博士于1911年来到温尼马卡时，奥克达曾经是孙的保镖。

1955年3月8日，在推土机的轰鸣声中，几分钟之内，雄伟的神庙变成了一堆碎石、断木和扭曲的铁皮屋顶。

在唐人街被拆毁之前拍摄的50多张历史存照，现在静静地珍藏在洪堡博物馆里。而从神庙里抢救出来的几块大木匾，被博物馆当成了镇馆之宝。

第十二章　普罗蒙特雷：金钉回响

　　这根代替加利福尼亚州桂木的松木枕木立刻被数百把刀切割，很快只剩下一根小木棍。永远眼尖的华工将小木棍取走，把它锯成小块分给观众。中国人确实铺下了最后一根枕木，固定了最后一颗道钉。当我们上次看见这个地点时，几个军人正在敲打轨道上的轮缘并将它们搬走，紧接着就有必要铺一条新的轨道了。在接合点被留出来之前，总共拆除了6根枕木和2根轨道。

　　　　　　　　　　——1869年5月12日《萨克拉门托蜜蜂报》

普罗蒙特雷 Promontory Point

距离萨克拉门托约1110公里。1869年5月10日，中央太平洋铁路和联合太平洋铁路在此合拢，美国向全世界宣告第一条跨州铁路完成。

金钉
——寻找中国人的美国记忆

如果没有铁路，难以想象今天的美国西部会是什么模样——或者坐着马车，累了在驿站歇歇脚，吃点随身干粮，又继续赶路；抑或胆大一点的，可能还可以当回西部牛仔，策马狂奔而去。

但是，历史总是不以人的意志为转移的。当我们驾车飞驰在州际公路上，牛仔这档子事儿，也就是好莱坞大片里碎碎念的镜头罢了。

有一点是千真万确的：如果没有铁路，就不会有西部城市群的兴起，更谈不上雷诺、盐湖城这样的都市出现。

在铁路开进犹他山谷之前，定居这里的白人是1847年7月24日来到这里的摩门教徒，他们为逃离在东部所受的迫害，穿越大半个美国，来到这个与世隔绝的地方。据说他们的领袖杨百翰将包裹放在大盐湖岸边，在查看了这片看似贫瘠的荒地后，说了一句著名的话："这就是我们要找的地方。"

第十二章 普罗蒙特雷：金钉回响

盐湖城里居住的几乎都是摩门教徒，直到1869年跨州铁路开进盐湖城，才将大批外来移民吸引进来。

当我们踏着夕阳进入犹他州境内，首先映入眼帘的是一片无垠的湖面，远处一列货车正从湖面上穿过。

大盐湖到了！

我们终于抵达此行的最后一站——盐湖城，赶上参加第二天（5月9日）上午犹他州华人社区在州政府大厅举行的纪念铁路华工新闻发布会，紧接着参加5月10日由犹他州各界在铁路合拢点——普罗蒙特雷举行的金钉节活动，这是自1869年5月10日铁路完成以后，每年本地都会举行的纪念活动。

中央太平洋铁路进入犹他州以后的"关键词"变得很直接了：铺轨记录、最后的华工营、最后一根枕木和最后一颗道钉，以及合拢庆典上华工缺席的照片。

于是，我朝着这个目标去寻找这些"关键词"背后的故事。

最后的金钉

进入犹他州以后，中央太平洋铁路和联合太平洋铁路越来越接近，由于没有事先明确两条铁路的合拢地点，所以，双方的铺轨竞赛越加疯狂和任性，各自每天均铺轨几英里，一片大干快上、你追我赶的景象，甚至几次交错也不合体。因为根据《太平洋铁路法案》，铺设的轨道越长，铁路公司获得的利益就越多，所以，这是一场与金钱赛跑的铺轨竞赛。

华工一直在埋头铺轨，他们是一群沉默的不主动惹事的好工人。但是，当两支筑路大军几乎面对面时，面对不断挑衅的爱尔兰劳工，华工

293

在普罗蒙特雷山区,中央太平洋铁路和联合太平洋铁路进入最后的疯狂竞赛,双方平行铺轨,互不合体。上面的路基为中央太平洋铁路,下面的路基为联合太平洋铁路。(图片:*The Big Fill Trail*, *Golden Spike National Historic Site.* by National Park Service, U.S Department of the Interior.)

也有不得不在沉默中爆发的时候。

进入普罗蒙特雷山区,华工第一次面对联合太平洋铁路的爱尔兰劳工。当两支队伍彼此之间相差只有约30米距离时,爱尔兰人向中国人吹口哨,扔泥块,以此奚落中国人。爱尔兰人看到中国人对他们的挑衅不予理睬,于是又向中国人挥动尖嘴镐。令爱尔兰人惊讶的是,这一次,中国人进行了回击。在发生几名华工被爱尔兰人秘密放在工地边的炸药炸伤事件几天后,一次诡异的爆炸炸死了几个爱尔兰劳工。爱尔兰人推测这很可能是华工的一次报复,但没有证据。两支筑路队伍的关系时常处于紧张状态,敌对情绪继续上升。

1869年4月初,联合太平洋铁路工人在一天内铺轨8.5英里(约13.7公里)。两支筑路大军的铺轨竞赛进入白热化。竞赛是在查尔斯·克劳克吹嘘说中国人一天能够铺轨10英里(约16公里)后引起的。克劳克的自信源自华工的忠勇苦干,他和联合太平洋铁路公司副总裁汤姆斯·杜兰特打赌10000美金。1869年4月28日,在铁路公司官员、铁路劳工和大批记者的见证下,中央太平洋铁路华工铺好枕木,测量轨距,钉下道钉,固定螺栓,以一个人可以行进的最快速度,在12小时45分钟内铺轨10英里56英尺(超过16公里),打破了联合太平洋铁路的铺轨记录,中央太平洋铁路赢了这场赌局。这个铺轨"世界纪录",保持至今。

1869年4月28日的铺轨比赛地点(图片:*Chinese in Nevada*, by Sue Fawn Chung with the Nevada State Museum)

现在,铁轨已拆,但"一天10英里"的纪念牌依旧在。(摄影:李炬)

当东西方向两支筑路大军越来越相向靠近,在普罗蒙特雷山区东部,中央太平洋铁路和联合太平洋铁路数次相互交叉,在一些地段,他们甚至使用同一条路基。

但双方都很任性,擦肩而过,坚决不合体,各自继续向相反方向平行推进大约402公里。

这场疯狂的竞赛究竟在哪里合体?成了一个头痛的问题。

国会最后宣布:合拢地点定在普罗蒙特雷山丘。

于是,两支筑路大军又各自回撤至合拢地点,等待最后合体。

关于合拢时间,原计划在5月8日,但天有不测风云,联合太平洋铁路公司专列在开往普罗蒙特雷的途中发生了一个小插曲。

金钉
——寻找中国人的美国记忆

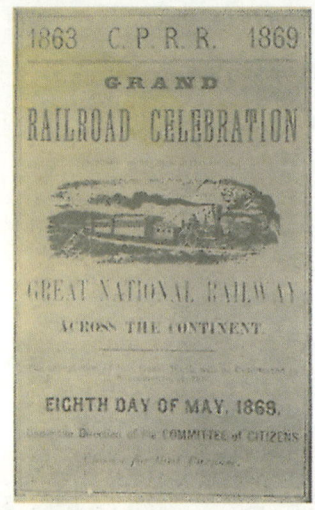

原计划合拢时间为5月8日（图片：1969年5月4日《萨克拉门托蜜蜂报》跨州铁路100周年特刊）

1869年5月8日，旧金山《电讯新闻》报道萨克拉门托举行合拢庆典的盛大场面。

据1869年5月8日旧金山《电讯新闻》报道，原定5月8日举行合拢仪式，所以当日旧金山和萨克拉门托均已准备了盛大庆祝活动，虽然合拢仪式未能如期进行，但庆典仍然继续。报道写道：

今天举行的庆祝太平洋铁路完成庆典将会被旧金山铭记。这一天准备了100支礼枪，所有联邦要塞和港口鸣响礼炮致敬，城市钟声敲响，汽船鸣笛。夜晚，整座城市灯火辉煌璀璨。庆典游行是旧金山历史上最大也是最激动人心的，人们急切地要出来观看这座城市和太平洋海岸发生的这一重大事件。生意都停了，几乎每个居民都对游行表现出了由衷的兴致。军队和市民的队列是很宏伟的。除了州的军队，从几个要塞过来的联邦军队也参加了游行，各个阶层的市民都出动了。

整座城市和港口呈现一片华丽景象。主要建筑物上悬挂每一个国家

第十二章 普罗蒙特雷：金钉回响

的旗帜，街上挤满了激动兴奋的人们，船舶被装点得很精美。

当铁路合拢地宣布中央太平洋铁路在1点钟打下最后一颗道钉的消息传来，整座城市顿时沸腾。祝贺的消息纷纷送给中央太平洋铁路和联合太平洋铁路的主管们。

萨克拉门托的庆祝活动宏大且狂热。整座城市被从加利福尼亚州和内华达州赶来的人们拥挤着。奇异伙伴大旅馆接受了邀请，参加游行，并且为来自内华达、格拉斯法力、瓦列霍、旧金山、普雷希维尔、圣何塞、马里斯维尔以及内华达州的弗吉尼亚城和金山的人们提供临时住宿。来往萨克拉门托的旅游线向公众免费开放，大批游客利用这个机会成群结队到这里。中央太平洋铁路公司准备了30个装饰得很喜庆的蒸汽火车头环绕在城市前面，当信号枪鸣响，宣布最后一颗道钉打下时，火车头同时鸣笛合奏，与此同时，钟声和汽船鸣笛声也会加入进来。

然而，非常遗憾的是盛举未能如期举行，因为今天铁路没有合拢。普罗蒙特雷匆匆忙忙送过来的消息称，有几百人在普莱得蒙特拦截了杜

1869年5月8日，在盐湖城北部，前往普罗蒙特雷参加合拢庆典的斯坦福乘坐的"朱庇特60号"专列与马车队相遇。（图片：斯坦福大学提供）

金钉

——寻找中国人的美国记忆

2014年5月10日金钉节。中央太平洋铁路的"朱庇特60号"火车先开过来。

2014年5月10日金钉节。联合太平洋铁路的"119号"火车接着开过来。

2014年5月10日金钉节。两列火车向着合拢点靠近,等待合拢。

兰特乘坐的专列,这些人告诉杜兰特说他们很饿,必须给他们工钱,否则他们会扣留他,直到拿到钱为止。铁路合拢庆典仪式被推迟到下周一的主要原因,据称是因为杜兰特先生无法按时抵达普罗蒙特雷。

报道中所提的下周一,便是5月10日。

原来,联合太平洋铁路公司高层乘坐的专列先是在怀俄明州遇到滂沱大雨,接着又遇到讨薪的铁路工人要求支付1月份以来的薪水。工人们拦截了列车,直到向奥马哈发去电报后获得了所诉求的薪水。联合太平洋铁路公司的专列抵达普罗蒙特雷的时间为5月10日上午10时。而旧金山和萨克拉门托由于没有及时得到合拢推迟的通知,所以他们按

第十二章 普罗蒙特雷：金钉回响

原计划在5月8日举办庆祝活动。当他们发现合拢时间推迟到5月10日后，两个城市只是将庆祝活动又持续了两天，直到5月10日。

1869月5月10日上午，各级政要、铁路公司巨头、军人、商人、铁路工人、居民、记者等各路人马从美国的四面八方集结到普罗蒙特雷，包括少数女性在内的大约3000人见证了美国历史上这一伟大时刻。

上午8:45，合拢庆典开始。悬挂红白蓝三色旗的中央太平洋铁路"朱庇特60号"火车先期抵达。大约11时，联合太平洋铁路"119号"火车也进入合拢现场。两列火车相向而待，静候最后一颗道钉固定。

庆典现场人山人海，铺设合拢点铁轨的区域更是被围得里三层外三层，狂欢的人们甚至站在别人肩上从人墙往里看铁路工人铺设历史性的铁轨。据说在挤得水泄不通的人群中有人大喊一声："拍照（take a shot）！"正在铺铁轨的华工听到熟悉的词语"shooting"，以为有人要开枪，吓得赶紧冲入人群中，后来发现是个误会，才又回来继续铺完铁轨。

当中央太平洋铁路的中国工人和联合太平洋铁路的爱尔兰工人分别铺设完各自铁路的最后一根枕木，利兰·斯坦福接过金色道钉，上面刻着："愿主保佑美国国土的统一，因为这条铁路连接了世界上两个最大的洋。"斯坦福发表了热

《公报》记者报道敲下最后道钉，电报发向全国的细节。

金钉
——寻找中国人的美国记忆

情简短的演讲,之后,便是最激动人心的见证金色道钉敲下的巅峰时刻!

《公报》记者对铁路合拢的报道很具体生动:

保存在斯坦福大学康托尔艺术博物馆内的金色道钉(摄影:陈淑子)

在斯坦福州长发表演讲之后,电线被绑在斯坦福握着的锤子上,斯坦福州长站在一边,杜兰特博士站在另一边,在信号发出后,两人轻轻敲了两下。斯坦福敲下去的一锤向东部和西部发出铁路完成的宣告,旧金山、弗吉尼亚城、奥马哈、波士顿和纽约,以及其他一百多个城市礼炮齐鸣,同时向世人宣布这一好消息。

实际上,在金色道钉被象征性地轻敲下去后,马上又被拔出来保存起来,最后的铁钉才被猛击下去将铁路真正连接起来。这颗金色道钉现在被保存在斯坦福大学的康托尔艺术博物馆内。

1869年5月10日合拢仪式前,工人在固定电报线,马背上的牛仔和欢乐的人群将合拢点包围得水泄不通。(图片:斯坦福大学提供)

2014年5月10日金钉节。重现合拢仪式进入到打下最后一颗道钉阶段,右边坐着的电报员等候发出合拢完成的电报。

5月11日发行的《传单》也做了报道：

周一，5月10日，中央太平洋铁路和联合太平洋铁路这两支伟大的铁路大军铺下了最后一根铁轨和枕木，固定了最后一颗道钉，完成了在犹他州普罗蒙特雷的合拢。根据安排，合拢准时在中午12时完成，此时正好是旧金山时间11:45，华盛顿时间下午2:47。

1869年5月10日，普罗蒙特雷时间下午12:47时，当来自加利福尼亚州的一颗金色道钉被敲下，中央太平洋铁路和联合太平洋铁路完成了合体——历时6年半的太平洋铁路即跨州铁路建设完成，美国梦实现了！

1869年5月12日，《每日先驱晚报》报道芝加哥庆祝跨州铁路完成的狂欢场面

"朱庇特60号"火车和"119号"火车嘶啸着朝对方靠拢，直到两列火车的排障器触碰在一起，完成了终极合体。

顷刻间，美国举国沸腾，从西岸的太平洋到东岸的大西洋，到处翻滚着欢腾的海浪。

除旧金山和萨克拉门托举行盛大游行外，纽约、芝加哥、奥哈马、波士顿等很多城市也加入了狂欢行列。

位于"三埠"斯托克顿的《每日先驱晚报》，在1869年5月12日详细报道了芝加哥欢庆跨州铁路完成的盛况：

5月11日,是被芝加哥这座城市历史铭记的一天。庆祝太平洋铁路完成的游行就像一次真正的人民运动,但它是自发的而不是被命令去的。整座城市到处飘扬着旗帜和横幅。当最后一颗道钉被打下,钟声顿时回响在城市上空,宣告大游行队列开始了。由于游行队伍太长,无法跟着队伍跑,警察尽最大努力维持好秩序。显然,整座城市的每一辆汽车都参加了游行,几乎所有人都出来了。芝加哥的街道从来没有如此水泄不通。人们暂停了生意。到下午,几千辆汽车包括代表内华达、加利福尼亚、三明治岛、日本、中国、埃及等地的车,装饰独特奇异,跟着街上的游行队伍行进。几乎所有汽船鸣响汽笛,礼炮轰鸣,庆祝这一伟大事件。

在铁路合拢之后,中央太平洋铁路公司和联合太平洋铁路公司联合向美国总统发去喜报,并通过美联社发布了官方《公告》,公告如下:

5月10日,犹他州普罗蒙特雷——最后一根铁轨铺好了!最后一颗道钉固定了!太平洋铁路完成了!接合点位于密苏里河以西1086英里、萨克拉门托市以东960英里。

中央太平洋铁路 利兰·斯坦福
联合太平洋铁路 T.C.杜兰特、西尼·狄龙、约翰·大富

以合拢点为终点计算,中央太平洋铁路铺设了690英里(约1110公里)铁轨,联合太平洋铁路铺设了1086英里(约1748公里)铁轨,合共穿越了1776英里(约2858公里)的沙漠、河流和山脉,将美国东西部连接起来,从而打通了美国大陆从太平洋海岸到大西洋海岸的交通大命脉,使得美国西部进入狂飙发展期。

从此,美国大陆两洋之间的陆路邮政可以通过铁路运送完成,大大

第十二章 普罗蒙特雷：金钉回响

缩短了时间，降低了成本。铁路邮政每年每英里价格只需200美元，而在这之前，陆路邮递价格是每英里1100美元。

当狂欢的人们为美国梦的实现而不吝各种溢美之词时，有一个"惊喜"已悄然登上从旧金山发出的第一列火车，美国大陆与远东的贸易格局由此改变。

根据当时旧金山媒体的报道，跨州铁路通车当天，第一批从远东运往圣路易斯的茶叶从旧金山装货，通过铁路运往圣路易

1869年5月10日和11日，媒体报道铁路开启了远东贸易和陆路邮政。

跨州铁路合拢纪念碑最早位于合拢点铁路边（图片：李炬提供）

位于金钉国家历史遗址公园入口处的跨州铁路合拢纪念碑

303

斯，从此开启了美国大陆与中国和日本的贸易新干线。

美国内政部在普罗蒙特雷金钉国家历史遗址公园入口处竖立了一块纪念碑，上面镌刻的文字也表明修建太平洋铁路与中国贸易的关系：

当最后的枕木铺下，道钉打下，太平洋铁路完成了。就在这里——犹他州普罗蒙特雷，1869年5月10日下午12:47时，钉下了一颗金色道钉，第一条跨州铁路完成了。自东而来的联合太平洋铁路和自西而来的中央太平洋铁路之间的戏剧性竞赛在此达到高潮。这标志我们达到了长期追求的目标——一条直接通往太平洋和中国贸易的运输通道。同时，它也成就了一个伟大的政治目标，即用钢铁脊梁统一美国大陆，实现从海洋到海洋的真正连接。

普罗蒙特雷的合拢庆典尽管热闹非凡，但是摄影师A.J.罗素定格的那张名为"东西方的会合"的著名照片，却留下了永远的历史之痛：铺下最后一根枕木，打下最后一颗道钉的中国工人，缺席了！

在金钉的狂欢里，华工就这样被沉默了一个多世纪。

打下最后道钉的八名华工

华工去哪儿了？

直到今天，人们还在追问这个问题。

争论和疑问正是来自罗素拍摄的那张照片——"东西方的会合"。照片里没有华工面孔，这等于向全世界宣布："华工不在铁路合拢现场！"

事实真的如此吗？

其实，罗素是在整个庆典仪式完成之后拍摄的这张照片，在这之

第十二章 普罗蒙特雷：金钉回响

1869年5月10日，华工正在铺设最后一根铁轨。（图片：斯坦福大学提供）

2014年5月10日，金钉节。观众们兴奋地围在合拢点四周。

前，他还拍了另一张照片，照片的名字叫"中国人在铺设最后一根铁轨"，但这张照片在很长时期内一直没有公开发表。当罗素在拍摄"东西方的会合"照片时，打下最后一颗道钉的华工已经应中央太平洋铁路总监斯特劳布里奇的邀请，到他的私人车厢参加庆典宴会，接受中央太平洋铁路公司安排的致敬。斯特劳布里奇专门挑选了8位华工到普罗蒙特雷合拢点铺设最后的铁轨。从开始歧视并拒绝雇佣华工，到后来赞美并坚持雇佣华工的斯特劳布里奇，因为这条铁路而改变了对华人的态度。

"中国人在铺设最后一根铁轨"的照片，可能是合拢庆典上留下的中国人角色的唯一一张可视档案。从照片中清晰可见至少有一名华工和他的同伴正拿着铺设铁轨用的工具和一个木制铁道测量仪，正在调试中央太平洋铁路这边铺下去的最后一根铁轨，同时有另外两人正在观看，这说明此刻所有铁轨都铺好了。人群后面的火车是联合太平洋铁路"119号"火车。遗憾的是这张照片在很长时期内不像"东西方的会合"照片那样得以广泛传播。然而，即便是没有照片作证，当时媒体的文字报道也足以证明"华工在场"。

金钉
——寻找中国人的美国记忆

加利福尼亚州铁路博物馆陈列的大型油画作品《最后一颗道钉》。这幅作品是在斯坦福的要求下,画家历时7年创作,于1877年出品。

铁路的合拢以最后的道钉打入一根加利福尼亚州桂木枕木为标志,不过这根名贵的加利福尼亚州桂木马上被拿起来运回加利福尼亚州,代替它的是一根标准松木,由华工用普通道钉固定。

1869年5月12日的《萨克拉门托蜜蜂报》报道了这个激动人心的细节:

这根代替加利福尼亚州桂木的松木枕木立刻被数百把刀切割,很快只剩下一根小木棍。永远眼尖的华工将小木棍取走,把它锯成小块分给观众。中国人确实铺下了最后一根枕木,固定了最后一颗道钉。当我们上次看见这个地点时,几个军人正在敲打轨道上的轮缘并且将它们搬走,紧接着就有必要铺一条新的轨道了。在接合点被留出来之前,总共拆除了6根枕木和2根轨道。

在一切工作完成后,斯特劳布里奇邀请他从维克多利工地带来合拢地铺轨的这几名华工到他的车厢参加宴会。当华工走进车厢,在场的所有宾客和官员为他们被选为这场比赛的代表而欢呼,华工对修筑这条铁路给予了巨大帮助……他们值得致敬。显然这个场面令华工们感到很快乐。

1869年5月6日,《旧金山晚报》刊登一则报道,从另一个侧面佐证了铺下最后一根枕木的华工来自广东。报道中写道:

这几天,在距离普罗蒙特雷8英里(约13公里)的维克多利营地,两个处于竞争对手的华人公司——几百名来自四邑公司和阳和公司的劳工发生冲突,他们已经息工几天了。冲突导致一个营地向另一个营地支付大约15美金的赔款,因为在冲突中,铁锹、撬棍、道钉、锄头和内部机器都被投掷了出来。

四邑会馆和阳和会馆是六大华人会馆中的两大会馆,而阳和会馆主要由中山、增城和东莞的广东人组成,属于客家语系社团,这说明,在中央太平洋铁路华工群体里,除了四邑华工,也有小部分客语系广东人。

虽然所有历史档案都指向华工是修筑中央太平洋铁路的主力劳工,但是,当几乎所有人都在质疑那张华工缺席的著名照片时,华工铺设了位于两条铁路接合处中央太平洋铁路最后一根枕木,并固定了最后一颗道钉这一没有争议的事实,反而变成了需要我们去寻找的真相了。

现有资料表明:8位华工铺设了最后的枕木,打下最后一颗道钉。我想找到更多细节:这8位华工是谁?我本以为这不难,然而,事情没有那么简单。

由于盐湖城是中央太平洋铁路的最后一个大站,当年肯定有华工留在当地。所以,我特别期待可以从盐湖城的铁路华工后裔那里找到一些蛛丝马迹。

幸亏有陈小涟这位热心肠的好朋友,当我还在广州之时,就把我准备去盐湖城寻找铁路华工后裔的消息告诉她的朋友们。美华协会犹他分会里有好几个铁路华工后裔,非常活跃的余黄铿娟女士便是其中一位,她是铁路华工第四代,我一到盐湖城,她就兴奋地告诉我,她找到一张铺设最后一根枕木的华工照片。这令我兴奋不已。我们约好在稍后的聚会上分享这张照片。

5月10日下午,从普罗蒙特雷回到盐湖城,我应邀去参加中山籍侨胞肖泽敏女士的家庭聚会,余太拿给我三四张翻印的相同照片——3个华工站在庆祝跨州铁路建成50周年的巡游彩车上,他们戴着斗笠,一如50年前修筑铁路时的"标配行头"。余太说,这张照片是她的一位美国朋友送给她的,这位美国朋友住在犹他州的邦特佛尔,非常喜欢中国文化,他的一位邻居的奶奶将这张照片复制件送给他,他又送给了余太的女

1919年5月10日,在纪念跨州铁路完成50周年庆典上,当年铺下最后一根枕木的8名华工中的3人,受邀参加彩车巡游。(图片:余黄铿娟提供)

儿。当余太得知我要到盐湖城寻找华工后裔，就叫女儿翻印了几张送给我。照片上的3位华工就是铺下最后枕木的8名华工中的其中三位，当时的年龄均已70来岁。

由于照片是在1919年拍摄的，离现在接近100年了，人物的脸部细节已不很清晰。这3名华工是谁？我越发好奇。

这时，在一旁的另一位铁路华工后裔关玉瑛女士高兴地拿了一张纸给我，上面写着这3位华工的名字：程才（Ching Cai，又叫Ging Cui）、黄福（Wong Fook）、李邵（Lee Shao）。她说虽然找到了这3名华工的名字，但是无法对号入座。

我请余太打电话给赠她照片的美国朋友，得知这张照片的拍摄地点是爱达荷州第三大城市波卡特洛，是在金钉节50周年庆典活动上拍摄的。

就在我们打电话时，关玉瑛又找出当年同样是这3位华工站在同样彩车上的巡游照片，虽然照片上的彩车只拍到局部，照片的拍摄地点是奥格登，距离铁路合拢地点普罗蒙特雷不远。

根据这两张照片分析，纪念跨州铁路建成50周年的金钉节非常隆重，当时犹他州、爱达荷州的几个城市都有巡游活动，这3位华工很可能是在这几个州一路参加巡游活动，最后抵达普罗蒙特雷参加庆典，接受致敬。当时的公开报道说这3名华工和另外5名华工一起在普罗蒙特雷铺设了最后的枕木。

为感谢华工对建设美国作出的巨大贡献，"四巨头"之一的亨廷顿专门嘉奖这8名华工，授予他们铁路维护工的终身职业，每天给予1.55美元的保障，这8人以"特别帮"的称呼闻名。

铁路完成后，很多华工定居在内华达，到1911年，最早的80名铁路华工中有63人还活着，并且仍为继任的南太平洋铁路公司服务，南太平洋铁路公司于1884年接替了中央太平洋铁路公司。

普罗蒙特雷金钉国家历史遗址公园，金钉博物馆就在游客中心内。

这个"特别帮"成员中最后一个离世的是余少（Yee Y. Shew），他曾居住在雷诺唐人街，1910—1930年改行成为一名厨师，于1930年去世。

当然，出席50周年金钉庆典的华工不止这8个"特别帮"，还有其他仍留在中央太平洋铁路上工作的个别华工，比如在铁路上当厨师的华工。有意思的是，厨师总是很吃香，这可能跟广东人的吃文化有关，善于因地制宜地做出美味菜肴。所以，中央太平洋铁路的每一个车站上都配有华人厨师，为华工和列车乘务员做饭，华人厨师很受欢迎。

埃尔克的铁路厨师邝记（Quong Kee）有点特别，他于1869年从弗吉尼亚城来到埃尔克，当上了中央太平洋铁路的厨师，成为埃尔克的名厨。他后来也出席了50周年金钉节庆典。他与别的铁路厨师不同，他不是为华工做饭，而是为爱尔兰乘务员做饭，因为他所在的工段都是爱尔兰乘务员。邝记赚了很多钱，回过中国几次，后来定居在亚利桑那州的汤姆斯通,开了一家著名的广东酒楼。邝记于1938年去世,汤姆斯通居民为他举行了隆重的葬礼。

金钉不再沉默

5月10日,是犹他州的金钉节。

每年5月10日,普罗蒙特雷所在的博克瑟埃德尔县都在普罗蒙特雷金钉国家历史遗址公园内举行金钉节纪念活动,完全按照1869年5月10日铁路合拢仪式的时间、地点、程序和着装进行,重现当年盛况。这是美国人至今仍怀恋的光荣和梦想。

但是在过去,华人,从未被邀请参与金钉节。

1969年5月8日,《萨克拉门托联合日报》推出跨州铁路100周年纪念特刊。

1969年5月4日,《萨克拉门托蜜蜂报》推出跨州铁路100周年纪念特刊。

1969年5月10日是跨州铁路建成100周年,当年的金钉节纪念活动非常隆重,但华工对建造美国铁路的巨大贡献显然被遗忘和淹没了。因此,这一年,由美国侨界发起在金钉国家历史遗址公园内竖立纪念碑,用中英文镌刻:"为褒扬先侨丰功伟绩横贯美国铁路完成百周年立此纪念。"纪念碑竖立在游客中心通往铁路合拢点的岔路口,十分显眼。

美国侨界捐立的华工纪念碑,竖立在普罗蒙特雷金钉国家历史遗址公园内。

然而,每年的金钉节上,华人继续被沉默。

1998年,犹他州的余黄铿娟、关维斌、关玉璩兄妹等几位铁路华工后裔以及陈美惠等几位热心华社事务的华人发起成立美华协会犹他分会,他们要办的第一件大事就是要为沉默的铁路华工正名。

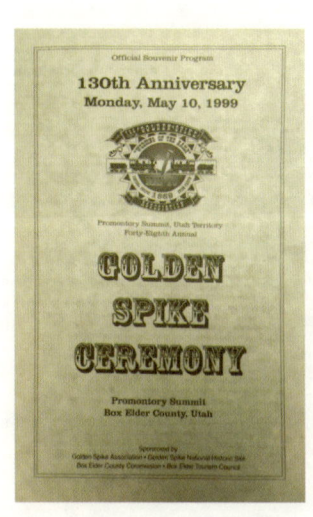

130周年金钉节庆典程序单
(余黄铿娟供图)

1999年5月10日是跨州铁路完成130周年。犹他分会抓住了这一有利时机,经过艰苦的游说和努力,终于成为金钉节130周年纪念活动的协办协会之一。

对于陈美惠来说,1999年是永远难忘的一年。她告诉我,为了在金钉节上"一鸣惊人",犹他分会事先精心策划了一个表现华工记忆的演出。他们邀请了10名有代表性的华人扮演铁路华工,华工的服饰都是他们自己买布料一针一线缝制出来的,这对于从来没有接触过唐衫的这些华工后人来说,难度非常大。"那时,Margaret的妈妈已经80多

第十二章 普罗蒙特雷：金钉回响

岁了，她不仅教我们做盘扣，还亲手帮我们做盘扣，我一直忘不了那个情景。"美惠深情地沉浸在回忆里。Margaret就是余黄铿娟，她是那10名演员之一。

1999年5月10日那天，在普罗蒙特雷参加金钉节的人群中，悄悄多了10名穿着蓝黑色唐衫的中国人。

金钉节议程一如既往地按照130年前的程序进行着，接近尾声之际，人群中突然冲出10名戴着斗笠穿着唐衫的"铁路华工"跑到铁轨上，做着修铁路的动作。显然没有任何心理准备的主持人被吓了一跳。于是，历史留下了主持人和"铁路华工"之间的这段精彩对话：

主 持 人："你们干什么？"
铁路华工："我们在修铁路。"
主 持 人："你们修的铁路不是已经完成了吗？"

1999年5月10日金钉节，余黄铿娟等华工后裔扮演的铁路华工再现铺下最后一根枕木的历史一刻。（陈小涟供图）

铁路华工:"您的意思是我们迟到了130年吗?"

主持人:……

终于,在130周年金钉节拍摄的"东西方的会合"的照片上,第一次出现了"华工"的面孔。

从1999年5月10日开始,每年的金钉节,美华协会犹他分会都会组织本地华人前往普罗蒙特雷参加纪念活动,其所属的美华协会也成为金钉节协办协会之一。

2014年5月10日,纪念跨州铁路145周年金钉节,我们赶上了。

当天,犹他分会租了3辆大巴,组织本地100多名华人和留学生前往金钉国家历史遗址公园,这是迄今为止华人参与金钉节规模最大的一次。

从盐湖城到普罗蒙特雷的车程大约两个半钟头。在交谈中,我发现除了几个铁路华工后代,很多新一代华人和留学生对华工修建跨州铁路历史几乎不了解。

普罗蒙特雷的天空时而阴云密布,时而白云蓝天,呼呼的北风吹得

1869年5月10日,合拢庆典仪式正在进行中。(图片:斯坦福大学提供)

2014年5月10日,本地居民穿着盛装,按照1869年5月10日庆典仪式的时间和程序再现合拢过程。

第十二章 普罗蒙特雷：金钉回响

加利福尼亚州铁路博物馆陈展的照片。这张由A.J.罗素拍摄的著名照片"东西方的会合"，没有华工面孔。

为了不该忘却的纪念——2014年5月10日，来自美国各地的华人终于拍下了这张大合照。（摄影：金强）

人瑟瑟发抖，然而，我们的心却是暖热的。

9:30，随着中央太平洋铁路"朱庇特60号"蒸汽火车呼啸着从远处开过来，金钉节百年不变的合拢庆典仪式开始了。

历史重现的合拢过程持续了3个多小时，包括"朱庇特60号"火车和"119号"火车分别驶进合拢现场，"斯坦福"等要员演讲，打下金色道钉的过程，发送铁路完成的电报，直到最后拍摄著名的"东西方的会合"照片等等。演员们表演得非常投入。山谷中回响起刺耳的嘶鸣声，两列火车拖着滚滚浓烟相互朝对方驶去，直到两个排障器触碰在一起，重现合体的经典一刻。

每年5月10日上午，中央太平洋铁路"朱庇特60号"火车复制品都会准时出现在普罗蒙特雷合拢点。

侨胞们欢呼着涌向合体的火车，向被遗忘了一个半世纪的道钉们致敬！跟以前历次金钉节不同的是，这一次再现的"东西方的会合"照片中，出现了很多华人面孔！

解密最后的华工营：中国人拱门

从普罗蒙特雷铁路合拢点出发，前往金钉国家历史遗址公园范围内的另一个遗址"中国人拱门"，是我此番重走中央太平洋铁路寻找的最后一个记忆。

第十二章 普罗蒙特雷：金钉回响

从萨克拉门托一路向东，能真正看得见的华工"在场"遗址，只有唐纳关上的"中国长城"，以及6号隧道口插入花岗岩中岿然不动的那根铁钻。当地华工后裔告诉我，普罗蒙特雷的华工营是仅存的唯一一个铁路华工营遗址，对此，我满怀期待。

图中右边地势稍高的山坡是中央太平洋铁路，地势较低的路基是联合太平洋铁路。（图片：*The Big Fill Trail*, *Golden Spike National Historic Site.* by National Park Service, U.S Department of the Interior.）

我们的汽车停在一片空地上，这里可以停靠几辆大巴。停车场边上有一条小径，小径口竖着一块指引牌，我走过去一看，才知道这条小径叫"大满小径"。沿着小径穿过公路往对

沿着大满小径穿过公路，顺着右边山坡前行，即老中央太平洋铁路，可达最后的华工营遗址。

面山上走，就是老中央太平洋铁路。老路基上已经没有铁轨，是一条狭窄的通往普罗蒙特雷火车站的山路。不看这个指引牌，我不会发现这个秘密，因为一条蜿蜒地望不到尽头的公路将山体分成两边，小径在公路这边，山路在公路那边，仅凭目测，无法判断老铁路是从这条杂草丛生的小径通向对面山坡的，更不会知道这里曾经有个V形大切口，而且是跨州铁路建设工程中坡度最陡的地方。

指引牌上的几行字吸引了我的注意力：

金钉
——寻找中国人的美国记忆

这条小径通往对面山腰处,以前是一个陡峭的V形切口,沿着这条小径往前走,你可以看见通往普罗蒙特雷最后几天激烈竞赛的某些痕迹。虽然用今天的眼光来看,普罗蒙特雷山丘不像西艾拉内华达山那么可怕,但是,当你走在这条小径上,它会告诉你从唐纳关到密苏里河整个跨州铁路线上最艰难的梯度。这个1.5英里(约2.4公里)的往返线路导致有了这条大满小径和大栈桥。现在这个只有1.6%的梯度很容易走路,这要感谢1862年《太平洋铁路法案》规定的铁路坡度限制。

眼前这条从山体穿越而过的公路所在位置,150年前是一个V形大切口,铁路建设时填平了这个大切口,建造大栈桥,铺上了铁路。从字面上理解,Big Fill,就是"把大口子填满"的意思。

这个意外发现,自然让我欢喜。当我发现同行的朋友们包括本地铁

侨胞们沿着老中央太平洋铁路去往最后的华工营遗址

第十二章 普罗蒙特雷：金钉回响

路华工后裔下车后都回头走到公路上，再穿过公路走到对面山上时，我有些奇怪为什么大家都不走这条小径。此行有华工后裔带路，他们来过这里几次了，也告诉我们对面山上那条小路就是以前的老铁路，华工营遗址就在山上。一群人就这样走着，直奔对面山上去。

他们可能不知道，脚下，还有风景。

而我，跟着感觉走。

于是，我一个人从大满小径穿过公路，其实也就是杂草中一段20几米的泥沙路。但是，这是150年前的老历史。

恰好两个徒步者沿着公路快步走来，我笑着问他们："我从中国来这里寻找老中央太平洋铁路，你们是否知道这条老铁路是怎么走向的？"

他们非常友好，用手在我眼前画了一个弧度，刚好是从小径穿越公路上山。他们还热情地将手里的一本小册子送给我，告诉我看完小册子就会清楚了。

这本12页的小册子，是大满小径说明书，由西部国家公园协会编印，详细介绍了中央太平洋铁路和联合太平洋铁路建设在此地段发生的历史。小册子售价1美元，是专为徒步者设计的。

一时间，我竟难以相信这个偶遇！

穿过公路，往山上走，几乎没有什么坡度，还是泥沙铺就的古道，老铁路路基荡然无存。如果站在大满小径上看过去，这只是一条羊肠小道，一边是山体，一

这一片是中央太平洋铁路最后的华工营所在地

中国人拱门:最后的华工营遗址

边是丘陵,长满了低矮的灌木,虽然荒凉,但视野很开阔,游人一般也不会到此。除了像我们这些专门来寻古的人。

沿着山路往前走,大约15分钟后,只见右手边有一块比较宽的小空地,指示牌上凸显着几个字"中国人拱门"。

从指示牌沿石阶往山上走一小段路,就是传说中的最后的铁路华工营标志——一个独立式的石灰岩拱门。

位于犹他东北部的这片山脉,在史前还是一片古老的波利维尔湖,跟犹他的大盐湖连成一片,包括普罗蒙特雷山区,经过30亿年的湖水冲击和地壳运动,形成今天的犹他地貌,包括这个石灰岩拱门。

不得不赞叹大自然的鬼斧神工!这样独特的自然地貌在犹他州不是唯一的,人们也一直没有给这个拱门起过名字,只是一个普通的石灰岩拱门罢了。如果没有建造太平洋铁路这个疯狂的设想,如果中央太平洋铁路的铁轨没有铺到这里,如果没有中国铁路工人,这个拱门永远只是

第十二章 普罗蒙特雷：金钉回响

普罗蒙特雷山区的一个石灰岩地貌而已，没有人会在意它的存在，更不会给它贴上某个具有象征意义的标签，把它与一个族裔的命运连在一起。

然而，铁路时代来临了。

因为华工在此扎营修筑铁路，这个拱门有了与众不同的命运，人们不仅给它取了名字，有曾用名，还有现在的大名，更加重要的是，从拱门名字变迁上，我们可以感受到铁路华工的沉重命运，和不愿再沉默的后来人为命运抗争的勇气。

Patrick是犹他州本地学者，随妻子陈小涟取了个中文名叫陈柏，他俩亲历了围绕这个拱门的一场更名请愿活动。于是，我们的话题便从拱门的前世今生说起。

1869年，中央太平洋铁路大军将铁轨铺进普罗蒙特雷东部山区，华工营地便驻扎在这个石拱门区域，他们夜以继日地疯狂铺轨，与联合太平洋铁路工人展开了白热化的竞赛，这个华工营其实已位于后来定下来的铁路合拢地点普罗蒙特雷以东方向了。由于华工营驻扎在拱门区域，所以，人们给这个拱门取名"中国佬拱门"，这个名字，一直沿用了130多年。

陈柏说，中国佬拱门的英文是Chinaman's arch，这是一个有着明显否定隐喻的词汇，与英国佬和法国佬这种术语不同，"中国佬"这个词汇是反华组织用来表述对华人或亚裔族群仇恨和诋毁的称谓。由于这些组织公然宣称种族歧视，所以，今天的美国华人希望用"中国人"（Chinese）这个词来代替"中国佬"（Chinaman）。

2004年，一场为"中国佬拱门"正名的请愿活动从犹他州开始，华人要求美国政府将"中国佬拱门"的称谓正式更名为"中国人拱门"。这场请愿活动由新成立的美华协会犹他分会发起，很快便获得了全国范围的支持。犹他分会成员来自从亚洲到太平洋岛国的所有族裔人群。铁路华工后裔关维斌、关玉璩兄妹和余黄铿娟，以及盐湖城第一个中国大

金钉——寻找中国人的美国记忆

侨胞们在"中国人拱门"前合影

陆留学生陈小涟都参与了这次请愿活动。

2006年,历时两年的请愿活动获得成功,美国政府正式将"中国佬拱门"更名为"中国人拱门",自此,"中国人拱门"成为唯一的官方名字,出现在有关金钉国家历史遗址的各种资料里。

当很多人渐渐遗忘近2万名铁路华工为建设美国所作出的巨大贡献和牺牲之时,"中国人拱门"作为金钉国家历史遗址公园的一部分,是现存的极少数可以真实说明铁路华工"在场"的有形可触摸的遗址之一,其独一无二的象征意义已超越拱门名字本身。它不像那些早期铁路路基遗址,仅凭老路基难以证明华工确实在那里存在过,而需要借助老照片和当时的一些文件才能了解到当时的情景。现在,来自世界各地的游客都能够在这个可触摸记忆的地方,纪念那些为帮助建设美国付出艰苦劳动的华工们。

第十二章 普罗蒙特雷：金钉回响

  陈柏的观点代表了很多美国华人的心声，他们认为，这个"中国人拱门"遗址之所以有特殊意义，是因为它的存在，使得今天的人们真正可以说："华工没有被遗忘，我们尊敬他们的存在。"

  这让我很自然地联想到了唐纳峰上的两个华工遗址。

  一个是位于7号和8号隧道之间的"中国墙"，那是华工巧夺天工的建筑遗址，本地历史协会已在那里立碑纪念。

  另一个是在被称作最艰难工程的6号隧道口，插入花岗岩中的一根铁钻，因为岩石和铁钻都是黑色的，几乎分辨不出来。唐纳关上最具标志性的工程是6号隧道，是华工用铁钻和黑炸药挖出来的。这个铁证如山的"开山"遗址，之前恐怕还没有被发现。

  于是，眼前这个有官方出生证的"中国人拱门"遗址，一下子变得生动起来。从"中国佬拱门"到"中国人拱门"，一字之差，却是美国华人历史命运的真实写照，从包括铁路华工在内的美国早期华人到今天的新移民，从饱受歧视排斥到话语权逐步提升，细看门道，让人无限感慨。

  正如"中国人拱门"指示牌上写的：

  将这个石拱门命名为"中国人拱门"，就是为了纪念在美国跨州铁路建设中的华工。石拱门是因大自然运动而形成的，但今天被用作纪念中央太平洋铁路建设华工的标志，它是跨州铁路建设过程中并在以后产生持续影响的力量和活力的具体体现。

有官方出生证的中国人拱门遗址

2005年3月4日，管乐合奏《跨州的连接》由犹他州立大学管乐团首演，这是交响乐《跨州的连接》的管乐合奏版本。这部音乐作品旨在向跨州铁路建设中付出艰苦劳动的劳工致敬，音乐的高亢部分采用了典型的西欧音乐风格，舒缓部分采用了中国民乐《茉莉花》，通过这两种音乐风格来纪念来自欧洲和中国的铁路劳工。

第三部 金山之路

第十三章 开路先锋

　　加利福尼亚州铁路，南北贯通，华裔精神，血肉献功——在铁路建设100年之际，我们铭记3000名华工，是他们帮助建起了南太平洋铁路和圣菲尔顿隧道。是他们的劳动赋予了加利福尼亚第一条贯通南北的铁路，改变了加利福尼亚州的历史。
　　——南加利福尼亚州菲尔顿隧道华工纪念碑，南加州历史协会1976年9月5日立

第十三章 开路先锋

跨州铁路实现了美国人梦寐以求的连接世界上两个最大海洋的大国梦。然而,这仅仅是开始。

美国梦还在继续。就在排华运动甚嚣尘上之时,筚路蓝缕的中国铁路工人依然是开路先锋。

1868年2月25日,清政府第一个外交使团"蒲安臣使团"一行30人,由对华友好人士、曾任美国驻华公使的蒲安臣率领,乘船缓缓驶离上海虹口黄浦江码头,于4月初抵达旧金山。7月28日,清政府与美国正式签订中国近代史上第一个对等条约《中美续增条约》,史称《蒲安臣条约》。《条约》中规定:"大清国与大美国切念人民互相来往,或游历,或贸易,或久居,得以自由,方有利益。"美国在中国招募劳工合法化,并迅速雇佣大批廉价华工,解决了内战后和修建铁路所面临的劳动力严重短缺问题。在《条约》签订后的14年里,赴美华工人数每年平均达到21189人,是前20年平均数

——寻找中国人的美国记忆

（8674人）的约2.5倍。到1870年，在美国大陆的华人人口达63199人。1876年，根据宁阳会馆会员登记显示，台山人达7.5万人，加上未登记的，估计台山人有8万多人。到1880年，美国华人人口升至105465人。

跨州铁路创造的神话提速了美国西部大开发进程，加利福尼亚等西部地区掀起铁路建设高潮。无论是铁路巨头如中央太平洋铁路公司（后改为南太平洋铁路公司），还是地方筹资的窄轨铁路，都在这场运动中，你追我赶，相互博弈。

此时的铁路华工，已经从刚登陆旧金山的农民工，转型为熟练工和专业工，因攻克西艾拉内华达这座魔山而备受铁路公司青睐，加上忠勇勤劳且劳动力廉价，毫无疑问地继续担当美国钢铁时代的劳工大军主力。中央太平洋铁路公司雇佣约5000名华工，向加利福尼亚州铁路建设提供了整整10年的主要劳动力。

对于大小资本家而言，谁拥有了中国铁路工人，谁就赢得了铁路建设的速度、时间和金钱。

于是，在加利福尼亚州、内华达州，华盛顿州、俄勒冈州、爱达荷州……在高山，在隧道，在沿海，在河谷，在平原，在沙漠，处处闪动着一群群相同的身影：一批又一批黄皮肤黑眼睛的中国劳工，不是在赶往铁路建设工地的路上，就是冒着酷暑严寒劳作在建设工地上。他们穿着大襟衫和宽腿裤，戴着宽边斗笠，扛着铁锹，挑着炸药，推着手推车，平整路基，钻山架桥，筑路铺轨。他们几乎是用自己瘦弱的筋骨，在坚硬的山体中钻出一条又一条黄金大道，铸就了美国西部的钢铁脊梁。四通八达的铁路网，犹如一条条燃烧着青春的生命线，将美国西部带入狂飙式工业化浪潮。

蒙特利湾是中国人在美国西部登陆的第一个口岸，中国人在湾区垦荒造田，围海捕鱼，种植小麦蔬果，使蒙特利湾成为美国富饶的"鱼米之乡"。但是，直到1870年，蒙特利湾还没有一节铁轨，本地小麦、

第十三章 开路先锋

甜菜、海鲜、红杉木等农林渔业产品通过汽船或货运马车运输到湾区以外的地方。农场主们深知路通财通的道理，明白发展铁路运输关乎本地经济命脉，所以，他们急切地盼望铁路从圣何塞继续往南延伸到自家门前。1870—1880年的10年里，中国人又扛起了蒙特利湾"运输生命线"建设，以生命为代价铺设了约161公里铁轨，将连接旧金山的圣何塞铁路向南延伸至蒙特利湾，将整个湾区带进崭新的工业化时代。

圣何塞铁路南延线

1869年，圣何塞铁路被中央太平洋铁路公司收购。这一年，圣何塞铁路南延到吉尔罗伊。1871年1月，铁路又一路铺到了霍利斯特。1871年4月，铁路线继续往海边延伸，进入帕哈罗谷地。于1872年11月抵达萨利纳斯，终于将这片盛产小麦的肥沃粮仓与旧金山连接起来。1873年，铁路进入到索莱达。

"华工速度"给了农场主极大的遐想空间。当时关于吉尔罗伊至萨利纳斯铁路建设的报道向我们展示了这样一幅热火朝天的画面：500多名中国铁路工人正在神速地筑路铺轨，他们中大部分人都是从中央太平洋铁路大工程中历练出来的老手，比起内华达山脉的苦战，将路轨铺过帕哈罗谷地伸入到萨利纳斯，对这些开路先锋来说显得太轻松了。

圣何塞铁路南延线工程持续了5年。由于铁路铺进萨利纳斯，1874年，萨利纳斯市成为蒙特利县县治所在地，在这之前，蒙特利县县治是蒙特利市。

华工不仅建铁路,也是加利福尼亚州农业开发的主要劳动力。这是1890年帕哈罗谷的华工在种植草莓。(图片:《中国金》,桑迪·莱登著)

蒙特利—萨利纳斯谷窄轨铁路

南太平洋铁路公司垄断了加利福尼亚州铁路建设,对铁路线走向、建设时间表以及运输价格具有决定权,这日渐引起小企业主的不满。为反抗铁路巨头的垄断,1874年初,蒙特利半岛兴起了一股建设窄轨铁路的热潮,向南太平洋铁路公司说"不"!

窄轨铁路又叫农夫协进铁路。1867年,美国中西部成立了农业保护者协会,目的是通过改善农业生产条件,反对中间商的盘剥,以保护农民利益,将农场主和制造商、生产商和消费者直接联系起来。农夫协进铁路是用地方私人资金而不是公共补贴或公共资金建设的铁路,主要服务于地方社区的运输需要。

第十三章 开路先锋

萨利纳斯谷盛产小麦，但是南太平洋铁路公司的小麦运输价格高达每吨4.5美元，本地农夫急切盼望有一个廉价运输渠道将小麦运到旧金山，以摆脱南太平洋铁路公司的价格垄断。

1874年4月，勘测人员刚刚离开萨利纳斯谷不久，几艘汽船就迅速将大批铲土机、手推车和动力绞车运到蒙特利，第一批华工也坐船抵达建设工地。5月，大约150名华工已经在平整蒙特利和萨利纳斯河之间的坡地了。正巧6月份是小麦收割时节，由于用来拉铲土机的马车是从邻近农场借来的，农场主不仅要收回马车，而且还诱惑华工去农场帮忙。所以，到6月底，铁路工地上只剩下50名华工，铁路公司只好提高工资以留住这最后一批华工。从7月中旬开始，华工用2个月时间在萨利纳斯河上建起了一座高架桥，并且在桥上铺出一条铁轨，于10月9日完成全线工程。蒙特利—萨利纳斯谷窄轨铁路全长约30公里，工程建设只用了不到7个月的时间。

蒙萨铁路的诞生，迫使南太平洋铁路公司将每吨农产品的运费降低到3.75美元，与蒙萨铁路每吨1美元的低廉运费抗衡。1875年和1876年，

美丽的蒙特利湾，100年前曾经是中国人聚集的地方。他们在这里修建铁路，造船打鱼，建立了许多华人渔村；他们种植小麦果蔬，为加利福尼亚州农业开发作出了贡献。（摄影：山水）

萨利纳斯河高架桥先后两次被洪水冲垮，虽然华工两次将桥梁抢修通车，但民众对小铁路的可靠性开始产生怀疑。此时，南太平洋铁路公司又一次降低运输价格，加利福尼亚州第一条窄轨铁路步履艰难地运营到1878年12月。后来，这条已经破产的小铁路在拍卖会上被南太平洋铁路公司买下，南太平洋铁路公司在蒙特利湾区拥有了第一条窄轨铁路。

圣塔克鲁斯和菲尔顿窄轨铁路

圣塔克鲁斯位于蒙特利湾北部，以盛产红杉木著称。在火车开进这里以前，红杉木的运输方式跟西艾拉内华达山区的木材运输一样，通过水槽漂流至码头，再装船运走。由于交通不便，红杉木产业的发展受到很大制约。

1874年，圣塔克鲁斯和菲尔顿铁路公司成立，华工只用8个月便完成了两地之间约13公里长的铁路工程，1875年7月正式通车。从此，菲尔顿山谷的红杉木沿着一条约23公里长的水槽顺流而下，直冲到菲尔顿火车站，然后装上火车运到圣塔克鲁斯，再转运到旧金山，大大提高了红杉木产量。

由于排华运动持续高涨，铁路公司不得不对雇佣华工作出妥协。当铁路要从圣塔克鲁斯市中心穿过时，反华势力不能容忍华工在市中心走来走去，于是，铁路公司在1876年雇佣了32名康沃尔矿工来修建其中一个路段，即布道山隧道。这些矿工虽日夜轮班赶工，但足足用了6个月才完成这条只有274米长的短隧道。布道山隧道成为19世纪加利福尼亚唯一不是由中国人修建的铁路工程，其代价是付出20000美元的高昂造价，即每英尺造价达22美元。这是铁路公司和企业主们完全想不到的，他们不得不决定重新雇佣中国劳工。

在铁路建设过程中，华工依然要面临难以预料的飞来横祸。1876年1月，一列运输建材的火车碾碎了一名华工的双腿，虽然他大难不死，但仍逃不脱双腿被锯的厄运。三个月后，同样是运输建材的火车刹车失灵，冲进一群正在施工的华工中间，当场碾死1人，碾伤2人。

南太平洋海岸窄轨铁路

1876年，一位叫詹姆斯·费尔的参议员精明地预见到使用廉价中国劳工来修筑一条海岸铁路可以大大降低建设成本，于是，他自信地成立了南太平洋海岸铁路公司，雇佣上千名华工来实现他的梦想。

费尔的南太平洋海岸铁路从旧金山湾东岸开始，向南到圣何塞和洛斯加托斯，然后翻越圣塔克鲁斯山通向菲尔顿。这个工程难度最大的是从洛斯加托斯至菲尔顿路段，虽然这里的山脉远不如西艾拉内华达山那样险恶，但是，圣塔克鲁斯山几乎都被地质断层所扭曲，这就要求铁路线必须在峡谷和山岭之间迂回交叉才能穿越这个区域。费尔决定效仿中央太平洋铁路，打通7条隧道，穿山而过。这7条隧道总长达1873米，其中位于劳雷尔和格伦伍德之间的隧道长达1598米。1878年8月，铁路公司雇佣了700名劳工，其中华工占600人。白人劳工只负责高架桥和工程监工，铁路建设的所有路基平整、山体爆破、隧道开凿、轨道铺设等苦活累活危险活，都由华工完成。1878年，铁路公司付给华工的日薪是77.5美分，外加供应水和木柴，让华工可以做饭。后来，华工的日薪加到1美元，直到发生隧道爆炸惨剧后，为吸引华工返回工地，铁路公司将日薪提升到1.25美元。当然，劳务承包商还是要从华工的薪水里扣除伙食费的。在修建这条海岸铁路的4年间，铁路公司雇佣了数以千计的中国劳工。

1890年，华工在赖茨隧道口施工。（图片：《中国金》，桑迪·莱登著）

南太平洋海岸铁路建设工程最艰巨的路段是赖茨隧道，华工为此付出了惨重的生命代价。

1877年12月，赖茨隧道动工，华工分两批从隧道两头同时相向施工。在隧道北端有45名华工，在开凿隧道过程中，他们发现北端有一穴煤气，山体不断有矿油从岩壁上渗出来，在地面汇成潭，如果煤气与矿油混合，后果不堪设想。每次施工，华工都要用铁罐将矿油舀走，然后用火将煤气烧尽，每10分钟就要重复一次这样的动作，才可以继续在狭窄的空间里施工。到了换班时，接班的华工必须爬进隧道，用一根杆子顶住一块燃烧的油布伸到里面，待煤气燃尽后，工人们才敢入洞施工。

但是，可怕的事故终于还是发生了。1879年2月13日，在燃烧洞里的煤气时，石壁上的矿油着火了，整个隧道瞬间陷入一片火海，正在施工的华工被困其中。后来，有10多名华工被抬出隧道，他们全部被烧得面

目全非,痛苦地呻吟着。几小时后,医生赶到现场,虽然实施了救助,但是5名重伤员当场死亡,其他伤员被送到旧金山救治。

更加可怕的是,赖茨隧道仿佛受到了魔咒一般。同年11月17日夜间,21名华工在深入隧道823米的地方施工。未料一个小炸药包被点着,瞬间引爆了坑内未被发现的煤气,顷刻间,地动山摇,一片火舌伴着剧烈的爆炸声从隧道口喷涌而出。正在华工营休息的20名华工拼命地冲进去营救同胞,当他们冲到457米深处时,隧道内发生第二次爆炸。隧道里的41名华工,其中24人当场死亡,17人严重烧伤。救援者将华工尸体从隧道里抬出来,沿着铁轨排成一排,给他们换上干净衣服,然后将他们放入粗粗凿就的红杉木棺材里。在举行完简短的仪式后,大多数死者被安葬在赖茨以北约1.6公里的一块平地上。在送去旧金山唐人街救治的17名伤员中,有7人最后还是没能救活。这样,在赖茨隧道坑难中,华工死亡人数达31人。1879年11月,《圣塔克鲁斯哨兵报》刊登了一则消息说:"一位前几日乘坐南太平洋海岸地方铁路的人说,他一路上数了32座中国人的坟墓,这些人都是在最近的3号隧道爆炸事故中丧生的。"

加利福尼亚州海岸线上早已没有了华人修筑铁路和出海打鱼的影子,没有人知道100年前曾经有成千上万的华工来过这里,他们是加利福尼亚州大开发的拓荒者之一。(摄影:山水)

335

后来,铁路公司不得不采取措施,在隧道内壁架设了数盏煤油灯以燃净从山体不断渗出来的煤气。经过两年多的艰苦施工,1880年4月,赖茨隧道终于竣工。

然而,华工的厄运还在继续。1881年2月,一次山体泥石流冲埋了山下的一个华工营,后来,人们发现了十几具华工尸体。没有人知道究竟有多少华工被泥石流吞噬,因为可能有华工已经被冲到山下的圣洛伦索河里,冲进了大海。

1874—1880年,数千名华工汇聚在蒙特利湾修建窄轨铁路网,至少50名华工付出了生命代价,从而将这片富饶的粮仓用铁路串联在一起,打通了连接旧金山的农林产品运输大动脉。

即便是后来南太平洋铁路公司陆续收购窄轨铁路,仍然还有地方企

1885年,华工在加利福尼亚州巴伦西亚溪谷修建铁路。(图片:帕哈罗谷历史协会)

业主试图抵抗南太平洋铁路对运输价格的垄断。1890年，美西最大的甜菜公司老板雇佣华工，从沃森威尔的甜菜制造厂修筑了一条通往萨利纳斯谷的小铁路，全长37公里，于1891年通车，这条甜菜运输专线为他带来了不少利润。

南太平洋铁路建设

面对地方企业主高速推进窄轨铁路网建设以降低农产品运输成本的挑战，铁路巨头南太平洋铁路公司无法再坐视不理。由于这些地方铁路缺乏足够的资金保障，当遇到洪水等自然灾害引致铁路桥塌、路基毁坏时，铁路公司无力去维修或重建桥梁，这给了南太平洋铁路公司难得的扩张机遇，蒙特利半岛很快就变成了南太平洋铁路公司的地盘。

1879年9月，南太平洋铁路公司收购蒙特利—萨利纳斯铁路，同时新建一条连接卡斯特洛威尔到蒙特利的标准化铁路。新的标准化铁路由中央太平洋铁路总监詹姆斯·斯特劳布里奇任总监，华工在中央太平洋铁路建设中的卓越表现令他对华工十分器重。由200名华工和14名白人劳工组成的施工队负责这条约23公里长的铁路建设。华工用70匹马拉着铲土机平整路基，第二年早春便完成了全线工程。1881年，当已退休的斯特劳布里奇受命建造蒂哈查皮铁路时，他要求克劳克派给他8000名华工，而且必须直接从广东招募，因为他深信铁路建设速度和质量的可靠保障是这些广东人。

1881年春天，南太平洋铁路公司买下圣塔克鲁斯窄轨铁路的大部分股票。两年后即1883年，南太平洋铁路公司雇佣了几百名华工进入圣塔克鲁斯县，挖掉窄轨铁路，在圣塔克鲁斯和沃森威尔之间铺设了一条标准化铁路，同时新修支线。这年夏天，225名华工在阿普托斯峡谷平地、

填坑、铺轨,到1888年,南太平洋铁路支线修到距离阿普托斯约11公里的蒙特维斯塔。从此,阿普托斯峡谷的红杉木源源不断地运出蒙特利半岛。

1886年,南太平洋铁路公司又收购南太平洋海岸地方铁路公司,接着挥师南下至萨利纳斯以南的索莱达,继续延伸已在1874年铺至索莱达的铁路线。几百名华工迅速进入萨利纳斯谷地,将铁路线向南快速推进到格林菲尔德、国王城、圣艾尔多、布拉德利。由于铁路建设突飞猛进,连在太平洋丛林市西边挖水库的华工也被征召到萨利纳斯谷地,铁路华工大军一下子超过了1000人。到1886年底,南太平洋铁路铁轨已经铺出了蒙特利县境。十几年后,火车才抵达洛杉矶县。

1888年,南太平洋铁路决定在蒙特利火车站以西经过太平洋丛林市新建一条铁路,通向卡梅尔煤矿。1878年,华工在这里曾经建过一条窄

加利福尼亚州铁路四通八达(摄影:山水)

1889年,华工修建太平洋丛林市铁路。(图片:加利福尼亚州立图书馆)

轨短程马车铁路,即专供马拉轨道车运行的小铁路。1889年5月,华工从蒙特利火车站西边开始铺路,不出年底便完工了。而帕哈罗谷联合铁路,成为蒙特利湾最后一条由华工修建的铁路。

当我们放眼19世纪波澜壮阔的加利福尼亚州铁路建设潮流,很难找到一条不是由中国人修建的铁路。没有铁路华工,何以有加利福尼亚州四通八达的铁路网!

铁路提速了加利福尼亚州城市化进程。华工和铁路,唐人街和城市化,就像一对拆不散的兄弟,如影随形。

弗吉尼亚—特拉基铁路

除了加利福尼亚州,美国西部其他地区以及北部、南部地区也加入到由华工作为主要劳动力的铁路建设运动中,为本地区的经济腾飞

金钉
——寻找中国人的美国记忆

1884年的雷诺火车站。雷诺是铁路交通枢纽城市,图中右边可见中央太平洋铁路货车正停靠在车站,左边是弗吉尼亚—特拉基火车站站台,铁轨两边房屋是商业区,远处是西艾拉内华达山脉。(图片:*Donner Pass: Southern Pacific's Sierra Crossing*, by John R.Signor)

现在的雷诺火车站。左边的高楼挡住了远处的西艾拉内华达山脉。(摄影:吴藏)

铺设了一条条金光大道。

内华达州是铁路的最大受益者之一。1868年,中央太平洋铁路从西艾拉下山到雷诺时,华工大军已减少到5000人。他们继续留在中央太平洋铁路线上往内华达沙漠进军,而几百名失业华工马上被弗吉尼亚—特拉基铁路公司(简称VTRR)雇佣。1869年11月,弗吉尼亚—特拉基铁路完成弗吉尼亚城至卡森城段工程。到1872年8月,又完成卡森城至雷诺段工程,终于在雷诺

第十三章 开路先锋

雷诺是VTRR北部终点站。雷诺-卡森城铁路建于1871—1872年,通过雷诺将卡森城和弗吉尼亚城连接起来。随着康斯托克矿区衰退,1950年,弗吉尼亚—特拉基铁路废弃。(摄影:吴薇)

与中央太平洋铁路实现了转运。这条用4年时间兴建起来的铁路,曾经被誉为美国最富有的铁路,因为通过这条铁路,特拉基和太浩湖盆地的优质木材源源不断地运到康斯托克矿区和其他铁路建设工地,前者也因此而成为一座"绿色金山"。

华工在卡森城附近的帝国路段施工(图片:The Chinese in Nevada, by Sue Fawn Chung with the Nevada State Museum)

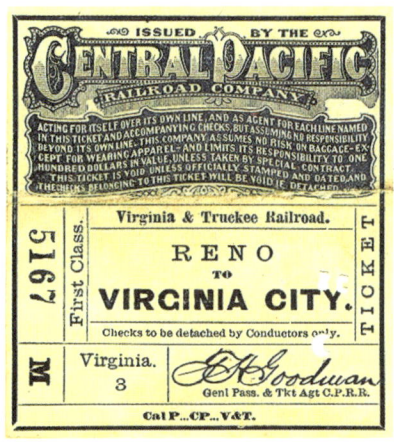

1878年4月17日,中央太平洋铁路发行的雷诺至弗吉尼亚城头等座火车票。(图片:维基百科)

341

俄勒冈铁路

在弗吉尼亚—特拉基铁路完工后,华工又加入到俄勒冈铁路建设中,一部分华工被送去波特兰修建铁路。波特兰是一座在铁路建设中催生并繁荣起来的城市,据说在20世纪初期,波特兰的华人人口约有1万人。台山人李天沛在波特兰开设劳务公司,负责为铁路公司招工,所以在波特兰的华工主要来自四邑地区。

据载,1891—1928年,在买鲁玛县的朗花坟场,约1000名华人安葬于此,他们中的大部分人是到波特兰修建铁路或淘金的华工。1948年以后,华工墓地所在区域被政府接管,并在地块上建起一栋大楼和停车场,到2003年又决定拆除这栋大楼,改成其他用途。闻此消息,华人社区与政府进行多次协调磋商。2005年1月11日,在中华会馆等华人社团的参与和见证下,买鲁玛县政府邀请考古探查公司对大楼和停车场区域进行探测和挖掘。直到第二天中午,考古队挖掘出两块较大的墓碑残片,墓碑上的姓名等信息清晰可见,后对照中华会馆会员死亡登记册核查,确认这两名华工的信息是:陈文赞,广东省新宁县冲凌村人,1913年4月25日下葬,卒年48岁;李官福,广东省新会县沙堤沙嘴村人,1915年1月15日下葬,卒年55岁。如果按年龄推算,许多华工到美国时的年龄在15岁左右,那么,他们到达美国的时间大约在1880年前后。

北太平洋铁路

西雅图是早期台山人聚居的地方,著名的华昌公司和广德公司均为台山人开设的劳务承包公司。中央太平洋铁路完成后,陈宜禧来到西雅图，加入族叔陈程学开设的华昌公司。华昌公司是西雅图第一间华人开办的商号，主要为铁路公司在广东和美国本土招募华工。1888年，43岁的陈宜禧离开华昌公司，在西雅图华盛顿街208—210号建造了一栋三层建筑，开办广德公司，主要为北太平洋铁路工程招募华工。所以，很多四邑华工又来到西雅图，在1870—1900年占华盛顿州铁路工人人口的三分之二。

此外，1869年12月，大约有250名华工被休斯敦和德克萨斯中央铁路公司雇佣，签了三年合同，有自己的华人工头，这个工头同时也兼翻译。

1870年8月，大约1000名有铁路建设经验的华工抵达亚拉巴马州，修建通往查塔努加（田纳西州东南部城市）的铁路——亚拉巴马和查塔努加铁路。

这场席卷美国全境的铁路狂潮，也随着太平洋的风，吹到了加拿大。美国跨州铁路——太平洋铁路让加拿大人看到了期待已久的梦想。时任加拿大总理麦克唐纳决心也建设一条太平洋铁路以统一国家，并主张雇佣华工，以加快铁路建设速度。1878年，加拿大议会决定修筑一条横贯加拿大东西部的太平洋铁路。加拿大太平洋铁路全长约6115公里，1880年4月动工，1885年7月竣工，在5年多时间里，共有约1.7万名华工来到加拿大，占当时卑

位于西雅图华盛顿街208—210号的陈宜禧公司，现在一楼是一间家具店。（摄影：胥全）

诗省总人口的五分之一，其中从美国旧金山、波特兰等地招募了数千名华工，而这中间，有曾经参与过中央太平洋铁路和其他铁路建设的熟练工。1885年7月29日，麦克唐纳在议会发表演讲，热情洋溢地赞扬了华工的不巧功绩，他说："如果没有华人协助，太平洋铁路就无法如期完成，加拿大西部的丰富资源，亦无从开发。"

第十四章　以轩佛为例：广东埠是这样炼成的

　　在加利福尼亚州的一个乡村，可以享受到帝王般的餐饮。中国的蒋介石曾经派特使到此学习著名的法国蜗牛制作法。罗纳德·里根在担任加利福尼亚州州长期间也曾到此用餐。这个美食朝圣地，不在美食大都市巴黎、旧金山或罗马，而在一个依偎着加利福尼亚州牧草和棉花地的乡村汉福德，它的名字叫帝国王朝餐馆。一个家族在此经营了123年美食。现在，帝国王朝的主人、84岁高龄的理查德·江决定关闭这家五星级餐馆。

　　江曾经在二战期间参军，1945年被选为马歇尔将军的私人厨师和随从，随马歇尔到中国。江说："对我来说这是一个不切实际的梦想，想象一下，一个地位卑微的华人厨师被授予了这样一个奇妙的殊荣，被指定为这位五星级将军的厨师。"江在服务于马歇尔将军期间，也为罗斯福、杜鲁门和艾森豪威尔总统烹饪过佳肴。

——2006年3月24日《弗雷斯诺蜜蜂报》

金钉
——寻找中国人的美国记忆

在加利福尼亚州中央谷地——这个被誉为"世界上最大的花园"里,有一条约644公里的绿色长廊,静静地依偎在海岸山脉和西艾拉内华达山脉之间,葡萄、坚果、蔬菜和水果将这条绿色长廊包裹得令人心旷神怡。这里是美国粮仓,农产品产量约占全国总产量的四分之一。百年前,铁路带来的交通革命,改变了这片土地的命运。

19世纪70年代,这里还是"风吹草低见牛羊"的辽阔牧场。当火车开进这里,一个个村庄转眼间蜕变成一座座城市,城市化速度惊人。而勤劳的广东人,很快又在这片土地上开天辟地地默默耕耘起来——修筑铁路、挖掘水渠、灌溉农业、耕作农田、种植果蔬、采摘水果、建造酒窖。他们的创造力给这片富饶的土地带来了无穷的生机与魅力,一个个唐人街也如雨后春笋般地风生水起。

老铁路城汉福德,就是中谷的一个著名广东埠,粤侨称

之"轩佛"。轩佛是国王县县府所在地,面积只有42平方公里,人口约5.5万人,其中亚裔人口约占3%。在20世纪三四十年代以前,它拥有旧金山和洛杉矶之间中谷地带最繁华的华人社区。

在寻找加利福尼亚州华工历史时,我极其偶然地发现了这个"五埠",而在这之前,我只知道"大埠""二埠""三埠"。于是,我千方百计寻找"五埠"的知情人,但一直毫无进展。

2015年底,我和郭元乐先生偶然说起轩佛,他说曾经在1993年去过那里,更兴奋地向我描述了那段令他终生难忘的经历——轩佛江氏家族和三邑公所,特别是令他目瞪口呆的五星级帝国王朝餐馆,只可惜20多年过去了,有些细节记得不很清楚了。在郭元乐先生的热心帮助下,我一点一点地靠近轩佛,慢慢了解了这个从未听说过的"五埠"。

很难找到像轩佛这么一个具有传奇色彩的广东埠,因为一个广东家族而成为一个国际美食朝圣地,因为一名华工后裔而把世界带进小乡村。虽然轩佛埠的传奇无法复制,但翻开它的履历,我们仍然可以发现它具有任何一个广东埠都走过的共同轨迹。

轩佛有几家中餐馆,还有一个华人社区。(注:本章节图片均由郭元乐提供)

先有华人，后有轩佛

在1893年以前，国王县仍属于图莱里县的一部分。有文字可查的中国人记录最早出现在1875年。位于维塞利亚的《三角洲周报》在1875年5月20日的一篇报道中提到：一名华人厨师对发生在牧赛尔泥沼地区的一起谋杀案件提供了证词。国王县先驱者弗兰克·哈维在他的《回忆录》一书中写道：1875年，住在本地即今天的轩佛这个地方的唯一居民"是一个中国佬，一群绵羊和他的牧羊犬"。

1876年，有几家报纸提到一群中国劳工被南太平洋铁路公司雇佣，正在修建一条从戈申到休伦的新铁路。几个月后，即1877年1月17日，南太平洋铁路公司拿出68块地进行拍卖以建立一个新城市，总共拍出了11422美元，这68块地就是轩佛最早的地盘。

根据国王县历史记载，1877年，南太平洋铁路通过绵羊营地，从绵羊营地到村庄只有几步之遥，由于路通财通，小村庄在几个月内魔术般地成为一个热闹城市。由于南太平洋铁路总经理是詹姆斯·麦德森·汉福德，所以，这个新兴城市便以汉福德的名字命名，广东人习惯称之为"轩佛埠"。

在轩佛建市之初，华人已开始在此投资土地，他们从西部发展公司手里买下唐人街上的物业。早期投资土地的华人包括杨周（Young Chow）、阿简（Ah Gan）、李记（Gee Lee）公司，岑胜（Sam Sing）以及程安（On Ching）公司。

1878年2月，《三角洲周报》公布的欠税单显示，阿简拥有唐人街位置的两个地块，李记公司拥有三个地块，程安公司拥有两个地块，岑胜拥有一个地块。轩佛华人拥有土地的最早记载是在1876年的欠税单上，列出了杨周拖欠财产税，由此推测他可能是唐人街发展的主要力量之一。

第十四章 以轩佛为例：广东埠是这样炼成的

19世纪80年代前后，当铁路打通了轩佛与外部世界的交通大动脉后，大批铁路华工和农场华工汇聚到物产富饶的轩佛，华人人口进入快速增长期，很快便形成了一个颇具规模的唐人街。

有学者专门对这一时期的华人地契档案进行研究后发现：在1880年以后，图莱里县的许多地契转让档案显示该地区物业买卖只在华人中间进行；而且，没有地契转让档案显示华人在唐人街及其周边街道之外的其他地方购置物业。这说明，唐人街既是华人的生活区，也是经济文化活动中心。

1887年7月12日，唐人街第6街一带发生大火，近38栋建筑物被烧毁。华人活动中心位移到今天的中国巷。

中国巷位于白街和绿

19世纪早期的唐人街，社团会旗上写着聚胜堂。

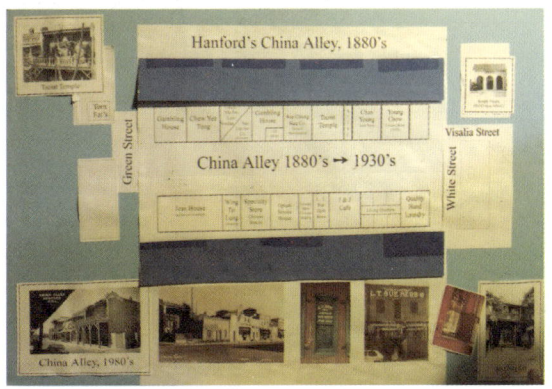

19世纪80年代至20世纪30年代的中国巷店铺分布图

349

20世纪早期的中国巷

2011年,中国巷被列为美国濒危历史遗迹之一。

街之间,全长约60米,街道两边挤满了会馆、杂货店、中药店、赌馆。苏松记是中国巷的名人,他在轩佛唐人街拥有很多物业,以至于20世纪初本地报纸把中国巷叫做苏松记街。苏松记日用品商店建于1886年,商店的一楼是店铺,二楼自家人住。苏松记养了至少50只金丝雀,有一次

1914年,"美属轩佛埠苏松记号"的中医广告。

20世纪初的苏松记日用品商店,商品琳琅满目。

他忘了清洁笼子，结果金丝雀全都飞了出去，整条中国巷的人都出来帮忙抓捕激动乱飞的小鸟。

在20世纪三四十年代以前，中国巷是旧金山和洛杉矶之间最繁华的华人社区。

江氏百年餐饮帝国

轩佛人最引以骄傲的华人是具有123年历史的餐饮帝国——江氏家族第三代代表江宪泉（Rechard Wing）。在轩佛人眼里，江宪泉是轩佛的福星，是他把世界带给了轩佛。1957年，江宪泉主理的帝国王朝餐馆独创"中国味的欧式西餐"，从而把小乡村轩佛打造成为一个以创新烹饪法著称的国际美食朝圣地。每到周末，人们坐着汽车、火车和飞机，从四面八方汇聚到帝国王朝餐馆，享用无与伦比的江氏秘制蜗牛。

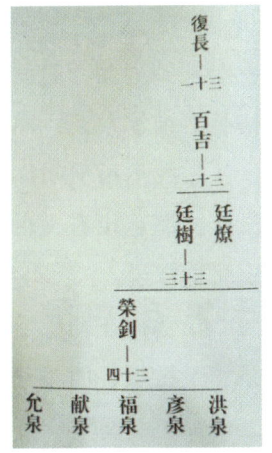

平山村江氏族谱

花都区平山村江氏宗祠

江家祖籍广东花县平山村，家里有127亩稻田。江宪泉的祖父江廷树是一名武师，因反清而被清廷追捕，走投无路之下跳海以死抗争，正好一艘载着华工的轮船经过，他便爬到船上，跟

金钉
——寻找中国人的美国记忆

江家第一家中餐馆"美珍楼"建于1883年

三邑公所左边二楼为最早的美珍楼,后来楼下作为天坛和帝国王朝餐馆。

着船来到美国,时间大约是1881年。江廷树先在加利福尼亚州金斯顿和格兰治维尔做工,1883年辗转来到轩佛。

"我的祖父叫Henry Wing,我不知道我们的名字Wing是怎么来的,没有护照也没有文件可以证明。我们姓江。"江宪泉曾经在做家族口述史时这样说。

江廷树在轩佛落脚后,先是在三邑公所后面隔两条街的地下室给铁路华工做饭,因为华工都是单身汉。后来,他在三邑公所旁边一栋楼的二楼开了一间美珍楼餐馆,一碗面条5美分。这是江家的第一间餐馆。这栋二层楼建筑是江廷树的堂兄杨周(Young Chow)建的。当年孙中山先生到轩佛,为逃避清廷追捕,江廷树曾经把孙中山先生藏在美珍楼里4天4夜。

据江宪泉的弟媳卡梅尔(Camille Wing)介绍,那时候紧邻轩佛的埠仔阿莫那有个唐人街,住在那里的都是中山隆都人,华人人口有200多人。因为两个埠仔离得非常近,所以,孙中山先生很可能是从阿莫那来到轩佛的,然后认识了江廷树,两人很快成为志同道合的朋友。

江廷树在花县老家有四个儿子,江宪泉的父亲江荣钊排行第四。1906年,江荣钊以商人身份坐船到旧金山,彼时正值旧金山大地震后,

第十四章 以轩佛为例：广东埠是这样炼成的

遍地废墟，江荣钊看到这个场景不禁长叹道："这里是金山吗？遍地没有黄金，只有废墟。"

江荣钊到轩佛后，在美珍楼帮父亲打理餐馆。几年后，江荣钊返回花县结婚，娶妻后又独自先行返回轩佛。其妻在怀孕后才来到美国，在轩佛生下第一个孩子，先后7个孩子都在美珍楼餐馆后面一条街，即维塞利亚街64号的房子里出生，这间房子是江荣钊和江宪泉的堂兄合建的。因为美国实施《外侨土地法》，所以到后来，江荣钊把他名下中国巷的所有物业全部登记在江宪泉名下了。

以法国餐著称的帝国王朝餐馆，一道"江氏秘制蜗牛"吸引了全美达官贵人蜂拥而至。

1937年，为集中精力开拓家族餐饮生意，江家关闭了美珍楼。江荣钊将美珍楼扩展成为二层楼的餐馆，取名天坛，这是江家开的第2间中餐馆。江宪泉曾经回忆道：

> 所有亲戚都在厨房里干活。我们自己烹调，自己发豆芽，甚至自己制作豆腐和酱油。我母亲的娘家是做酱油的，所以她会做酱油。我们还用刀切面条。我母亲养鸡、鸽子和其他家禽，还种菜。那时要找到满足中国人需要的原料是很难的，我们就自己动手做干黑豆。

由于江荣钊还是一名果园承包商，一到水果成熟季节，江家就会雇佣八九百名华工到山谷里采摘桃子、杏子、李子和葡萄，这些合同工经常是包吃的，所以江家煮饭的规模很大。

而轩佛中国巷真正名震四方，源自江荣钊的第二个儿子江宪泉。

金钉
——寻找中国人的美国记忆

江宪泉从6岁起就在美珍楼和天坛餐厅帮忙，对食物特别敏感。1944年，还在维塞利亚专科学校上学的江宪泉报名参军。在罗伯斯营参加新兵体能训练时，因心脏不规则跳动而无法完成约40公里的徒步训练，医生诊断只能"一定限度的服役"。部队打算6个月新兵训练结束后就让他回家，所以让他暂时到食堂帮手切肉。有一个厨师吹嘘能把一条面包切成60片薄片，江宪泉说自己可以很轻易地翻倍。结果，这个厨师切了66片薄片，江宪泉切了144片薄片。这次比赛结果在营地里不胫而走。江宪泉还和另外4名华人厨师一起做宵夜吃，引得军官们纷纷加入到吃宵夜的队伍中。

有一天，他接到去总部报到的命令，次日就被送往华盛顿特区阿灵顿的迈雅营，直接被带去五星将军——马歇尔将军官邸报到，担任将军夫妇的私人厨师。后来他才知道，马歇尔将军喜欢吃中国菜。

江宪泉对食物的触觉和味觉达到了极致。他被送到五角大楼进行味觉训练时，竟然可以品鉴出300多种甜味。他还专门学习酒知识，品鉴出酒里是否含有不利健康的成分。因为马歇尔将军对贝壳类动物和海鲜、草莓、大蒜过敏，而且不喝葡萄酒，喜欢用旧派方式喝小半杯威士忌。

1945年12月，杜鲁门总统授权马歇尔将军率领一个代表团前往中国，江宪泉以将军的私人助理兼厨师身份随同前往上海和重庆。60年后，2006年，江宪泉在回忆起这段难忘的经历时说道："我和蒋介石夫人研究烹饪。蒋夫人会做北京菜、四川菜、瑞士菜和法国菜。有一次，蒋夫人教我如何炖鸡汤。她把鸡和姜放在一起蒸，让蒸汽慢慢地滴下来，就成了一碗清炖鸡汤。她说清炖鸡汤对马歇尔将军的感冒有益处。我在自己的厨房里用这种方法炖鸡、炖雏鸟、炖野鸡、炖火鸡。"

1947年，马歇尔就任国务卿，江宪泉又随同前往法兰克福、柏林、罗马、伦敦、墨西哥、华沙、巴黎等地访问。每到一个地方，他几乎把所有时间都花在厨房里，和当地大厨们研究各种菜式。这种经历，让江宪泉对欧式菜式的把控能力得到极大的提升。

第十四章 以轩佛为例：广东埠是这样炼成的

1947年9月，江宪泉从部队荣休后到南加利福尼亚州大学国际关系专业学习，毕业后作为难民项目面试官到香港工作。在轩佛家人的一再催促下，江宪泉于1956年回到轩佛，帮助江家重振日渐衰落的中国巷。

但是，江宪泉不想继续经营中餐，因为家里的天坛餐馆已经很成功，他想开一间欧式餐馆。父母和全家人都很紧张不安，父亲认为他的想法"太高级"，行不通。然而，江宪泉非常坚定自信。1957年，由江宪泉自己设计和装修的帝国王朝餐馆开张了，他本人担任主厨，他的哥哥负责酒窖管理。这是江家的第三间餐馆。

帝国王朝餐馆开张后，以"中国味的欧式西餐"和葡萄酒迅速红遍美国。"我改变了法国蜗牛的做法，我用中国味道制作欧式食物。《洛杉矶时报》等媒体报道了我创造的这种'中国式'食品，法国厨师开始去中国、泰国、日本和韩国学习融合'新式烹饪法'。我是他们的引路人。"江宪泉在口述回忆中说。从此，一道"江氏秘制蜗牛"吸引了来自美国各地的粉丝。

餐馆可容纳300个座位，只设晚餐，每晚宾客盈门，本地食客只占一成，九成来自外地，小乡村轩佛顿时变成了一个国际美食朝圣地。纽约的4个股票经纪人每年都到轩佛品尝美食。利希滕斯坦皇室、新加坡副总统和里根州长也被吸引到帝国王朝，对江氏美食惊叹不已。有一年，帝国王朝的法国蜗牛进口量居全美第一。

帝国王朝的另一个金字招牌是葡萄酒。江宪泉本人是美食协会"品酒骑士

帝国王朝餐馆只在晚餐时间营业

355

团"的发起人之一。他的哥哥更是葡萄酒专家,被葡萄酒和食品协会授予西班牙爵位。在帝国王朝停止提供葡萄酒名单之前,帝国王朝连续8年获得《葡萄酒观察家》杂志授予的大奖章。帝国王朝酒窖以供应罗曼蒂康帝而充满诱惑力。这种精英勃艮第每年只有25箱来到美国,其中只有5箱到达西海岸,这5箱之中有1箱是特别指定给帝国王朝餐馆的。"极少餐馆可以提供罗曼蒂康帝,因为他们拿不到货。在美国,没有第二家餐馆能够每年买到一整箱罗曼蒂康帝。"江宪泉曾经骄傲地说。

1980年,为更好地集中打理帝国王朝,江氏家族关闭了天坛餐馆。2006年,由于家族中无人接管餐馆生意,84岁的江宪泉退休,帝国王朝也关闭了。从1883年江家第一代开办美珍楼,到2006年江家第三代关闭帝国王朝,江氏家族在轩佛打造了一个国际化的百年餐饮帝国。而江家第四代,正在计划努力恢复帝国王朝的昔日风采。

三邑公所

国王县的华人主要来自番禺、顺德、南海和花县。从地域来说,南

19世纪80年代早期的三邑公所

现在的三邑公所,又名道观。

海、番禺、顺德属于三邑地区,和四邑地区一样,是广东主要侨区。

1891年,聚胜堂会员决定在中国巷新建一栋两层楼建筑作为三邑公所会所。1891年8月26日,一位早期华人居民将他在中国巷北边的一半地块以200美元价格卖给聚胜堂。三邑公所用了两年时间才竣工,直到1897年才正式启用,从此成为轩佛华人社区举办各种庆典活动的中心,至今仍是轩佛标志性的文化遗产。

三邑公所的一楼和地下室设有宿舍区,二楼设有聚议厅。在很长时期内,三邑公所兼具聚会议事、临时住宿、拜神祈福、中文学校、

三邑公所房间墙上残留着100年前华工贴上去的华文报纸碎片

1897年,三邑公所正在举办拜神仪式。

1890年,三邑公所内华人聚会情景。

赌馆、厨房等多种功能，为来自三邑的华人提供各种帮助。宿舍很小，但可以在地板上铺草席，也有木架搭起来的木床。房间门虽然只有1.8米高、0.6米宽，但也足以进出了。

郭元乐先生曾在1993年前后到轩佛三邑公所参观，那次经历给他留下了永恒的记忆。他回忆说，当时江宪泉的弟弟告诉他，住在这里的都是新到轩佛的单身华工。"当时一楼墙上贴着很多纸，我记得有一条警示语'不得带墨妓返'，大概是这样写的。"可见社团对会员的管理很严格。二十年后，当郭元乐先生于2016年1月18日下午再次专程前往三邑公所后，他告诉我说："'不得带墨妓返'这条警示语不见了，江家人说由于请了外国人修葺这栋建筑，看管人也不懂中文，所以就忽略了，现在也找不到了。听说有某位历史学家也来问过这个事情。二楼还有一面修复过的三邑公所会旗，上面的中文字变成了'二邑'，'三'少了一横，或许洋人不懂中文，本地华人也没在意。"

三邑公所变成了二邑公所，只因"三"少了一横。

到20世纪40年代，随着华人人口锐减，三邑公所不像从前般门庭若市。之后，江氏家族担负起看护三邑公所的责任。

20世纪70年代早期，江家一位在国王县计划局工作的朋友了解到国家历史古迹保护部门发布的信息，鼓励登记老建筑和历史遗址的认证。他建议江宪泉将三邑公所申报国家古迹认证。这给了江宪泉很大启发，他召集了一批有识之士成立道观保护协会，筹措维修资金，研究如何保护这栋让轩佛人难以忘怀的老建筑。

三邑公所是美国国家历史古迹

第十四章 以轩佛为例：广东埠是这样炼成的

　　1972年，三邑公所被列入美国国家历史古迹。据现任三邑公所看管人卡梅尔介绍，在20世纪70年代以前，三邑公所就叫三邑公所，没有别名，后来又取名"道观"，是为了向政府申请保护三邑公所这栋历史建筑。因为政府部门对教堂（Church）是有维修补贴的，所以，在申报时，就把三邑公所登记为"道观"（Taoist Temple），沿用至今。道观博物馆于每月的第一个星期六下午对外开放。

　　我一直对"道观"之名很好奇，猜想这可能跟江宪泉受佛教和道教影响有关。他在大学学习以及后来在香港工作期间，对中国传统哲学思想很感兴趣，特别是其岳父是一位研究道教的学者，江宪泉受其影响很大。

三邑公所看管人卡梅尔（Camille Wing），她的父亲是顺德人。

　　三邑公所翻修后，以道观博物馆之名向公众开放。一楼陈列轩佛华人劳动和生活的历史文物，包括劳动工具、老店铺、中医、赌馆、金山箱、中文学校等等。据卡梅尔介绍，三邑公所二楼关帝堂的布局和摆设100多年来一直没有改变过。

　　道观保护协会的会员都是志愿者。30多年来，道观保护协会在每年10月的第一个星期六都会在中国巷举办中秋节活动，一年一度的中国巷中秋节已成为轩佛人翘首盼

三邑公所二楼的关帝堂

三邑公所落成时的楹联

望的年度庆典了。

而中国巷，在2011年因长久缺乏适当保护而被美国历史保护信托协会列为11座濒危历史遗迹之一。

中医

随着L.T.苏（L.T.Sue，简称苏医生）在中国巷15号开设中药店，中医在国王县声名鹊起。

"L.T.Sue中药店"早先是由苏松记赞助的，苏松记和他的儿子Y.T.苏（Y.T.Sue）在中国巷10号经营一家日用品商店。苏医生从外埠来到轩佛，医好了苏松记孙子的重病，从此生意兴隆，留了下来。刚开始，苏医生的中药店设在苏松记日用品商店的楼里，只给华人看病，后来他把店铺搬到对面的15号铺位，慢慢地来看病的人中包括很多白人，也有亚裔人、黑人和墨西哥人。

国王县第一家中药店"L.T.Sue中药店"

第十四章 以轩佛为例：广东埠是这样炼成的

所谓树大招风，苏医生出名了，问题也跟着来了。据1909年12月《汉福德日报》的一篇文章报道，1909年初，苏医生因为无执照行医被逮捕，面临审判。他交了100美元保释金，并郑重宣告要找一名可以帮他打赢官司的律师。尽管做出了努力，但是到12月，他仍被认定无加利福尼亚州执照行医罪名成立，并罚款100美元。苏医生表示将上诉。1910年1月，苏医生又被起诉无执照行医，尔后又被保释出来，而此时他对第一次判决的上诉仍在悬而未决中。到1月底，苏医生第三次因同一个罪名被逮捕，处方本和复制本被没收。根据报纸报道，一名律师代表州医药检验委员会致信国王县官员，表示该组织希望在苏医生的起诉案件中扮演关键角色，他说在加利福尼亚州对华人中医医生的其他起诉都获得了成功。

三番几次遭遇逮捕，苏医生要求获得公平审判。苏案的辩护律师强调苏只是将草药卖给到店里来买草药的人，在法律上并没有给病人诊断病情或开药方。1910年2月18日，国王县陪审团成员经过40分钟的深思熟虑后，宣判苏医生无罪。这个结果令几乎每一个人都感到惊讶，因为没有人相信这个案件会胜诉。另外3个起诉苏医生的案件到1910年6月也被中止了。据当时的报纸报道，州委员会认为"社区对苏的同情力量太

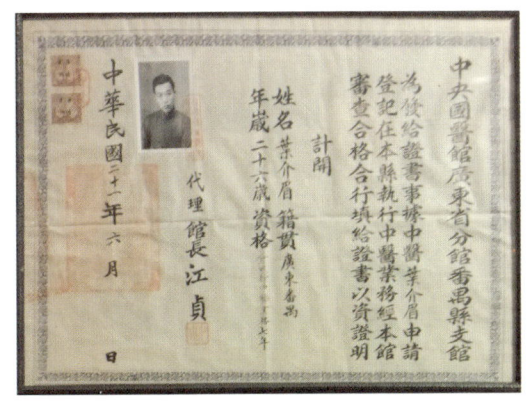

轩佛的中医执照

三邑公所内陈列的各种中草药

大,他们为苏作担保,所以在陪审团面前试图去定他的罪名是徒劳无用的"。于是,总共5次、每次100美元的保释金都退回给苏医生。

苏松记也将长子Y.T.苏送回中国学习中医。小苏学成后又回到轩佛,在父亲的日用品商店里开了一间中医店铺。后来,他将店铺搬到对面的7号铺位。在20世纪30年代末,随着华人人口不断萎缩,药店的客户主要是白人劳工。这间中医店一直经营到1948年。1949年,小苏和妻女回老家广东旅行时去世。

位于中国巷9号的李哈里(Harry Lee)于1885年出生在曼多次诺县,家里共有11个兄弟姐妹。1914年,他移居到轩佛,兼做药草公司翻译。他很快学到了很多中医知识,同时也成为华人社区中的一名领袖。他有9个孩子,还有一个农场,到了夏天,很多华工在他的农场里采割杏子和桃子。

位于中国巷14号的成安(On Sang)中药店少有人知,不过,有人说它比L.T.Sue中药店开得要早。但是,L.T.Sue打着轩佛"第一家且历史最久的中药店"的广告,是国王县最出名的百年老字号中药店。

赌 馆

国王县的轩佛、阿莫那和勒莫尔是近邻,各有一个唐人街。每到周末,这3个邻近的唐人街上人流如织,居住在周围牧场"中国营"里的华工成群结队地进城找乐子或购物,周末成了单身华工的快乐时光。

赌博和吸鸦片是两种很受单身华工欢迎的减压方式。通常,中国巷店铺的地下室会设有简陋的鸦片馆。中国巷的赌博形式有番摊、牌九、麻将和白鸽票。几乎在每一个建筑物后面的房间、地下室、楼上,甚至在建筑物外面的长凳上,都有华人在赌博。

第十四章 以轩佛为例：广东埠是这样炼成的

赌馆规矩

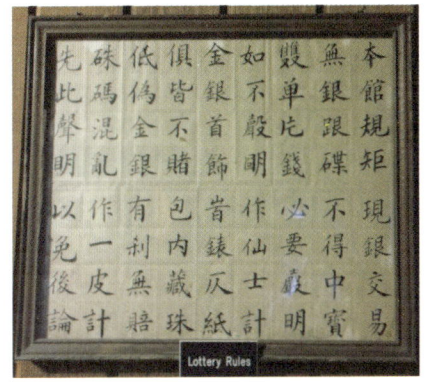
赌馆规矩

彩票开奖公告

据卡梅尔介绍，1883年，江家的第一间餐馆楼下是一间杂货店，地下室是一间赌馆，赌馆有秘密通道上二楼，如果有警察来查赌，赌客就会跑上二楼扮食客。

据轩佛的一名老华侨回忆，早期她家住在维塞利亚街上，房子很小，只有两个房间，她的母亲每天都要花几个小时待在屋子里，在数千张白鸽票上盖印记。她的父亲在赌馆里干活，挣钱养家。而她则负责照

三邑公所内的陈展，早期唐人街赌馆名字。

三邑公所内陈列的白鸽票

看自家杂货店和10个弟弟妹妹。虽然只有男子才被允许进出赌馆，但是，赌馆生意却牵涉许多家庭的生活。

有研究者指出，中国巷的赌馆由3个主要堂口控制。昭仪堂是最大的堂口，秉公堂和聚胜堂的势力也很大。

三邑公所内的陈列品：麻将

1906年9月，轩佛市议会宣布赌博不合法。根据《汉福德哨兵报》报道，在这之后的几年内，本地警察定期到中国巷检查华人赌馆，但是每次突击检查很少会逮捕5人以上。据老华侨回忆说，这些突击检查不怎么奏效，因为赌馆搭了眼线，如遇突击检查，赌馆马上就会收到风声。到20世纪20年代，大批白人也开始到中国巷来赌博。

中华学校

虽然早期出洋的华人大多没有受过教育，在白人眼里，他们只是出卖体力的苦力，但是，正是这些"苦力"，只要在一个地方安居乐业后，首先就会想方设法创造一切条件让子女接受中国传统教育。

轩佛最早的中文课堂位于苏松记日用品商店的地下室，苏松记的儿子Y.T.苏是唯一一名老师。后来，中文课堂搬到隔壁的三邑公所。

随着华人子女人数不断增多，对中文教育的需求增大，华社决定筹措资金建一所正规学校。1922年，颇具规模的中华学校落成。学校设置的课程包括中国习俗、文化、哲学、文学、汉语口语和书写等，还成立

三邑公所内陈列的乐器

了学生鼓乐队。华人学生每天从公立学校放学后便到中文学校上课,每周六也上课。

江宪泉有7兄妹,他曾经回忆说:

> 我们兄妹白天都去美国学校学习,放学后就去中文学校学习两个小时。在学校读书时,我所在的班级有三四十个学生,其中大约有4名华

1922年中华学校建校时的捐赠收据

中华学校

金钉——寻找中国人的美国记忆

中华学校组织的第一次巡游

人学生,日本人和墨西哥人更多些。我们有白人朋友,但不亲密。只有一些人不喜欢中国人,称呼我们"黄中国佬",向我们扔石头。在我读书的高级学校里,只有一名非裔学生,我们相处得很和睦。由于我们变得很美国化,母亲决定把我们兄妹都送回中国,于是在1936年,我们回到中国住了大约两年。我们兄妹都喜欢中国,因为我们不用干活。我们进了一个专门为海外孩子们设置的特殊班级,晚上还要接受传统的中国教育。但是,日本人轰炸越来越近,我们又回到轩佛。

1934年11月中旬,蔡廷锴将军从弗雷斯诺来到轩佛,当时是轩佛华社的头等大事。中华学校为迎接抗日英雄举行了大型巡游,留下了许多珍贵的历史照片。蔡廷锴将军还为中华学校题词"爱国"。

20世纪50年代,随着华人学龄儿童减少和华人社区衰退,中华学校不得已关闭。但本地人并没有拆除这所学校,而是改作公益性文化用途。

蔡廷锴将军为中华学校题词"爱国"

第十五章　舌尖上的炼金术

> 尝过杂碎魔幻味道的美国人，会立即忘掉华人的是非；突然之间，一种不可抗拒的诱惑油然高升，摧垮他的意志，磁铁般将他的步伐吸引至勿街。
>
> ——1896年弗兰克·莱斯利画报

金钉
——寻找中国人的美国记忆

    吃，是一种大众文化。尤其在广东，吃，不仅出于本能的需要，更被作为一种生活方式。广东人对"吃"有一种独特的创造力和改造力。所以，当美国出现淘金热，中餐馆伴随着华工开遍美国大地，就丝毫不出奇了。

"三把刀"中的金刀

    关于海外华人的传统经济模式，至今都被形象地表述为"菜刀、剪刀、剃头刀"的"三把刀经济"，我们经常听到的一句话是：老华侨是靠"三把刀"起家的。

    当我在寻找老唐人街的细节时，无论是从老西部报纸，还是美国本土学者的研究成果，抑或一些口述历史，都使我对"三把刀"经济这个说法，产生了疑惑。

第十五章 舌尖上的炼金术

沿着中央太平洋铁路一路走来,从对一些城镇早期唐人街的细节还原来看,"三把刀"里,只有一把刀是金刀——这就是象征中餐业的"菜刀"。

至于"洗衣业——剪刀"和"理发业——剃头刀",前者如果跟制衣业联系起来,尚站得住脚,而后者作为一种支柱型经济业态,则难有说服力。

比如萨克拉门托和弗吉尼亚城的老唐人街,洗衣业很兴旺,不过一百多年前洗衣服需要用熨斗的可能性会比剪刀多,洗衣业的另一个代名词叫"八磅生涯",意思是说每天从早到晚拿着八磅重的熨斗熨烫衣服,手都变形了。如果要将洗衣业与剪刀配对,也只能说把洗衣工当成裁缝了。

而代表理发业的剃头刀,实难撑起老唐人街的一个主要产业。理发店有,但不可能成行成市。以淘金热中的旧金山唐人街为例,根据1856年华人商家黄页《东方人》统计的数据显示,有33家商店、15个药剂

旧金山唐人街的街头理发师(图片:洪堡博物馆提供)

师、5家草药店、5家餐馆、5家理发店、3个裁缝。旧金山是大埠,华人最多,唐人街也只有5家理发店,更不用说其他地方的唐人街了。这是细想一下便可明白的事情。

倒是有一个行当,几乎在任何一个早期唐人街都不可或缺,这就是中医和药草店。旧金山、萨克拉门托、特拉基、弗吉尼亚城、温尼马卡等等,无论是"大埠"和"二埠",还是各个埠仔,概莫能外。原因其实很简单,华人矿工和铁路华工,特别是铁路华工,从事的是危险工种,而且华人迷信中医,中医医生在矿区和唐人街都是受到尊重的职业,甚至白人也看中医。

所以,笼统地把"三把刀"作为唐人街的传统经济模式,未必说得通。

如果我们仔细查看当时的一些记载,早期唐人街的三大经济支柱应该是:中餐业、杂货业和洗衣业,而相对应的,早期唐人街上最多的是中餐馆、杂货店和洗衣店。

中餐馆这把"刀",当然是公认的"第一刀"。

一碟"杂碎"引发的"Chop Suey"热

如果中餐馆提供广东风味的菜式,那叫粤菜馆。虽然要在美国找到像广东本土那样正宗的烹饪食材很难,但广东人总能找到慰藉味蕾的办法,对于远离吾乡吾土的人来说,吃,俨然成为一种能缓解乡愁的药方。

然而,被视为早期华人经济三大产业之一的中餐馆,既不是粤菜馆,也不是其他中国菜系餐馆。

那么,这把"金菜刀"是什么样的中餐馆呢?

根据淘金热的流传,某一个深夜,一群喝醉的白人矿工闯入旧金山

第十五章 舌尖上的炼金术

的一家中餐馆,喊着要吃饭。餐馆快要打烊了,店主很害怕,但又不敢拒绝以免惹上麻烦。他忐忑地把厨房里的一些下脚料和剩菜——蔬菜、肉、肉汁加上调料混在一起炒,取名"炒杂碎"。这群白人矿工对这种新式中餐赞不绝口。于是"炒杂碎"美名很快便风靡旧金山。

广东人情急之下炒出来的一碟"杂碎",味美香口,被美国人视为真正的中餐,从此一发不可收拾,美国人一到中餐馆便直接用粤语点餐:"Chop Suey"!

聪明的粤侨预见到这个巨大市场的潜力,干脆把店名都挂牌成"Chop Suey"。"Chop Suey"也就成了中餐馆的代名词。

"Chop Suey"即"杂碎馆"——一种专门为适应美国人口味的中餐馆,与真正的粤菜已经大相径庭了。

当然,广东人很少吃这种"杂碎",但是,广东人把"杂碎"炼成了另一种淘金术。

纽约唐人街上的杂碎馆(图片:《广东台山华侨史》)

芝加哥唐人街上的杂碎馆(图片:《广东台山华侨史》)

金钉——寻找中国人的美国记忆

1896年,《弗兰克·莱斯利画报》对"杂碎"做了有趣的描述:

尝过杂碎魔幻味道的美国人,会立即忘掉华人的是非;突然之间,一种不可抗拒的诱惑油然高升,摧垮他的意志,磁铁般将他的步伐吸引至勿街。

勿街,就是纽约唐人街。

旧金山甚至将"杂碎"作为一个旅游卖点,推荐游客在旧金山吃一顿中餐。有一个叫威廉·萧的矿工在其自传《黄金梦和梦醒后的现实》中写道:"旧金山最好吃的餐馆由天朝人保持着并引领着中国时尚。各种咖喱菜肴占居主要菜式,小菜有回锅肉丁和炖重汁肉丁,因为非常可口以至于我没有好奇心去打听这些菜的配料。"

旧金山唐人街上的中餐馆吸引了各个族裔的人。第一批中餐馆悬挂黄色真丝三角旗来吸引顾客,餐馆很小,顾客付1美元可以任吃。

后来,面向高端消费者的中餐馆出现了,大红大绿的楼堂挂满了通亮的灯笼,酒楼的房间装饰得如帝王宫廷般奢华,屏风是从中国进口的,还有枝形煤油吊灯、大理石和红木雕刻的家具,客人坐在房间里可以尽情享受稀珍佳肴。

有意思的是,铁路华工与铁路公司签订的合同中,有一条写得很明确:华工营地要配备华人厨师。当然,华人厨师负责煮汤、煮凉茶、煮广东人口味的菜,而不是"炒杂碎"。铁路修到哪里,华工就把乡愁带到哪里。

华工在中国的时候都是农民,对农业耕作是精通的。到了美国,自己开地种菜,挖水渠,开饭店,做厨师。厨师是个很吃香的职业,收入每月在40—60美元。中央太平洋铁路也雇佣一些华工在沿线火车站当厨师,为铁路工人和列车乘务员做饭。

因为中餐业生意好,铁路华工中有不少人后来加入到"炒杂碎"大军中。跨州铁路完成后,有一部分华工改行当上了厨师,或开了餐馆,加上在淘金热中成为"金山伯"的粤侨中也有很多开起了餐馆,一下子在美国西部的城市和乡村,"杂碎"风生水起,很快便演变成为美国人的全民"Chop Suey"热。

中央太平洋铁路火车站餐馆广告(图片:内华达大学张素芳教授提供)

1903年,梁启超游历美国,在《新大陆游记》中对纽约杂碎馆进行了统计,称当时纽约有三四百家杂碎馆,全美华人以杂碎馆为生的有3000多人,"每岁此业收入可数百万"。

1920年,两个非华裔美国人创建了La Choy食品公司,专事生产罐装和瓶装杂碎食品原料,供餐馆、旅馆、公司及学校食堂等非中国餐饮服务业使用,以满足客户对炒杂碎、炒面和芙蓉蛋等中国菜的需求。杂碎公司的出现,为美国大众的杂碎热留下了最佳注脚。

对于许多美国人来说,中餐

"杂碎风"吹遍美洲。19世纪巴拿马的中餐业以杂碎馆形式招来客人。(图片:《巴拿马华侨150年移民史》,by Juan Tam)

金钉
——寻找中国人的美国记忆

轩佛市街边竖立的杂碎馆广告（摄影：郭元乐）

馆是他们接触中国文化的开始。借"杂碎"这道魔幻般的中餐吸引四方游客纷至沓来。

从淘金热刮起的杂碎风，后来也吹到了加拿大、墨西哥、秘鲁、巴拿马等美洲国家。

虽然"杂碎"不是正宗粤菜，但它是粤侨在美国因地制宜创造出来的流行中餐，堪称粤菜走向世界的鼻祖。

舌尖上的杂碎

美国中餐馆非常流行"幸运饼"，里面有一张小纸条，用英文写着中国传统文化的名言警句。

从跨文化的角度解读，杂碎是粤菜在美国本土化的经典案例，对"吃"有着特殊智慧的广东人，完成了一次将粤菜世界化的文化创新。

老华侨说，杂碎是"骗老美的中国菜"，当然，这是句玩笑话。恰恰相反，杂碎是"适应老美的中国菜"。

在20世纪90年代之前的100多年里，令美国人如痴如醉的"杂碎"，创造了中餐业的奇迹。在美国人眼里，没有杂碎的中餐馆，肯定不是正宗中餐馆。直到近二三十年，从中国大陆和香港出去的移民开设的打着正宗粤菜、正宗湘菜、正宗川菜等牌子的中餐馆进入美国，杂碎热才慢慢降温。但是，只要有美国人居住的社区，只要是想吸引非华人食客，无论中餐馆装修得有多高级，菜单里必定有那个飘着梦幻般味

第十五章 舌尖上的炼金术

道的"Chop Suey"。

这是美国人的一种中餐情结。

从萨克拉门托到盐湖城,一路上,似乎只有在广袤的内华达沙漠里遇见过杂碎馆。在几乎没有华人的温尼马卡,有两家中餐馆,当时甚觉奇怪:没有华人的沙漠小城里,怎么会有中餐馆呢?

现在回想,这可能就是传说中的杂碎馆。我在同一家店里吃了两餐,那些酸酸甜甜的重口味,五颜六色的盘中餐,至今记忆犹新。餐馆老板是粤籍华裔,他说,本地人就爱这味道。

美国人真喜欢"杂碎"。他们为了吃上一碟杂碎,宁愿在餐馆门口排队等号。

余黄铿娟是铁路华工第四代后裔,她和丈夫余卓斌在盐湖城经营

1959年玉园杂碎单(图片:余黄铿娟提供)

1960年玉园杂碎单早餐系列(图片:余黄铿娟提供)

2006年玉园杂碎单（图片：余黄铿娟提供）

的玉园餐厅，就是当地著名的杂碎馆。在20世纪50年代，盐湖城只有两家杂碎馆，玉园是其中一家，直到几年前才租给别人经营。"我们的餐厅可以坐140人，那时候每天营业24小时，每到早午晚用餐时间，餐馆门口都排着长长的队伍，一天可以卖几百个杂碎，生意很好。"余太说，每每想起以前那段停不下来的时光，很辛苦，但很美好。

引得美国人趋之若鹜的杂碎，究竟是怎样一种食品呢？

虽然起源于淘金热中的杂碎传说是华人急中生智的"一锅炒"。但后来，聪明的粤侨根据美国人的口味习惯把杂碎炒得越来越标准化，所以，正宗炒杂碎是很有讲究的，不是下脚料或剩菜的"一锅炒"。

杂碎的标配有四种蔬菜：芹菜、红萝卜、洋葱和芽菜。每一碟杂碎，不管另外添加什么肉类或蔬菜，这4样是标配。这首先在色彩上就很能调动美国人的味蕾。

杂碎家族里有5位"霸主"：即牛肉杂碎、猪肉杂碎、鸡肉杂碎、虾杂碎和芙蓉蛋。这5种最受欢迎的杂碎中，居于"至尊霸主"地位的，当属芙蓉蛋，有趣的是，这个杂碎的食材是鸡蛋、

传统牛肉杂碎（图片：余黄铿娟提供）

第十五章 舌尖上的炼金术

炒面（图片：郭元乐提供）

芽菜、洋葱和火腿。

郭元乐先生在20世纪80年代从广州移民美国，读书期间曾在芝加哥的杂碎馆打工。当他看到美国人如此钟爱杂碎，百思不得其解，因为他在广州从来没见过这个菜。"有时候实在想吃中餐，就去杂碎馆吃，不过不好吃。"郭元乐回忆说。

说起学生时代在杂碎馆的打工经历，郭元乐很兴奋，他说杂碎馆还有一个美国人很喜欢的杂碎叫"Chow Mein"，中文翻译成"炒面"，但它跟中国的炒面完全不搭界。"Chow Mein"的面是已经油炸过的脆面，有专门生产这种面的工厂。一碟"Chow Mein"就是在脆面上浇上杂碎，又香又脆。"当时我也好奇呀，怎么炒面是这样子的，餐馆里的一位台山阿婶笑着对我说：'后生仔，这不是炒面，是Chow Mein。'所以，我对这个Chow Mein印象太深了。"

慢慢地，随着顾客口味升级，粤侨又研发了几个新的杂碎菜式，比如宫保鸡丁、左宗棠鸡和甜酸肉。

跟左宗棠鸡比较起来，喜欢宫保鸡丁的食客更多些，当然，此宫保鸡丁非川菜的宫保鸡丁，味道是不同的。"外国人问宫保鸡丁是什么？我说是皇帝吃的，顾客就很高兴了。甜酸肉是顾客必点的杂碎之一，比点宫保鸡丁的人多。"郭元乐告诉我。

余黄铿娟说，她家的玉园餐厅卖得最好的杂碎是芙蓉蛋、甜酸肉

甜酸肉（图片：郭元乐提供）

377

和炒面。

　　当然，如果要溯源的话，"Chop Suey"（炒杂碎）、"Chow Mein"（炒面）、"Egg Foo Yung"（芙蓉蛋）、"Kung Pao Chicken"（宫保鸡丁）这些名字，都是美国人从粤语直接音译而成的，已融化在本地人的平常生活中。

第十六章　一次等待了150年的寻根

　　1865年,我的外曾祖父熊礼和离开大朗村到美国修建中央太平洋铁路。我一直有一个梦想,有一天我会回到祖辈的村庄,可是,我从来没有想过这个梦想可以实现。今天,我回来了!亲眼看到了整个村庄,我觉得这段家族历史才真正照进了现实。这是我生命中最重要的时刻!当我知道我是第一个从美国回到大朗的熊氏男性后人,我感到非常荣幸。

——卢罗素

在本书即将完稿之际,遇上了未曾料想的事情。

故事是因我一直在寻找的中央太平洋铁路早期华工熊礼和(Hung Lai Woh)家族引起的。

在寻找熊氏家族后人过程中,我认识了熊礼和的曾外孙卢罗素(Russell Low)。从1994年起,罗素一直在加利福尼亚州、俄勒冈等地追溯其家族历史足迹,遗憾的是,一直没有机会回到台山。当罗素听说我在寻找熊礼和的后代时,马上通过友人发来邮件,迫切表达了想回台山寻根的渴望,希望得到我们的帮助。

"我的外曾祖父熊礼和是中央太平洋铁路华工,1865年,他和哥哥离开台山大朗村。我渴望回到那里,我相信我是他的直系后裔中第一个回到大朗的人。"罗素在邮件里激动地表示。

2016年4月23日,我收到罗素通过友人转来的第一封邮件，5月18日，罗素出现在港九直通车广州东站，一次等待了150年的寻根，在短短25天内，圆了梦。

发现熊氏：太平洋铁路上最早的中国人

在目前可以找到的铁路华工后代里，其祖辈真正是中央太平洋铁路华工的屈指可数，熊礼和是有名有姓有家族口述历史记载的极少数华工之一。

最早引起我注意熊氏家族的线索，来自赵耀贵先生的著作《跨州铁路的无名建设者》。书中提到：1864年1月，Hung Wah带着23名华工在达奇弗兰特—唐纳湖马车路建设工地上干活。这条马车路是中央太平洋铁路配套工程，而且铁路公司工资单显示，Hung Wah的签名出现最多，其公司的华工人数也最多。换言之，Hung Wah是中央太平洋铁路最早且最大的劳务承包商，他的施工队是最早的中央太平洋铁路华工。特别是，在1869年5月10日普罗蒙特雷举行的跨州铁路竣工庆典上，斯特劳布里奇邀请了铺设铁轨的八名华工进入他的私人车厢参加宴会，接受在场各界人士的致敬，Hung Wah是其中之一。目前的中文资讯都将其译成"黄宏"。

对于"黄宏"这一译名，初始我并没有产生过疑问，直到看到胡恒坤先生的著作《广东足迹：萨克拉门托的华人遗产》。在这本书里，作者特别记录了中央太平洋铁路华工Hung Lai Woh的后代提供的口述资料，并且有唯一一行中文字标明Hung Lai Woh来自"台山三合大朗村"。我以为Hung Wah和Hung Lai Woh是同一人，即"黄宏"，便兴奋地马上向台山的朋友查证三合镇大朗村是否以"黄"姓为主。

广东侨乡有一个出洋传统，一两个"金山伯"将整条村村民或同姓

第十六章　一次等待了150年的寻根

台山市三合镇联安大朗村

宗亲带出国，亲连亲，村连村，这是常见的链条式移民模式。

然而，得到的回复就像一盆冷水，浇灭了我心中的希望火苗。

台山三合镇大朗村村民都姓"熊"，没有"黄"姓。也就是说，Hung的中文是"熊"，而不是"黄"。

我不甘心，继续查寻。很巧，前几年洪都拉斯前国防部长熊国洪曾回台山寻根，他父亲的村子在斗山镇三兴村。台山的侨务干部告诉我，三兴村的熊姓人口不多。

根据这些信息，一个令人惊喜的大胆推测浮现在我眼前：台山熊姓属于小姓，而且主要集中在三合镇大朗村和斗山镇三兴村，那么，Hung Wah姓"熊"的可能性极大。如果可以找到四邑地区熊氏分布情况，就基本可以确定Hung Wah是否三合镇大朗人。这是解密四邑人特别是台山人去美国修铁路人数为何如此之众的一把关键钥匙。

在罗素写信给我之前，我并不知道Hung Lai Woh的中文名叫熊礼和，只知道Hung Lai Woh与哥哥大约在1865年离开大朗村去金山修铁路，同行的还有一群同村族人。所以，我初步推测Hung Wah很有可能也是大朗村人，他将大朗村的很多男性带到美国修铁路。

支撑我做出这一推论的，还有中美学界普遍认同的"中央太平洋铁路公司于1865年开始大规模雇佣华工"的观点。1865年2月，铁路公司试验性地雇佣50名华工参与奥本段铁路建设。工头Hung Wah及手下华工作为在一年多前已参加过达奇弗兰特—唐纳湖马车路建设的熟练劳工，率先转入奥本布鲁墨深槽建设，而Hung Wah本人也成立了自己的劳务承包公司—Hung Wah公司，专为中央太平洋铁路公司招工。根据1865年工资档案显示，Hung Wah是一名活跃的劳务承包商，到1866年6月，该公司拥有506名华工，成为中央太平洋铁路最大的劳务承包商。这在时间上和熊礼和等大朗人去美国修铁路的时间吻合，而且这些大朗村人目标明确去修铁路，这与中央太平洋铁路早期雇佣的华工大多来自加利福尼亚州本土华工的特点相比较，显得与众不同。这样，另一种可能性也随之出现：台山三合镇大朗村人是最早去美国修建中央太平洋铁路的中国人。

我反复比对麦礼谦先生编辑的美国华人姓氏中英文对照表，又多方咨询在美国的老华侨，证实美国华人姓名里的"Hung"对应的中文姓氏为"熊、洪、汤"。而"Wong"对应的中文姓氏是"黄"。

我茅塞顿开。

我坚信，只要找到Hung Lai Woh的中文信息，就有可能揭开Hung Wah之谜。

我开始寻找Hung Lai Woh的后代。

在美国侨领们的帮助下，在广州的我，终于和在加利福尼亚州圣地亚哥的Hung Lai Woh的曾外孙卢罗素联系上。他告诉我，他一直做着同一个梦——渴望回到祖辈的村庄。

罗素传来其外曾祖父的中文资料，同时传给我的还有其亲戚在1978年8月30日写给大朗村亲戚的信件地址：

Hung Lai Woh的姓名——熊礼和，1850年出生于大朗村。
Hung Lai Woh的村名——广东台山三合联安大朗村。
通信地址：中华人民共和国，广东，台山，三合人民公社，大朗村。

大朗村村口

就这样，我不可思议地找到了连台山本地人都很少听说的一个小姓——三合镇大朗村熊氏。

而且，这是一条华侨村，几乎所有村民的祖辈都去了美国和加拿大，现在留在村里的，都是老人、妇女和孩子，没有出洋的男子也大都去村外打工了。根据大朗村熊富策老人介绍，大朗村连着左邻右舍四条自然村都姓熊，其中大朗村人口最多，五条自然村的熊氏人口约有1400人。"我阿爷就是去加拿大开洗衣店的。大朗村很多海外熊氏都流失了，跟大朗没有了联系。"

我问罗素："Hung Lai Woh和Hung Wah是否同一人？你是否认识Hung Wah的后人？"

罗素回答："他们不是同一人，我不认识Hung Wah的后人，但Hung Wah有可能也是从大朗村出来的，因为他的名字里也有Hung。"

后来，在大朗村寻根时，我对熊氏族谱予以了特别关注，总想刨出点惊喜来。

台山熊氏最早从东莞迁徙而来，熊姓

大朗村保存的台山熊氏宗谱

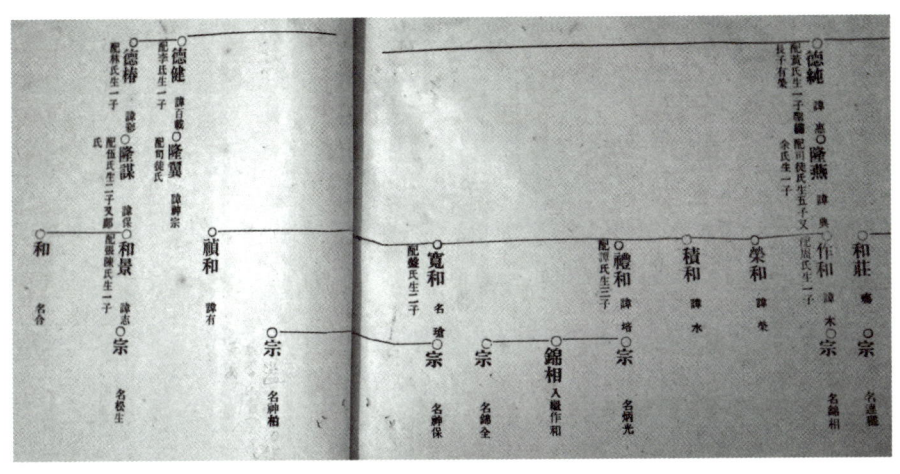

大朗熊氏"和"字辈,几乎都有名号,且为单名如熊培、熊合

命字宗派为瑞、有、圣、德、隆、和、宗、奕……

根据1911年编修的《宁阳熊氏宗谱》记载,熊礼和属"和"字辈,仅从其爷爷德纯四兄弟衍生下来的"和"字辈,就有14人。当我反复查看"和"字辈人名时,发现疑似"Hung Wah"的两个名字。

熊礼和的爷爷熊德纯有四兄弟,其中一个兄弟德熙有一个孙子叫熊和蕃,又名熊活;另一兄弟

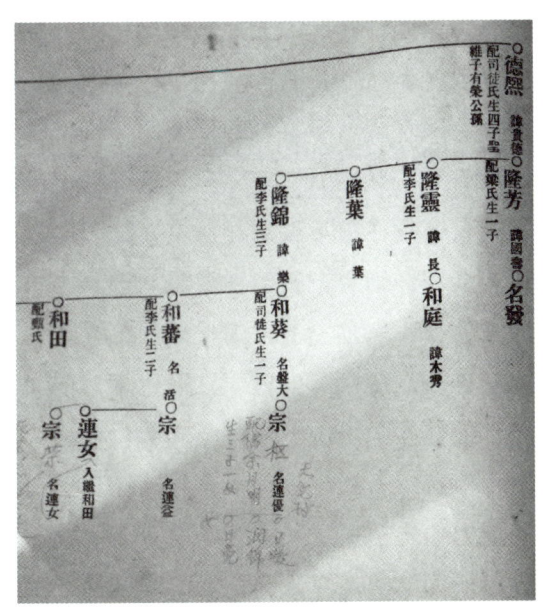

熊氏族谱上有一个名字叫熊活

德椿有一个孙子叫熊合,属和字辈,未登记辈分名字。Hung Wah的粤语发音为熊华,疑似熊活或熊合,也就是说,他们与熊礼和是堂兄弟。根据罗素提供的资料,熊礼和又名熊培,与族谱上的登记吻合。

为搞清楚熊华的多种可能性,我又开始查找其他"和"字辈,以及"和"字辈的上一代"隆"字辈,"和"字辈的下一代"宗"字辈。在熊伯的帮助下,查到"和"字辈里有一人叫熊和华,"宗"字辈里有两人的名号是"华",即他们两个都叫熊华。但是,由于"宗"字辈比"和"字辈小一辈,所以,只有这两个熊华的年龄比熊礼和(1865年,熊礼和15岁时去美国)年长,他们才有可能在1864年之前已经在美国修铁路。这种可能性存在,因为如果熊华的父亲结婚生子早于同辈的熊礼和,那么熊华的年龄就会比熊礼和大。而熊和华是否熊华,已无从考究了,因为族谱上此人无"家谱"记载,或者正如熊伯所说,老熊家在海外的很多人都流失了。

中国家族名字有论资排辈的传统,然而,我在调查中发现,侨乡的族谱有其特殊性——不完整。这种情况的产生有两个原因:一个原因是这些村民往往很早就出洋淘金,如果海外家族成员与祖村有联系,那族谱上会有详细登记,但如果海外家族与祖村断了联系,那么,族谱上的记录就会不完整。从大朗村熊氏族谱上看,熊氏子孙从"宗"字辈开始出现许多"断代"空白。"宗"字辈的父辈是熊礼和同辈份的"和"字辈,他们大多出生于19世纪50年代前后,于19世纪60年代离村出洋,彼时正值台山人大规模移民美国高潮。族谱上出现"断代"空白,都是这些金山伯与祖村之间少有书信或人员往来所致。另一个原因是华工在海外习惯用"阿某"来登记自己的名字,如阿和、阿余、阿黄,铁路公司工资档案里出现许多这类手写名字,所以,不排除将熊和(Hung Woh)手写成熊华(Hung Wah)的可能性。从族谱来看,熊合名下无血脉,一个合乎逻辑的推论是该家族在国外,与大朗没有来往。所以,Hung Wah

可能是"和"字辈的熊合、熊活或熊和华,也可能是其他族亲熊华,但无论哪种可能性,有一点可以基本确定,即他们都是从大朗走出去的。

熊富策老人告诉我,大朗熊氏从新会迁徙而来,后来,有一脉又从大朗迁移到开平大沙村,大沙村也是四邑地区熊氏族人聚居的村庄。在四邑地区,熊氏人口集中在台山大朗村和开平大沙村。

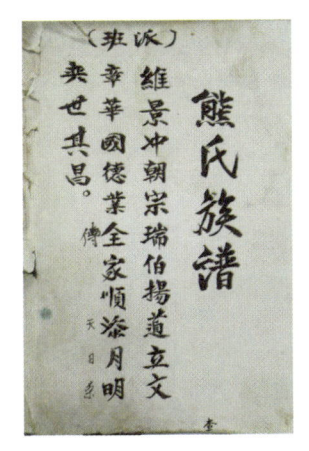

开平市大沙村熊氏族谱

于是,我又开始查找开平大沙村的熊氏族谱。

根据开平大沙村提供的资料,大沙村也是一条华侨村,现有熊姓人口1089人,村民的海外关系主要在美国、加拿大和欧洲。据大沙村《熊氏族谱》记载,从熊氏东莞始祖算起,大朗熊氏为七世祖"崑山",大沙熊氏始于九世祖"维兴",大沙村与大朗村有血缘关系。但从族谱上登记的辈分班次看,很难找到与熊华有相似特征的人。

而熊氏族谱有一个很特别的地方,即除了辈份名,大多还有名号,且都是单名,如熊礼和又名熊培。所以,熊华是大朗村人的可能性最大,大朗村人是最早去美国修建中央太平洋铁路的中国人,也是中央太平洋铁路最早的华人劳务承包商。

找不到北的村庄

罗素很快预订了在广州的酒店,确定于5月18日到广州,他已归心似箭。

他说，届时除了回大朗村，还希望回到其祖父的村庄，其祖父娶了熊礼和的女儿。

一个熊氏后人的寻根，从一个家族又变成了两个家族。

受罗素之托，在他到广东之前，我要为他查实大朗村熊礼和家族和祖父村庄的情况。由于罗素提供的大朗村信息准确，所以，核实相关情况很顺利。但是，在查核其祖父和外曾祖母的村庄时，颇费了些周折。

根据罗素提供的其祖父墓碑上的中文信息，其祖父卢耀献是台山县海宴下圳天村人，生于1857年，于1925年8月25日去世。

然而，我们找遍台山均查不到"下圳天村"。我将情况反馈给罗素。

很快，罗素又传来一个新线索，是他多年前委托在美国的熊氏亲戚通过大朗村族亲寻找卢耀献而留下的信纸，上面写着卢耀献家族的情况：卢氏先祖世居广东南雄县珠玑巷，至第8世迁到台山市海宴下春村居住……卢耀献属于第15世……在美国和熊家的女儿、熊锦湘的妹妹结婚。

由于以上信息非常详细，我以为很容易对号入座，然而，还是找不

台山市海宴镇下春场村

到下春村。

不过，同事告诉我，海宴有个下春场村，可以再去碰碰运气。经查，下春场村卢氏人口有345人，共62户家庭，卢氏族谱上记载有卢耀献一脉，与罗素提供的信息吻合，只是卢耀献的祖屋已经破败不堪。

我马上将这个信息告诉罗素。

远在美国的罗素惊讶不已，因为这说明卢耀献墓碑上的村名和后来亲戚提供的村名都错了。他半信半疑，希望可以得到进一步的确凿证据。

我将卢氏族谱上卢耀献三兄弟及其父辈、祖父辈姓名传回给他。

直到半个月后，当我在广州见到他时，我好奇地问："你是如何知道你祖父的名字和村庄的？"

罗素的回答，令人意外。

原来，在罗素的祖父去世后，罗素的祖母熊玉桂才说出卢耀献的名字。她一直保存着一个箱子，在她去世后，从来没有人注意到这个毫无价值的旧箱子。多年前，罗素发现了它，好奇心驱使他打开看个究竟。

卢耀献熊玉桂夫妇和六个孩子，最小的男孩是罗素的父亲。（图片：卢罗素供图）

万万没想到,箱子里有个本子,上面写着祖父卢耀献的名字。

"直到看到祖母的这些遗物,我才知道祖父叫卢耀献。祖父在俄勒冈州塞勒姆是个名人,他不仅是一名成功的商人,对本地社区也有诸多贡献,在他去世时,本地报纸刊登大幅广告向他表示致敬。祖父在美国从来没有用过卢耀献这个名字,他叫Low Sung Fook,但本地人都叫他Hop Lee。"

遗憾的是,罗素非常渴望看到的外曾祖母——熊礼和的妻子谭英的祖村,我们至今无法找到。

罗素说,谭英来自Bok Sar Village,可能是新会白沙村。但是经过调查,我们发现新会没有白沙村。于是,我将搜索目标扩大到江门市区和台山,结果发现有两条白沙村:江门市蓬江区白沙村和台山市汶村镇白沙村,但这两条村或没有谭姓或谭姓不多。我反复和台山老侨务干部分析,认为还有一种可能是台山台城的白水。几年前,我曾经去过白水,那里是谭氏聚居地,有一家海外谭氏乡亲捐建的规模很大的学校,台山谭氏族刊《光裕月刊》(前身是《台山谭氏自治杂志》)杂志社就坐落在学校里,当时,杂志社刚刚编撰完成一部厚厚的《谭氏族谱》。可惜,由于罗素无法提供进一步信息,其外曾祖母的村庄无法确定。

对于一名执著的寻根者来说,这是一种不得不接受的乡愁。罗素说,他最想把外曾祖母谭英的故事写出来,因为从她的故事里,他看到了中国女性坚韧坚强的精神。

罗素的家族故事

美国中央太平洋铁路华工近两万人,熊礼和只是两万分之一。如今,熊礼和在美国的后裔已超过100人。在这个庞大的家族里,有二战英雄、科学家、医生、教师，有美国第一批女大学生，有第一个毕业于加利福尼亚州大学伯克利分校的美国华人，有轰动百老汇歌舞剧里的明星。

罗素是一名放射科医生，他有两个儿子，一个是脑神经科学家，一个是心理学家。熊家到他儿子这一辈，已是第五代了。

而这一切，都源自150年前修建的那条太平洋铁路。

四邑人从中原南迁而来，但在先来的"土民"和后到的"客家"之间，界限分明。1855—1867年，四邑地区的"土民"和"客家"因争夺土地而爆发了长达12年的械斗。新宁县大朗村的熊氏族人也被卷入这场灾难中。据记载，大朗村的崑山熊公祠在1856年的械斗中被"客家"焚毁，到1875年才又重建。

这场旷日持久的土客械斗，改变了大朗村的命运，熊氏族人开始从海洋寻找出路。

1850年，熊礼和出生在大朗村的一间夯土房子里，在熊家六兄弟中，他排行老四。1865年，15岁的熊礼和跟着哥哥以及其他同族兄弟离开大朗，坐船到香港，他们的目的地是去金山修铁路，在此之前，已有大朗人去了金山，其中包括已经成为中央太平洋铁路劳务承包商的熊华。

他们被当做牲口一样成群地赶入"太平洋号"汽船的统舱，统舱里还有其他几百个被中央太平洋铁路招募的四邑人。他们朝着梦想中的金山驶去，然而，他们并不知道，此行的目的地是从未听说过的——西艾拉内华达山脉。

穿越太平洋的旅程花了1个半月，汽船抵达旧金山口岸。熊礼和兄弟俩和其他乡里懵懵懂懂地上了岸，很快又被赶到一艘内河轮船上，沿着沙加缅度河驶向二埠。他们在热闹的二埠码头上岸，接着便向东边的西艾拉内华达山前进。

西艾拉山上的花岗岩坚硬无比，只能用炸药炸开，所以，事故和死亡时常发生。熊礼和兄弟俩在防雪棚建设工地上干活，在其中一次爆炸事故中，哥哥失去了一只眼睛。

中央太平洋铁路完成后，熊礼和于1871年又返回旧金山，在唐人街开始新的奋斗。

他在旧金山的雪茄厂里做工。雪茄制造业在旧金山是个新兴产业，一度雇佣了4000名华人。熊礼和每周卷雪茄的工资是8—10美元。后来，他成了一名商人，在唐人街拥有自己的雪茄店。

金山上的唐人街是座"光棍城"。这些广东农民，有的婚后才出洋，将妻子留在老家侍奉公婆；有的赚到钱后衣锦还乡，娶妻生子，再申请家人到金山团聚，但在排华时期，此路难于上青天。那些能在金山组织家庭的幸运者，常常叫人羡慕不已。

熊礼和是少数幸运儿中的一个。1888年，38岁的他在旧金山遇到17岁的谭英，同年结婚。他们生了五个孩子，三男二女。

熊家早先住在旧金山唐人街，熊礼和一直做雪茄生意，直到华人被

熊礼和谭英留下的最后全家福（图片：卢罗素提供）

赶出这个行业。谭英当助产士和裁缝,亲手将大埠的许多华人婴儿接到这个世界上。

《排华法案》实施后,排华运动越演越烈,旧金山唐人街走向衰退。1903年,熊家13岁的大女儿熊玉桂嫁给了46岁的台山海宴人卢耀献。卢耀献是一位成功的商人,在俄勒冈州塞勒姆拥有一间洗衣店、一家干货店和几个啤酒花种植场。

1904年,熊家大儿子熊炳光和二儿子熊锦湘被送去蒙大拿州,和居住在卡利斯佩尔的叔叔一起生活。兄弟俩白天一边上学,一边在餐馆打工,晚上帮叔叔看店铺。两兄弟在餐馆打工每天可以挣50美分,两人一个月可以挣30美元,他们每个月都把钱寄给在旧金山的母亲。

1905年12月,熊礼和生病去世。仅仅四个月后,1906年4月,旧金山发生大地震,大火摧毁了唐人街。谭英和儿女幸运地逃过一劫,后来迁到奥克兰居住。

罗素端详着熊礼和的全家福照片,对我说:"这是最后的全家福,没多久,外曾祖父就病故了,4个月后,旧金山发生大地震,外曾祖母撑起了整个家,中国女性非常伟大。"

1910年,二儿子熊锦湘从蒙大拿州卡利斯佩尔来到俄勒冈州塞勒姆,与姐姐即罗素的祖母熊玉桂一起生活。1917年,他从

百老汇经典歌舞剧《花鼓歌》海报,熊秀群是主演之一。(图片:卢罗素提供)

加利福尼亚州大学伯克利分校工程专业毕业,成为第一个毕业于这所世界著名大学的美国华人。在伯克利上学期间,熊锦湘是中国学生俱乐部主席。由于他擅长演讲,因而成为华人社区的发言人。

熊家第三代、熊锦湘的女儿熊秀群是一位舞台剧明星,因参加1958年百老汇著名音乐剧《花鼓歌》的演出而出名。"她演唱的Love Look Away很优美,我父亲特别喜欢这首歌,几乎每天都听。"说起这位明星家人,罗素很骄傲。当这首歌从我的手机里响起,罗素露出了惊讶的表情。

罗素的外曾祖母谭英是个好裁缝,她把手艺教给了小女儿,后来,小女儿开了一家裁缝店,又将这门手艺传给了她自己的三个女儿。

罗素说:"我们家族现在还保留着当时的缝纫机,而且还在使用着。"

熊家大儿子熊炳光在三埠斯托克顿当厨师;小儿子熊锦全也是一名大厨。

罗素的祖母、熊礼和的大女儿熊玉桂与丈夫卢耀献生了10个孩子,一大家子其乐融融。卢耀献在塞勒姆颇有威望,大家都叫他Hop Lee。

卢氏夫妇非常重视子女的教育。在这十个子女中,有的成为第一批进入美国大学接受高等教育的华人女性。有一个女儿是医生,这在20世纪50年代对于华人女性来说是罕见的。其他子女的职业,有医生、教师、化学家、实验室技术员等。

1943,罗素的父亲和叔叔均参军,兄弟俩在夏威夷意外重逢。(图片:卢罗素提供)

卢家十个子女中出了两个战斗英雄。罗素的父亲和叔叔在二战期间参军，兄弟俩都被派往太平洋岛屿，哥哥在塞班岛，弟弟到新几内亚。有一天，兄弟俩在夏威夷意外地重逢。

罗素说，他不知道父亲的中文名字，在卢氏家族亲戚里，有的在名字里还保留卢姓，比如他自己的两个儿子，但家族成员都没有中文名字。或许有，他也不知道。

罗素的父亲于1941—1946年参军，被派驻塞班岛上修筑机场。1944年6月，日本人轰炸塞班岛，机场陷入一片火海，罗素的父亲冒着生命危险扑灭大火，营救了军营里的士兵，保住了阿斯利托机场。由于表现英勇，罗素的父亲被授予一枚二战银质星章。"父亲从来不说此事，直到有一天我们发现了这枚星章，父亲才告诉我们他的故事。"说起战斗英雄的父亲，罗素显得很自豪。

同样让他自豪的，还有他的叔叔。"叔叔是一名机枪手，在南太平洋岛屿新几内亚的一次对日战争中，击毙5个日本人，因而被授予航空勋章。不幸的是，他在战斗中牺牲了，年仅21岁，连尸体都没有找到。"罗素伤感地停顿了一会，继续说道，"我们家族成员里没有人知道叔叔是英雄，我父亲只是告诉我们叔叔的英勇故事。有一天，我在互联网上输入叔叔的全名搜索，意外地发现叔叔的名字被镌刻在

位于旧金山圣玛丽广场的华裔军人纪念碑。纪念碑上刻有罗素的叔叔的名字。（图片：卢罗素提供）

旧金山圣马丽广场的纪念碑上，这块纪念碑是专门为纪念在一战和二战中牺牲的华裔军人设立的，后来，我专门去旧金山看这块纪念碑。"

今天，熊礼和的后代在美国超过100人，总共有六代了，他们都在美国出生和成长。这个大家族中，有战争英雄、心理学家、神经系统科学家、医生、工程师、教师、护士、歌剧演员、舞蹈演员、体育冠军、作家、电台节目主持人、女战斗机飞行员。他们在各自岗位上为美国作出了贡献。

罗素回乡记

1994年，熊礼和的二儿子熊锦湘正好100岁，一个大家族一百多人齐聚一堂。后辈们像每年的生日聚会一样，一边吃着美味佳肴，一边等待这位大家长做精彩演讲。

"锦湘舅公是位精彩的演说家，每年他都会在家族聚会上演讲，我们都喜欢听他演讲。那天，我姐姐向舅公提议，请他讲讲他父亲的故事，舅公答应了，于是第一次在全家族成员面前说起他的父亲熊礼和。他很自然地从一个著名故事说起，而我的姐姐用录像记录了这一切。"罗素说："我听得很入迷，这个故事太吸引我了，可我发现好多人都在埋头吃东西。"说完哈哈大笑起来。

熊锦湘所说的"著名故事"，就是中央太平洋铁路和中国人的故事。

从那天起，罗素开始了寻找熊氏家族历史的发现之旅，同时也开始了对祖父家族历史的追寻。

2016年5月19日，在台山海宴镇的蓬岛，鱼苗刚撒不久，几艘渔船静静地停泊在近海。罗素轻轻地蹲下身，几乎纹丝不动地直视着前方。他并不知道，相机镜头对着的对岸，就是祖父卢耀献的村庄——下春场村。

第十六章 一次等待了150年的寻根

当我告诉他时,刹那间,他惊呆了。

后来,他问过我几次:"是不是在很久之前就有台山渔民驾着渔船去美国?从前台山人是不是直接从台山的码头坐船去香港?"

我慢慢明白了,那些渔船之所以吸引他,是因为他渴望了解他的祖辈是怎样去美国的。

海宴自古以来都是四邑人的出埠口岸,渔民出海打渔,一批又一批四邑人从这里走向梦想中的金山。下春场的村民,同样从海宴出埠到香港,然后再坐船踏上金山之路。

我们的汽车沿着乡间小路向着下春场村方向行驶着,两边是绿油油的稻田,一栋栋中西合璧建筑风格的碉楼时时撩拨我们的眼角,让人忍不住多看一眼。对于罗素而言,这是他从未见过的乡村,他喜欢这样的风景,频频叫司机开慢点,好让他把乡恋停留在镜头里。

"中国农民会种地会耕田,他们把农耕技术带到美国,发展了加利福尼亚州农业。"罗素望着两边的鱼塘和稻田若有所悟。

虽然天气预报说台山这天有雨,为此我们还准备了雨伞,然而,阳光出奇的好,灿烂得有些刺眼。当地侨务部门的同事已经在村口等我们了。我们停好车,与他们会合。

只是几秒钟的工夫,我们就被上百个乡亲热情地包围起来。望着一张张陌生而亲切的笑脸,罗素显然有些不知所措。卢氏长者紧紧握住罗素的手,笑着说道:"村里姓卢的人都来迎接你了,欢迎你

下春场村的卢氏族亲用最传统最热烈的方式欢迎卢罗素回家

回家。"罗素顿时兴奋起来。

在卢姓族旗的引领下，锣鼓打起来了，鞭炮响起来了，南狮舞起来了，从未见过如此大阵仗的卢罗素瞪大眼睛，一边举着相机，一边和他的本家们热热闹闹地往卢耀献的祖屋走去。

就像过节一样。男女老少喜气洋洋地来到一条狭窄的小巷子口，巷子窄得只能一个人进或一个人出，罗素家的祖屋就在这里。

房子已破败不堪。"卢家的这间祖屋有180年历史了。"一位长者向罗素介绍。

虽然眼前只是一片残墙断瓦，但这是罗素第一次看到并且站在祖父居住过的房子里，他有些激动。狭小的房子里挤满了人，他们点燃香，教他祭拜祖先。

"祖父大约在20岁时离开这里，我是卢家第一个回来的人。"在卢家祖屋，罗素完成了生命中第一次寻根祭祖仪式。

在卢家祖屋，卢罗素完成了生命中第一次寻根祭祖仪式

从祖屋出来，穿街走巷，男女老少依旧热情地簇拥着罗素向卢氏宗祠走去。

卢氏宗祠建于两百多年前，由于年久失修岌岌可危。2011年，海内外乡亲共同集资，将宗祠修缮一新。簇新的大厅内，族亲们已经准备好隆重的祭祀仪式，全鸡、糖果、糕点、酒、茶等等摆满了桌台，等待远道而来的卢氏血脉认祖归宗。

男人们女人们围着罗素七嘴八舌，罗素更是有太多的话想问想说，他拿出家族的照片交给长者。祠堂外的鞭炮震耳欲聋，充当翻译的我，只能扯着嗓门大声呼话。

认祖归宗是一件仪式感很强的事儿。满头大汗的罗素团团转，跟着长者斟茶、斟酒、烧香、祭拜、烧元宝……每一个动作都做得有模有样，诚心诚意。

"他们让我把一杯水浇到火盆上，很奇怪，火苗越来越旺。"罗素后来跟我说。当我告诉他浇下去的是酒而不是水时，他恍然大悟，发出了后悔的笑声，说道："如果我知道这是酒，我就把它喝下去了。"

卢氏长者将一本《卢氏族谱》复印本赠送给罗素，这是祖村送给他的最好礼物。

在看到《卢氏族谱》上记载不完整的家谱时，罗素说："我要浇灌我的家族之树，让它延续下去。"

下春场村的寻根之行隆重得出乎意料，这也让罗素很快了解了祭拜祖先的入门之道。所以，当他来到大朗村寻根时，已经不再有不知所措的茫然了。

罗素将家族照片拿给宗亲看

罗素认祖归宗

卢氏宗亲将族谱复印本送给罗素

四邑的村落，总是有着很典型的文化符号：牌坊、大榕树和池塘。有的村落，村口还会有碉楼作防卫之用。

金钉
——寻找中国人的美国记忆

大朗村是条山村，村口就有一座碉楼。

和四邑许多村落一样，如今留守在村里的人，大多是老人和妇孺。村里的老房子，有的已经改建成二层楼房，那些夹在小巷里的老屋，有的也是后来改建的，虽然没有村前的新楼那般亮丽，但这些老屋，都是海外华侨的根。

罗素的外曾祖父熊礼和的祖屋就在一条窄巷深处。

这是一栋由老房子改建的二层楼，部分夯土墙体仍然裸露在空气里，与几步之外的碉楼群相比，农耕文化的印记更浓烈些。

几位熊氏长者早已经等候在屋内了。拜祭祖先的仪式也准备好了。

在长者的指点下，罗素熟练地上香、斟酒、烧元宝。这一次，他知道手里拿着的是酒，他自动地走到炉火边，用棍子不断地搅动炉火，好让火烧得更旺些。

沿着陡直的楼梯上二楼，二楼连着通向户外的平台。有意思的是，二楼的室内布局与一楼截然不同，夹杂了些西洋建筑风情，很像碉楼里的格局。

在族亲们的指点下，罗素在祖先牌位前仔细地寻找外曾祖父和外高祖父的名字。

"熊礼和是在这间屋子里出生的吗？他的父亲隆燕也住在这里吗"他不停地问。

几位长者翻开已成孤本的旧版《宁阳熊氏宗谱》，和罗素使劲比划起来。

根据族谱记载，熊礼和有六兄弟。熊伯告诉罗素，六兄弟先后都去美国了，除了这次罗素回来，其他五个兄弟的后人与

罗素在外曾祖父熊礼和的祖屋拜祭祖先（摄影：赖雯靖）

大朗都断了联系。"你是熊礼和六兄弟的后代里第一个回到大朗的人。"熊伯说。

罗素说,美国的亲戚告诉他,熊礼和有五兄弟,他和哥哥一起去美国修铁路,其他兄弟中有的留在大朗村。

奇怪的是,族谱上熊礼和六兄弟的名字记载是完整的,但是,六兄弟中,除了熊礼和与熊宽和有儿子辈,熊礼和的儿子熊锦湘过继给熊作和外,其他三个兄弟均无"家谱"记载。

由于内外信息无法完全吻合,而各自又都有出处,令罗素感到有些意外,他表示回美国后会继续寻找家族的历史踪迹。

他恭敬地将熊礼和全家福照片交给宗长。然后,自己又捧着厚厚一本《熊氏族谱》,翻到外曾祖父的家谱那一页,在祖屋门前留影,圆了20多年来的梦。

熊富策老人向罗素介绍熊礼和家谱情况(摄影:赖雯靖)

罗素手捧《熊氏族谱》,在外曾祖父的祖屋前留影。(摄影:赖雯靖)

从罗素家出来,我们沿着小巷往巷尾走,后面的地势稍微高些。走上几步石阶,看见一排碉楼,虽空无人烟,但其规划之整齐,建筑之华美,让我这个见过许多四邑碉楼的人,也好奇地停驻了脚步。熊伯说,这些碉楼的主人都在美国。

一个小山村,到底隐藏了多少关于中国与美国的故事呢?

这个碉楼区像是当年村里的富人区,虽然与前面的村屋连成一片,但还是让人感到有一种明显的等级感。后来才发现,在村口牌坊处有一个直通碉楼区的入口,无需走进村里,再穿过小巷去到碉楼区。

熊氏公祠就在牌坊口。这是台山熊氏宗族的始基祖祠,始建于1824年,1856年被客家人焚毁后,又在1875年重建,1923年进行重修后,一直保存至今。重修之后,这座公祠一直作为新民学校的校舍,培养熊氏子弟。直到1991年,海外熊氏宗亲捐资兴建新校舍,学校才迁往新址。

大朗村的碉楼

祠堂的建筑风格中西合璧,颇显气派。由清代熊氏文人熊钟渭题写的"崑山熊公祠"五个字,透着书香之气。整栋建筑因长年无人打理而显得残旧,但气韵犹在,即便现在看来,仍是难得一见的祠堂建筑。只是空荡荡的祠堂里,牛粪遍地,气味有些难忍。

大朗村村口的崑山熊公祠,曾经用作新民学校校址。

罗素丝毫没有在意。他走进祠堂，认真地东瞧西看，举着相机的手一直没有停下来。

我问罗素，终于回到大朗村了，心情怎样？

他说："熊伯说熊礼和有六兄弟，我是这个家族中第一个回到大朗的后裔，这太美妙了！我终于回来了，可是我又发现了许多我以前不知道的东西，所以，新的发现之旅又要开始了，我又要出发去寻找我的家族历史。"

我很感慨。

150年前，一个从中国南方小山村走出去的15岁少年，为了追求美好生活，懵懵懂懂地跟着大哥哥们漂洋过海到金山修铁路，一去就是一辈子。他不是大富之人，在成千上万个"金山伯"里，他只是不起眼的一个。然而，今天，他的100多个子孙均受过高等教育，且已落地生根，完全融入美国。与其说这是一个家族的历史，还不如说，这是美国华人历史的生动缩影。一条铁路，跨越了浩瀚的太平洋，将中国和美国连接起来，从过去，到现在，到未来。

于是，在广东侨乡，几乎每天都可以看到这样的情景：一批又一批"竹升仔"和"竹升妹"①回到乡下寻根，他们或者由家人陪同，或者由华人社团组织，或者寻求侨务部门的帮助。我记得有许多美国华裔大学生曾经留下相似的寻根感言：

在我的成长道路上，有一个问题一直困扰着我：我是谁？我从哪里来？寻根，让我找到了自己的身份——一半是美国人，一半是中国人，我为自己的身份感到自豪。

---

① 竹子是空心的，这是广东人对在国外出生长大的华裔的形象称谓，指他们虽然流着中国人的血液，却不懂祖先的语言文化。

而卢罗素,也为他生命中的第一次寻根之旅写下了令人动容的家书:

虽然我一句中文也不会,但看着你们每一张面孔,可能是第一次让我有回家的感觉。看着你们的脸,我仿佛看见了自己,明白自己从哪里来。你们看着我,如同看到自家的中国兄弟。只有在海宴我才被认为是中国人。

参考文献

1. Nameless Builders of the Transcontinental Railroad. By William F. Chew. 2004.
2. Canton Footprints：Sacramento's Chinese Legacy. By Philip P.Choy. 2007.
3. The Chinese and Green Gold：Lumbering in the Sierras. By Sue Fawn Chung. University of Nevada，Las Vegas，June 2003.
4. The Chinese in Nevada. By Sue Fawn Chung with the Nevada State Museum.
5. Tracking the Chinese in Two Nevada Railroad Towns. By Sue Fawn Chung. Guangzhou：International Symposium on "The North America Chinese Laborers and Guangdong Qiaoxiang Society".2014.9.
6. The Chinese in America. By Iris Chang. Penguin USA,

Inc., NONE.ibooks.

7. The History of Winnemucca. By J.P.Marden.

8. Donner Pass: Southern Pacific's Sierra Crossing. By John R.Signor.1985.

9. Chinese New Year in Dutch Flat. From the Colfax Sentinel, February1, 1895. The Dutch Flat Chronicles.

10. The History of Dutch Flat: A Sketch. By Russell Towle.

11. Tunnel 6-the Building. History and Stories of the Donner Summit Historical Society. July, 2012 issue #47.

12. Hanford China Alley Edition. Gum Saan Journal. Volume 30 Number 1, 2007.

13. Dutch Flat Country: A Golden Era in Photographs. By Art Sommers. 2013.

14. Winnemucca's Chinatown Gone, But Heritage Stays. By Doris Cavanagh.

15. A Study of Cape Horn Construction on the Central Pacific Railroad 1865-1866. By Jack E.Duncan. 2005.

16. Auburn Once Had a Thriving Chinatown. By Al Albertazzi. Auburn Journal. Nov 27, 2013.

17. Old Chinese Herb Shop Getting a Face-lift. By Barbara Barte Osborn. Bee Correspondent Published 2:15 am PST Thurday, March 11, 2004.

18. The Trout Creek Outrage. By Guy Coates.www.truckeehistory.org/the-creek-outrage.html.

19. ［美］桑迪·莱登著，尚玉明译：《中国金：在蒙特里湾区的中国人》，广州：花城出版社2013年版。

20．［美］赵汝成著，邓武译：《旅居者与移民：美国太平洋铁路华工与爱尔兰劳工报纸形象分析》，北京：中国华侨出版社2012年版。

21．黄安年著：《道钉，不再沉默：建设北美铁路的华工》，沈阳：白山出版社2010年版。

22．梅伟强、关泽锋著：《广东台山华侨史》，北京：中国华侨出版社2010年版。

23．台山县政协文史资料研究委员会：《陈宜禧与新宁铁路》，《台山文史》第九辑，1987年11月。

中英文索引

中英文索引

山脉／山谷／地名

西艾拉内华达山脉　Sierra Nevada Mountains
合恩角　Cape Horn
布鲁默深槽 Bloomers Cut
唐纳关　Donner Pass
唐纳峰　Donner Summit
中国墙　China Wall
斯阔谷　Squaw Valley
特拉基草原　Truckee Meadows
特拉基盆地　Truckee Basin
太浩盆地　Tahoe Basin
尼亚克路　Nyack Road

朱迪山　Mountain Judah

西艾拉盆地　The Base of the Sierra

彩虹桥　Donner Summit Bridge

林肯公路　Lincoln Highway

唐纳关路　Donner Pass Road

达奇弗兰特—唐纳湖马车路　Dutch Flat–Donner Lake Wagon Road

瑞斯深谷　Rice's Ravine

罗博尔深谷　Robber's Ravine

秘密城深谷　Secret Town Gap

绿谷　Green Vally

大满小径　Big Fill Trail

中国人拱门　Chinese Arch

圣塔克鲁斯山脉　Santa Cruz Mountains

赖茨隧道　Wrights Tunnel

圣菲尔顿隧道　Santa Cruz and Felton Tunnel

艾伦山　Island Mountain

河流／湖泊／河谷／岛屿

萨克拉门托河　Sacramento River

圣华金河三角洲　San Joaquin River Delta

萨特湖（中国泥沼）　Sutter Lake（China Slough）

唐纳湖　Donner Lake

特拉基河　Truckee River

鳟鱼河　Trout Creek

卡森河　Carson River

尤巴河　Yuba River

太浩湖　Lake Tahoe

亚美利坚河　Amerian River

洪堡河　Humboldt River

碎石浅滩　Gravelly Ford

蒙特利湾　Monterey Bay

圣巴勃罗湾　San Pablo Bay

熊河　Bear River

赫尔斯峡谷　Hell's Canyon

埃尔多拉多峡谷　El Dorado Canyon

十英里峡谷　10 Miles Canyon

黄金峡谷　Gold Canyon

圣洛伦索河　San Lorenzo River

里兹河　Reese River

特拉基河峡谷　Truckee River Canyon

阿普托斯峡谷　Aptos Valley

哈帕罗谷地　Pajaro Valley

萨利纳斯峡谷　Salinas Valley

萨利纳斯河　Salinas River

巴伦西亚溪谷　Valencia Creek

牧赛尔泥沼　Mussel Slough

天使岛　Angel Island

格兰德岛　Grand Island

布兰南岛　Brannan Island

舍曼岛　Sherman Island

艾马顿岛　Emmaton Island

塞班岛　Saipan Island
阿龙斯岬　Point Alones
罗伯斯岬　Point Lobos
里垦岬　Rincon Point

州名

加利福尼亚州　State of California
爱荷华州　State of Iowa
爱达荷州　State of Idaho
犹他州　State of Utah
马里兰州　State of Maryland
怀俄明州　State of Wyoming
内华达州　State of Nevada
内布拉斯加州　State of Nebraska
德克萨斯州　State of Texas
俄勒冈州　State of Oregon
北达科他州　State of North Dakota
亚利桑那州　State of Arizona
华盛顿州　State of Washington
亚拉巴马州　State of Alabama
田纳西州　State of Tennessee
蒙大拿州　State of Montana
夏威夷州　State of Hawaii

城镇／县

旧金山　San Francisco

萨克拉门托　Sacramento

圣何塞　San Jose

吉尔罗伊　Gilroy

霍利斯特　Hollister

萨利纳斯　Salinas

索莱达　Soledad

圣塔克鲁斯　Santa Cruz

菲尔顿　Felton

洛斯加托斯　Los Gatos

劳雷尔　Laurel

格伦伍德　Glenwood

沃森威尔　Watsonville

卡斯特洛威尔　Castroville

蒙特维斯塔　Monte Vista

格林菲尔德　Greenfield

圣艾尔多　San Ardo

布拉德利　Bradley

太平洋丛林市　Pacific Grove

阿普托斯　Aptos

卡梅尔　Carmel

戈申　Goshen

休伦　Huron

金斯顿　Kingston

格兰治维尔　Grangeville

阿莫那　Armona

勒莫尔　Lemoore

乐居镇　Locke

斐士那埠　Fresno

汪古鲁埠　Walnut Grove

埃伦顿埠　Isleton

累威士达埠　Lewiston

葛伦埠　Courtland

苏宣埠　Susanville

里约维斯塔　Rio Vista

埃默里维尔　Emeryville

洛杉矶　Los Angeles

瓦列霍　Vallejo

奥克兰　Oakland

汉福德（轩佛）　Hanford

斯托克顿　Stockton

马里斯维尔　Marysvill

奥罗维尔　Oroville

格拉斯法力　Grass Valley

维塞利亚　Visalia

门多西诺　Mendocino

圣地亚哥　San Diego

圣路易斯·奥比斯波　San Luis Obispo

圣拉斐尔　San Rafael

普雷希维尔　Placerville

中英文索引

奥本　Auburn

科尔法克斯　Colfax

达奇弗兰特　Dutch Flat

哥登朗　Gold Run

希斯可　Cisco

威尔地　Verdi

特拉基　Truckee

内华达城　Nevada City

埃米格兰特加普　Emigrant Gap

苏打斯普林斯　Soda Springs

太浩城　Tahoe City

新赫尔维蒂　New Helvetia

雷诺　Reno

弗吉尼亚城　Virginia City

代顿　Dayton

卡森城　Carson City

拉夫洛克　Love Lock

温尼马卡　Winnemucca

盐湖城　Salt Lake City

邦特佛尔　Bountiful

波卡特洛　Pocatello

奥格登　Odgen

普罗蒙特雷　Promontory Point

塔斯卡罗拉　Tuscarora

巴尔的摩　Baltimore

石泉镇　Rock Springs

金钉
——寻找中国人的美国记忆

卡林（卡伦埠）　Carlin
斯巴克斯　Sparks
圣路易斯　St. Louis
奥马哈　Omaha
纽卡斯尔　Newcastle
西雅图　Seattle
芝加哥　Chicago
塔科马　Tacoma
波特兰　Portland
沃兹沃思　Wadsworth
尤宁维尔　Unionville
帕里塞德　Palisade
韦尔斯（委路市埠）　Wells
埃尔克（埃利奇埠）　Elko
普莱得蒙特　Pledmont
塞勒姆　Salem
卡利斯佩尔　Kalispell
汤姆斯通　Tombstone
梅丽波莎县　Mariposa County
埃尔多拉多县　El Dorado County
圣塔克鲁斯县　Santa Cruz County
普雷希尔县　Placer County
洪堡县　Humboldt County
内华达县　Nevada County
博克瑟埃德尔县　Box Elder County
曼多次诺县　Mendocino County

斯托里县　Storey County
沃肖县　Washoe County
蒙特利县　Monterey County
国王县　Kings County
洛杉矶县　Los Angeles County
买鲁玛县　Multnomah County
里昂县　Lyon County
图莱里县　Tulare County
阿卡普尔科　Acapulco（Mexico）
马萨特兰港　Masatlan（Mexico）

部落

派尤特印第安人　Paiute Indian
斯蒂文森部落　Stephens Party
唐纳部落　Donner Party
沃肖人　Washoe Indian
康沃尔人　Cornish

人物

马克·吐温　Mark Twain
艾里萨·斯蒂文斯　Elisha Stephens
约翰·萨特　John Sutter
派翠克·布里恩　Patrick Breen

金钉——寻找中国人的美国记忆

那姆·泰勒　Norm Taylor

利兰·斯坦福　Leland Stanford

查尔斯·克劳克　Charles Crocker

柯立斯·亨廷顿　Collis Huntington

麦克·霍普金斯　Mark Hopkins

布莱特·克劳克　Edwin Bryant Crocker

詹姆斯·哈维·斯特劳布里奇　J.H.Strobridge

西奥多·朱迪　Theodore Judah

蒙达格　Montague

汤姆斯·杜兰特　Thomas C. Durant

西尼·狄龙　Sidney Dillon

约翰·大富　John Daff

儒勒·凡尔纳　Jules Verne

阿萨·惠特尼　Asa Whitney

克劳克的宠物　Crockers Pets

A.J.罗素　A.J.Russell

约瑟夫　Joseph

查尔斯·达恩巴奇　Charles Dornbach

埃德·都夫　Ed Duffy

S.E.伍德沃斯　S.E.Woodworth

威廉·迪安　William Dean

艾力·惠特尼　Eli Whitney

约翰·弗雷蒙特　John C. Fremont

杜昂布利斯　Duane Bliss

约翰·比格勒　John Bigler

布莱特·哈特　Bret Harte

汤姆斯·伯克　Thomas Burke

汤姆斯·弗朗西斯·贝亚德　Thomas Francis Bayard

J.A.萨特　Johann Augustus Sutter

J.马歇尔　James W. Marshall

威廉·泰勒牧师　Rev. William Taylor

佩德罗·冯神父　Padre Pedro Font

托马斯·W.帕拉齐　Thomas W. Perazzo

理查德·余　Richard Yue

查尔斯·余　Charles Jung Yue

卡勒顿·艾蒙斯·沃肯思　Carleton Emmous Watkins

罗塞尔·塔霍　Russell Towle

科恩斯塔波尔·克劳斯　Constable Cross

莱恩·哈里斯　Len Harris

詹姆斯·雷德　James Reed

亚历山大·冯·洪堡　Alexander Von Humboldt

约翰·塞克斯通　John Sexton

多瑞斯·卡娃娜芙　Doris Cavanagh

赵耀贵　William F.Chew（Fook Hing）

赵福源　James F.Chew（Fook Yuen）

赵福洪　Thomas F.Chew （Fook Hong）

蒲安臣　Anson Burlinggame

弗兰克·哈维　Frank Howe

詹姆斯·麦德森·汉福德　James Madison Hanford

威廉·萧　William Shaw

卢罗素　Russell Low

博物馆／协会

加利福尼亚州铁路博物馆　California State Railroad Museum
金钉国家历史遗址　Golden Spike National Historic Site，Promontory
华人虾村州立公园　China Camp State Park
特拉基铁路博物馆　Truckee Railroad Museum
特拉基老监狱博物馆　Old Jail Museum，Truckee
唐纳峰历史协会　Donner Summit Historical Society
洪堡博物馆　Humboldt Museum
科尔法克斯历史协会　Colfax Historical Society
普雷希尔县历史协会　Placer County Historical Society
金色漂移博物馆　Golden Drift Museum，Dutch Flat
马克吐温博物馆　Mark Twain Museum
康托尔艺术博物馆　Cantor Art Museum
西部国家公园协会　Western National Parks Association
南加州历史协会　Chinese Historical Society of Southern California
美华协会犹他分会　OCA Utah Chapter
帕哈罗谷历史协会　Pajaro Valley Historical Association
加利福尼亚州立图书馆　California State Library
（轩佛）道观博物馆　Taoist Temple Museum，Hanford
轩佛道观保护协会　Hanford Taoist Temple Preservation Society
葡萄酒和食品协会　Wine and Food Society

报刊

萨克拉门托蜜蜂报　Sacramento Bee

中英文索引

萨克拉门托联合日报　Sacramento Daily Union

阿尔塔加利福尼亚日报　Daily Alta California

旧金山星报　San Francisco Star

沙加免度新录　Chinese Daily News

旧金山先驱报　San Francisco Herald

旧金山晚报　San Francisco Evening Bulletin

旧金山报道　San Francisco Report

奥本日报　Auburn Journal

普雷希尔共和报　Placer Republican

普雷希尔先驱报　Placer Herald

达奇弗兰特调查报　Dutch Flat Enquire

科尔法克斯哨兵报　Colfax Sentinel

斯托克顿每日先驱晚报　Daily Evening Herald，Stockton

斯托克顿先驱报　Stockton Herald

特拉基共和报　Truckee Republican

电讯新闻　Telegraphic News

公报　Bulletin

传单　The Circular

弗雷斯诺蜜蜂报　Fresno Bee

维塞利亚三角洲周报　Weekly Delta，Visalia

洛杉矶时报　L.A.Times

葡萄酒观察家杂志　Wine Spectator

汉福德日报　Hanford Journal

汉福德哨兵报　Hanford Sentinel

弗吉尼亚城地方事业报　Virginia City Territorial Enterprise

内华达城每日副刊　Nevada City Daily Transcript

雷诺晚报　Reno Evening Gazette
雷诺新月报　Reno Crescent
俄勒冈早报　Morning Oregonian
里昂县时报　Lyon County Times
冶金科学出版社　Mining and Scientific Press
洪堡纪事报　Humboldt Register
洪堡星　Humboldt Star
银报　Silver State
陆路月刊　Overland Monthly
纽约环球报　New York Glob
纽约时报　New York Times
弗兰克·莱斯利画报　Frank Leslie's Illustrated

书／诗歌／戏剧

八十天环游地球　Le Tour du Monde en Quatre-vingts Jours
马尼拉大帆船　The Manila Galleon
美国华人　The Chinese in America
东方人　The Oriental
老实人詹姆斯的大实话　Plain Language from Truthful James
异教徒中国人　The Heathen Chinese
阿冼　Ah Sin
埃仑诗集　Island Poetry
世界上绝无仅有的事情　Nothing Like It In The World
达奇弗兰特编年史　The Dutch Flat Chronicles
苦行记　Roughing It

422

中英文索引

跨州铁路的无名建设者　Nameless Builders of the Transcontinental Railroad
回忆录　Recollections
黄金梦和梦醒后的现实　Golden Dreams and Waking Realities
花鼓歌　Flower Drum Song
广东足迹：萨克拉门托的华人遗产　Canton Footprints: Sacramento's Chinese Legacy

法律／法规

太平洋铁路法案　Pacific Railroad Act
蒲安臣条约　Burlinggame Treaty
排华法案　Chinese Exclusion Act
立方空间法案　Cubic Air Law
街边挑担条例　Sidewalk Ordinance
斯科特法案　Scott Act
吉尔里法案　Geary Act
联邦沼泽地法案　Federal Swampland Act
外侨土地法　Alien Land Act

矿区

萨特的磨坊　Sutter's Sawmill
康斯托克矿　Comstock Lode
小约克　Little York
艾米格兰特矿　Emigrant Mine

铁路／船舶

中央太平洋铁路　Central Pacific Railroad
联合太平洋铁路　Union Pacific Railroad
南太平洋铁路　Southern Pacific Railroad
南太平洋海岸铁路　South Pacific Coast Railroad
圣塔克鲁斯铁路　Santa Cruz Railroad
蒙特利—萨利纳斯铁路　Monterey Salinas Railroad
圣塔克鲁斯和菲尔顿铁路　Santa Cruz and Felton Railroad
蒂哈查皮铁路　Tehachapi Railroad
弗吉尼亚—特拉基铁路　Virginia and Truckee Railroad
亚拉巴马和查塔努加铁路　Alabama and Chattanooga Railroad
休斯顿和德克萨斯铁路　Houston and Texas Railroad
加州和风号列车　California Zephyr
马尼拉大帆船　the Manila Galleon
美国鹰号　the American Eagle
弗洛里克号　the Frolic
嘎拉提号　the Galatea
自由号　the Libertad
挑战号　the Challenge
斯塔格胡德号　the Stag Hound
飞云号　the Flying Cloud
约塞米蒂号　the Yosemite
参议员号　the Senator
薄荷号　the Mint
麦克姆号　the McKim

中英文索引

公司／会馆／宾馆

熊华公司　Hung Wah Company

宁阳公司（会馆）　Ning Yeong Company（Ning Yung Benevolent Association）

阳和公司（会馆）　Yuong Wo Company

三邑公司（会馆）　Sam Yup Company（Sam Yup Association）

四邑公司（会馆）　See Yup Company

合和公司（会馆）　Hop Wo Company

人和公司（会馆）　Yan Wo Company

中华会馆　Zhonghua Huiguan（Chinese Benevolent Association or Chinese Six Companies）

致公堂　Chee Kung Tong

秉公堂　Bing Kong Tong

聚胜堂　Joey Sing Tong

昭义堂　Chew Yee Tong

华人共济会　Chinese Free Masons

神庙　Joss House

华昌公司　Wa Chong Company

广德公司　Quong Tuck Company

联英公所（奥本）　Ying Ling Association House

富国银行捷运公司　Wells Fargo Express

富国银行书信馆"华人各商铺名录"　Wells Fargo Company's Express, Directory of Chinese Business Houses

西森沃力斯公司　Sisson, Wallace and Company

帕克尔托比公司　Parker and Tobey Company

425

奥本亚美利坚宾馆　American Hotel, Auburn
奥本啤酒馆　Brewery Restaurant, Auburn
法乐宾馆　Faller Hotel
牧荣商店　Munro Store
布鲁卡特宾馆　Blue Cut Hotel
老沃肖俱乐部　Old Washoe Club
太浩宾馆　Tahoe Hotel
卡森太浩伐木和水槽公司（CTLFC）　Carson and Tahoe Lumber and Fluming Company
特拉基酋长公司　Chief Truckee Chapter
帝国王朝餐馆　Imperial Dynasty
轩佛道观（三邑公所）　Hanford Taoist Temple
苏松记公司　Sue Chung Kee Company

娱乐

白鸽票　bok gop bew
基诺　Keno
麻将　Mah-jongg
番摊　Fan tan
牌九　Pai gow

后 记

　　这几年我一直在关注跟美国铁路华工有关的研究,一方面是因为华工参与建造的北美第一条跨州铁路——太平洋铁路筑起了一个令美国人至今都引以为荣的美国梦;另一方面,国内对美国早期铁路华工的认知较少,资料来源也比较单一,对这段历史没有很好地加以梳理。

　　美国铁路华工均来自广东,主要是四邑地区,但由于时间久远,广东四邑侨乡对早期铁路华工的记载甚少。我曾经去过几个乡村调研,听村里老人说得最多的一句话就是"我阿爷是去美国修铁路的"。再细问,就没有下文了。这一方面说明"去美国修铁路"已经在四邑侨乡人民中成为众所皆知的出洋传统,凡是去美国的,几乎一律用"去修铁路"来指代;另一方面也说明早期华工原籍地村志或族谱对出洋华工的身份记载是缺乏的,加上侨村"空心化"现象日趋严重,其海外人口比村里人口多得多,要在村里寻找铁路华工

历史,难上加难。这不能不说是一个遗憾。

我想,有一件事情可以形成倒逼推力,就是重走美国中央太平洋铁路。深入事发第一线进行田野调查,寻找第一手史料,这是目前尽可能还原历史本真的最靠谱的方式。

2012年,广东决定编修《广东华侨史》。作为美国早期华人教科书式的重大事件,并至今仍对美国华人和广东侨乡产生重要影响的历史,开展华工修筑中央太平洋铁路的田野调查,变得更加迫切。

适逢2014年5月10日是华工参与修建中央太平洋铁路150周年。其实,按照沿袭一个半世纪的流行观点,中央太平洋铁路在1865年春天雇佣首批50名华工。我在收集资料过程中发现了一个新线索:美国铁路华工后裔赵耀贵先生在萨克拉门托的加利福尼亚州铁路博物馆里找到了最早的华工工资单,上面的登记日期是1864年1月。根据这个新发现,赵耀贵先生提出华工受雇于中央太平洋铁路时间始于1864年。我认为这是有关广东华侨史的很有创新价值的研究成果,有必要顺藤摸瓜,做更加深入的田野调查。

感谢广东省人民政府侨务办公室和《广东华侨史》编修工作领导小组办公室的信任和鼓励,让我有幸参与重走美国中央太平洋铁路田野调查团。作为团队一分子,我参与了该项工作策划和实施的全过程,得到了从未有过的锻炼,每一步的新发现,都让我深切体会到"没有调查,就没有发言权"的真谛。

这项工作最艰难的时候是在启动阶段,从哪里找突破口?我的第一个反应就是要找到当年修筑中央太平洋铁路华工的后裔,而首先要找的人是赵耀贵先生。在南加利福尼亚州华人历史学会郑舒兰女士的热情帮助下,经多方联系,得知赵耀贵先生已于前几年去世。这是个悲伤的消息。

过了许久,郑女士又通过友人联系上了美华协会犹他分会的陈小涟女士,并告知对方我们将去盐湖城寻找铁路华工后裔。祖籍广西的陈小涟特别热情，乘着回广州期间专门跟我见面，商量5月10日参加每年一度的金钉节活动，并安排与几位铁路华工后裔见面，巧合的是这几位铁路华工后裔都是她的好朋友。这样，我幸运地找到了盐湖城的"组织"。

但是，我始终找不到跟中央太平洋铁路最艰难工程——西艾拉内华达山脉相关的调研切入口。

就在我努力寻找各种途径为这次重走铁路做准备时，我儿时的小伙伴吴薇神一般地出现了，她就住在西艾拉内华达山脚下的城市雷诺，她对山上的唐纳关很熟悉。

我是幸运的。

因为重走中央太平洋铁路，我有幸认识了陈小涟女士以及铁路华工后裔余黄铿娟女士和关玉瑑女士，她们对我的工作提供了许多真诚帮助，我们结下了美好友谊。

感谢郭元乐先生和梁建锋先生提供的帮助，让我有机会从不同角度去接近铁路华工细节。

感谢张国雄教授对本书提出的宝贵意见，这些意见使我受益匪浅。

感谢谭文选先生题写的书名和篆刻，令本书倍添光彩。

感谢孙皓、周立民、崔东、金强、李炬、胥全、陈淑子、赖雯靖等朋友提供的精美图片，使本书的视觉更加丰富多彩。

感谢所有给予我帮助的朋友们，因为你们的鼓励和支持，让我充满前行的力量。

当我终于把这次历史之旅写出来，有一种如释重负的感觉。因为，这是我发自内心的一种责任感，我有责任去还原这段纠缠着梦想和血泪的历史，我也有责任去讲好曾经发生过的那些中国人的故事——

这个世界，他们来过。

这个世界，不应将他们遗忘。